दलित वीरांगनाएँ एवं मुक्ति की चाह

उत्तर भारत में दलित संस्कृति, पहचान और राजनीति

दलित वीरांगनाएँ एवं मुक्ति की चाह

उत्तर भारत में दलित संस्कृति, पहचान और राजनीति

बद्री नारायण

अनुवाद
युगांक धीर

राजकमल प्रकाशन

SAGE www.sagepublications.com
Los Angeles • London • NewDelhi • Singapore • Washington DC

First published in English in 2006 under the title *Women Heroes and Dalit Assertion in North India : Culture, Indentiy and Politics* by SAGE Publication India Pvt Ltd, B-1/I -1 Mohan Cooperative Industrial Area, Mathura Road, New Delhi-110044

ISBN : 978-81-267-2692-9

मूल्य : ₹200

पहला संस्करण : 2014
दूसरा संस्करण : 2019

प्रकाशक
राजकमल प्रकाशन प्रा. लि.
1-बी, नेताजी सुभाष मार्ग, दरियागंज
नई दिल्ली-110 002

शाखाएँ
अशोक राजपथ, साइंस कॉलेज के सामने, पटना-800 006
पहली मंजिल, दरबारी बिल्डिंग, महात्मा गांधी मार्ग, इलाहाबाद-211 001
36 ए, शेक्सपियर सरणी, कोलकाता-700 017

वेबसाइट : www.rajkamalprakashan.com
ई-मेल : info@rajkamalprakashan.com

मुद्रक
बी.के. ऑफसेट, नवीन शाहदरा, दिल्ली-110 032

DALIT VIRANGNAYEN EVAM MUKTI KI CHAAH
uttar bharat mein dalit sanskriti, pahchan aur rajneeti
by Badri Narayan

उनके लिए जो अपने भविष्य को
बेहतर बनाने के लिए संघर्षरत हैं

आलीशान चुनरिया मेरी, फोटूदार रँगा देना
मूल निवासी दीवानों का, नक्शा अजब बना देना
धनुष लिये एकलव्य धनुर्धर, फोटू शेर बबर–सा हो
माँग रहा हो गुरु अँगूठा, छल करते दिखला देना
मनोरम आश्रम में तप करते, शम्बूक मुनि दरशा देना
चमकती हुई तलवार हाथ में, हत्यारे को दिखला देना
सन् सत्तावन की गदर छपी हो, उसमें झाँसी दिखला देना
अंग्रेजों का सर काटती, झलकारी देवी छपवा देना
क्षत्राणी का वेश बना हो, शेरनी सम गरजती हो

—रमेश चंद्र बौद्ध

जय–जय भीम महान्, बसपा के गीत, कल्चरल पब्लिशर, लखनऊ

प्राक्कथन

कई बार मिथक यथार्थ से ज्यादा प्रभावशाली हो जाते हैं, और कई बार वे यथार्थ को एक नया अर्थ दे देते हैं। अतीत की स्मृतियाँ भी अक्सर वर्तमान की दमनकारी स्थितियों से उबरने में मदद करती हैं। कई बार ऐसी वर्तमान स्थितियों से उबरने के लिए अतीत को नए-नए रूपों में खोजना पड़ता है। इसका उदाहरण उन बहुत-से ऐतिहासिक रूप से उपेक्षित समुदायों में देखा जा सकता है जो अपनी वर्तमान जरूरतों को देखते हुए, और एक बेहतर भविष्य की तरफ बढ़ने के इरादे से, अपने अतीत की नई व्याख्या करने में जुटे हुए हैं। उत्तर भारत में उत्तर प्रदेश की दलित जातियाँ ऐसा ही एक समूह हैं, जो ब्राह्मणवादी सांस्कृतिक संहिता के तहत सदियों से उच्च जातियों के बहिष्कार और दमन का शिकार रही हैं, और यह व्यवस्था आज भी बरकरार है। हालाँकि ये जातियाँ मिल-जुलकर आबादी की बहुसंख्या का प्रतिनिधित्व करती हैं, फिर भी उच्च जातियों द्वारा उन्हें हमेशा से तिरस्कार की दृष्टि से देखा जाता रहा है, भले ही दलितों के अनुपात में उनकी आबादी मुट्ठी-भर ही हो। ऊँची जातियों की सांस्कृतिक संहिता के वर्चस्व के कारण इन जातियों के सांस्कृतिक स्रोतों को भी वितृष्णा की दृष्टि से देखा जाता रहा है।

लेकिन आज इस क्षेत्र के सामाजिक-सांस्कृतिक परिदृश्य में एक बड़ा बदलाव देखा जा रहा है, जो देश की राजनीतिक और प्रजातांत्रिक प्रक्रियाओं का परिणाम है। पिछले कुछ दशकों से ये पूर्ववर्ती उपेक्षित जातियाँ अपनी-अपनी जाति के मिथकों, किंवदंतियों, नायकों और जातीय इतिहासों के माध्यम से अपनी पहचान की स्थापना के प्रयासों में जुटी हुई हैं। इन जातियों के कई नायक उनकी पहचान के प्रतीक बन चुके हैं और समुदाय के सदस्यों में गर्व और गौरव की भावना पैदा करते हैं। आज की दलित राजनीतिक धारा उनकी अपनी संस्कृति पर आधारित है, जो जातीय नायकों और उनसे जुड़ी सामूहिक स्मृतियों पर रचित है। ये नायक और उनके मिथक एक नई और मुक्तिदायी संस्कृति विकसित करने में मदद कर रहे हैं। साथ ही ये उस ब्राह्मणवादी संहिता को ध्वस्त करने का काम भी कर रहे हैं, जिसके अन्तर्गत ये जातियाँ सदियों से अपनी रोजमर्रा की जिन्दगी में निरन्तर अपमान और तिरस्कार की शिकार रही हैं।

जातीय पहचान को मुखरित करने वाले नायकों की तलाश, जिन्हें राजनीतिक सत्ता हासिल करने के लिए भी इस्तेमाल किया जा सके, निःसंदेह इन समुदायों की संस्कृति में एक मूलगामी और मुक्तिदायी राजनीतिक परिवर्तन का प्रतीक है। इस प्रक्रिया की शुरुआत बहुजन समाज पार्टी (बसपा) ने की थी, जो सभी बिखरे हुए उपेक्षित समुदायों को एक राजनीतिक छत्र के नीचे लाना चाहती थी। बसपा ने ही सबसे पहले जाति नायकों के महत्त्व को पहचाना। परिणामस्वरूप, उसने राजनीतिक मॉबिलाइजेशन की एक ऐसी भाषा तैयार की, जो इन नायकों के सन्दर्भों से भरी हुई थी। इस भाषा को गाँवों में बसे दलित आसानी से समझ सकते थे, क्योंकि उनकी मौखिक परम्परा में ये नायक गहराई से रसे-बसे हुए थे। बसपा ने विभिन्न जातियों के अनेकानेक नायकों में से 1857 के विद्रोह से जुड़ी कुछ दलित वीरांगनाओं को चुना और उन्हें दलित पहचान के प्रतीकों के रूप में इस्तेमाल किया। इन्हें बसपा की नेता मायावती की छवि निर्मित करने के लिए भी इस्तेमाल किया गया। पार्टी की इस राजनीतिक रणनीति की सफलता को इसी तथ्य से आँका जा सकता है कि मायावती उत्तर प्रदेश जैसे सामन्तवादी, पुरुष-प्रधान और जाति-प्रधान प्रान्त की पहली दलित महिला मुख्यमंत्री बनने में सफल रहीं।

ये नायक और इनसे जुड़े मिथक और क़िंवदंतियाँ आज गाँवों और कस्बों में रहने वाले निर्धन और शोषित दलितों के लिए आर्थिक मुद्दों से ज्यादा महत्त्वपूर्ण क्यों हो गए हैं—यह प्रश्न हमारे इस अध्ययन का एक महत्त्वपूर्ण पहलू है। इसी उद्देश्य को ध्यान में रखकर मेरी शोध-टीमें पिछले सात-आठ वर्षों से उत्तर प्रदेश के विभिन्न अंचलों का दौरा करती रही हैं। गाँववाले जिस तरह से इन नायकों की कथाएँ सुनाते हैं, उससे इनकी अपार लोकप्रियता का पता चलता है। जगह-जगह इनकी प्रतिमाएँ दिखाई देती हैं, इनके साहसिक कारनामों पर आधारित नाटक खेले जाते हैं और इनके बारे में प्रचलित लोकगीत गाए जाते हैं। कुल मिलाकर ये नायक जनमानस की सामूहिक स्मृतियों का अभिन्न अंग प्रतीत होते हैं। इससे हमें अपने अध्ययन को आगे बढ़ाने में भरपूर मदद मिली। यह अध्ययन उत्तर प्रदेश के एक गाँव शहाबपुर के भुल्लर, झुरिया, प्यारेलाल, बाबूलाल भँवरा और उनके कई अन्य दलित भाई-बहनों के सहयोग के बिना पूरा न हो पाता। इन्हीं की तरह उत्तर प्रदेश के पूर्वी भागों (पूर्वांचल), बुन्देलखंड और मध्य भागों (अवध) के दलितों का भी हमें भरपूर सहयोग मिला। इन सभी लोगों के साथ हमारे बहुत घनिष्ठ सूत्र स्थापित हो गए थे और हमारे इस अध्ययन में शामिल तथ्यात्मक आँकड़े उन्हीं के वर्णनों पर आधारित हैं। इन लोगों के अपनत्व भरे आतिथ्य-सत्कार और अति उत्साह ने हमें अपने काम को और आगे बढ़ाने की प्रेरणा दी।

मैं इलाहाबाद के गोविन्द बल्लभ पन्त सामाजिक विज्ञान संस्थान के निदेशक प्रदीप भार्गव जी के प्रति आभार प्रकट करना चाहूँगा, जिन्होंने इस पुस्तक को हिंदी

में लाने की जरूरत महसूस कराई। संस्थान के मेरे सहकर्मी भी धन्यवाद के पात्र हैं, जो मुझे निरन्तर बौद्धिक उद्वेलन प्रदान करते रहे। यह पुस्तक 'मिथ, मेमोरी एंड पॉलिटिक्स : ए स्टडी ऑफ द लैंग्वेज ऑफ मॉबिलाइजेशन ऑफ ग्रासरूट दलित्स' नामक प्रोजेक्ट पर आधारित है। मैं इस प्रोजेक्ट के लिए वित्तीय मदद करने के लिए 'आई.सी.एस.एस.आर.' के प्रति अपनी कृतज्ञता व्यक्त करना चाहूँगा। मैं शैलेश उपाध्याय, सूर्यप्रकाश उपाध्याय और मौसमी मजूमदार के प्रति भी अपना आभार प्रकट करना चाहूँगा, जिन्होंने इस प्रोजेक्ट से जुड़े शोधकार्य के लिए मुझे बहुमूल्य सहयोग दिया। मैं हिन्दी के सभी अंशों के अंग्रेजी-अनुवाद के लिए भी मौसमी का आभारी हूँ। मैं जी.बी. पन्त इंस्टीट्यूट के दलित संसाधन केन्द्र की अनुसंधान टीम का भी आभारी हूँ, जिसमें मीनू झा, वनीता सोमवंशी, अमरदीप सिंह और निवेदिता सिंह शामिल थे। मुझे जब भी जरूरत पड़ी, इन लोगों ने बड़ी तत्परता के साथ मुझे अपना सहयोग दिया। जी.बी. पन्त इंस्टीट्यूट के मानव विकास संग्रहालय के पदाधिकारियों, खासकर अनवर अली, एस.एस. नेगी और मथुरा प्रसाद ने भी ऐसा माहौल तैयार करने में भरपूर योगदान दिया, जो इस अध्ययन के लिए बहुत जरूरी था। ये सब भी धन्यवाद के पात्र हैं।

मैं दिपेश चक्रवर्ती, पैंट्रीसिया ओबराय, दिपांकर गुप्ता, सुधा पई, विष्णु महापात्र, शाहिद अमीन, शर्मीला रेगे, भास्कर मुखोपाध्याय, क्रिस्टोफर जैफरलॉट, आशीष नंदी, गोपाल गुरु, राजन हर्षे, एन.आर. फारूकी, एस.एम. दाहीवले और नंदु राम के प्रति भी अपना हार्दिक आभार प्रकट करना चाहूँगा, जो मेरे शोध प्रयासों को लेकर मुझे निरन्तर प्रोत्साहित करते रहे। मैं 'कंट्रीब्यूशंस टु इंडियन सोशलॉजी' और 'इकोनॉमिक एंड पॉलिटिकल वीकली' के सम्पादकों का भी आभारी हूँ। इन दोनों पत्रिकाओं में छपे अपने लेखों से मैंने बहुत-सी सामग्री उद्धरित की है। मैं शृंखला-सम्पादकों साइमन चार्सली और गोपाल कारंथ का विशेष रूप से ऋणी हूँ, जिन्होंने बड़े धीरज के साथ पाण्डुलिपि के कई ड्राफ्टों को पढ़ा, उनकी समीक्षा की और मुझे कई बहुमूल्य सुझाव दिए। इस पुस्तक का अन्तिम प्रारूप साइमन चार्ली के सुझावों का परिणाम है, लेकिन साथ ही मैं यह भी जोड़ना चाहूँगा कि अगर कुछ कमियाँ रह गई हों तो वे मेरी अपनी कमियाँ हैं। मैं सेज पब्लिकेशंस की मिमी चौधरी का भी आभारी हूँ, जिन्होंने इस अध्ययन के महत्त्व को गहराई से समझा; साथ ही मैं अशोक आर. चंद्रन का भी आभारी हूँ, जिन्होंने मिमी का काम जारी रखते हुए प्रकाशन के सभी चरणों में मुझे पूरा-पूरा सहयोग दिया। कॉपी एडिटर गायत्री ई. कोशी भी विशेष रूप से धन्यवाद की पात्र हैं। अन्त में, मैं अपनी पत्नी, अपने बच्चों और अपने पिता का भी धन्यवाद करना चाहूँगा, जिन्होंने इस समूचे अध्ययन के दौरान मुझे निरन्तर अपना नैतिक समर्थन ही नहीं, बल्कि भरपूर प्रोत्साहन दिया।

भूमिका

छापक पेड़ छिहुलिया पताई गहबर हो।
तेहि तर ठार हिरनिया त मन अति उनमन हो॥
चरतइ चरत हरिनवा तौ हरिनी से पूछइ हो।
हरिनी की तोरे चरहा झुराने कि पानी बिनु मुरझइ हो॥
नाही मोरे चरहा झुराने ना पानी बिनु मुरझइ हो।
ए हो आज हवै राजा के बरहिया तुहै मारि दइहैं हो॥
मचिया इ बईठल कौसल्या रानी त हरिनी अरज करइ हो।
रानी मसवा तौ सीझइ रसोइया खालरि हमे देतइ हो॥
पेड़वा प टँगबइ खालरिया मनहि समुझावइ हो।
रानी नित उठि दरसन करबइ मानौ हरिना जीतइ हो॥
जाउ हरिनी घर आपन खालरिया नाहीं देबइ हो।
हरिनी खालरि के खँजरी मढ़बइता राम मोरे खेलिहइँ हो॥
जब जब बाजइ खँजरिया सबद सुनि अनकइ हो।
एहो ठाढ़ी ढेकुलिया के निचवा त हरिनी बिसूरइ हो॥

(अयोध्या में राजा दशरथ के महल के नजदीक छिवुली का एक पेड़ हुआ करता था। एक दिन इस पेड़ के नीचे एक हिरणी बैठी रो रही थी। रानी कौशल्या ने उसके कराहने की आवाज सुनी तो वह इसका कारण जानने के लिए महल से बाहर चली आई। रोने का कारण पूछने पर हिरणी ने बताया कि राजा दशरथ उसके बच्चे को उठा ले गये थे और उसने उसे मार डाला था। हिरणी अपने बच्चे की खाल वापस पाना चाहती थी, ताकि वह उसमें भूसा भरवा सके और उसे ही अपना बच्चा समझकर जी सके। बच्चा छिन जाने के कारण उसका दूध सूख गया था और उसका ख्याल था कि भूसाभरी खाल को देखकर उसके स्तनों में फिर से दूध छलक उठेगा। इस तरह वह अपने हृदय को बींधती पीड़ा से भी मुक्त हो जाएगी। यह सुनकर रानी ने कहा कि वह ऐसा नहीं कर सकती, क्योंकि भगवान् राम, जो तब एक नन्हे बालक थे, के खेलने के लिए खांजरी (एक वाद्य-यंत्र) बनाने के लिए उस खाल की जरूरत थी। आज

के दलित इसी हिरणी के वंशज हैं और आज भी ऊँची जाति के जमींदारों के दमन के शिकार हो रहे हैं।)

यह काव्य-गाथा बहुजन समाज पार्टी के 'जागृति दस्ते' के एक लोकगायक ने पार्टी की एक जनसभा में सुनाई थी, जो 4 मार्च, 2004 को इलाहाबाद जिले की करछना तहसील में आयोजित की गई थी।

वर्ण-व्यवस्था भारत के सामाजिक ढाँचे का एक आधारभूत और केन्द्रीय पहलू है। स्वाधीनता के लगभग साठ वर्ष बाद भी जाति और जातिगत क्रम-परम्परा भारतीय समाज का प्रतीक और सार-तत्त्व बनी हुई है, जो इसे अन्य समाजों से अलग और अनूठा बना देती है। यह क्रम-परम्परा कुछ जातियों को विशेषाधिकार प्रदान करके उन्हें अन्य जातियों पर दबदबे का अधिकार दे देती है। यह व्यवस्था युगों-युगों से भारतीय इतिहास में मौजूद रही है। ब्राह्मणवादी सांस्कृतिक संहिता समाज पर हमेशा हावी रही है और तथाकथित निचली जातियों को समाज में अत्यन्त हीन दर्जा प्रदान किए रही है। इस व्यवस्था ने इन जातियों को जीवन के हर क्षेत्र में गरिमा और आत्मसम्मान से वंचित रखा है। निचली जातियाँ या दलित, जैसा कि वे कहलाया जाना पसन्द करते हैं, हमेशा से उच्च जातियों की उपेक्षा का शिकार रहे हैं। उन्हें अपने निम्न जन्म पर आधारित तुच्छ कार्यक्षेत्रों में सीमित रहने के लिए बाध्य किया जाता रहा है। जाति-व्यवस्था ने सामाजिक ढाँचे और सामाजिक-आर्थिक सम्बन्धों में किसी तरह के फेरबदल को असम्भव बना दिया है। (इलाया 1994 : 669) लेकिन पिछले कुछ वर्षों में दलितों में अपनी पहचान को लेकर एक नई चेतना की लहर दिखाई दी है और वे सदियों के अपमान और उपेक्षा को चुनौती देते हुए प्रतीत होते हैं। आज देश-भर में इन उपेक्षित समुदायों में अपनी पहचान को लेकर एक तीव्र आग्रह दिखाई दे रहा है, और वे अपने खुद के सांस्कृतिक स्रोतों के माध्यम से अपना आत्मसम्मान बटोरने की कोशिश कर रहे हैं। साथ ही वे उच्च जातियों के सांस्कृतिक वर्चस्व को चुनौती भी दे रहे हैं। यह प्रक्रिया उत्तर भारत में, खासकर उत्तर प्रदेश में बिल्कुल साफ दिखाई देती है। उत्तर प्रदेश हिन्दी का हृदय-प्रदेश होने के साथ-साथ देश का सबसे अधिक आबादी वाला प्रान्त भी है। क्षेत्रफल की दृष्टि से भी यह देश के सबसे बड़े प्रान्तों में शामिल है।

उत्तर प्रदेश का क्षेत्रफल 2,36,286 वर्ग किलोमीटर है। 2001 की जनगणना के अनुसार इसकी आबादी 16,60,52,859 थी। यह प्रदेश देश के उत्तर-पश्चिमी किनारे से लेकर दक्षिण-पूर्वी किनारे तक देश के हृदय-प्रदेश के एक बड़े हिस्से में फैला हुआ है। भौगोलिक दृष्टि से इसे दो भागों में विभाजित किया जा सकता है—गंगा भूमि और विध्यांचल। गंगा भूमि को भी दो भागों में विभाजित किया जा सकता है—उच्च गंगा भूमि और मध्य गंगा भूमि। उच्च गंगा भूमि अधिकांशतः उत्तर प्रदेश का हिस्सा है, जबकि मध्य गंगा भूमि का कुछ हिस्सा बिहार में भी पड़ता है। उच्च गंगा भूमि को इलाहाबाद

में गंगा और यमुना के संगम-स्थल पर मोटे तौर पर दो भागों में बाँटा जा सकता है—पूर्वी उत्तर प्रदेश और पश्चिमी उत्तर प्रदेश।

यह एक उल्लेखनीय तथ्य है कि आर्थिक दृष्टि से, और सम्भवत: सामाजिक-सांस्कृतिक दृष्टि से भी पूर्वी और पश्चिमी उत्तर प्रदेश एक-दूसरे से बहुत ज्यादा भिन्न हैं। पंजाब के सम्पन्न प्रान्त से जुड़ा पश्चिमी उत्तर प्रदेश पूर्वी उत्तर प्रदेश की तुलना में कहीं ज्यादा समृद्ध है, जो बिहार के निर्धन प्रान्त से जुड़ा हुआ है। पश्चिमी उत्तर प्रदेश के बुलन्दशहर, मेरठ और सहारनपुर जैसे जिलों ने कृषि क्षेत्र में भरपूर विकास किया है, इसलिए वहाँ पूर्वी उत्तर प्रदेश जैसी घोर निर्धनता दिखाई नहीं देती। यह अलग बात है कि कुल मिलाकर उत्तर प्रदेश देश के सबसे निर्धन प्रान्तों में शामिल है। पश्चिमी उत्तर प्रदेश में सिंचाई के आधुनिक साधनों का इस्तेमाल होता है और किसान मेहनतकश पंजाबियों की तरह ही जी-जान से अपने काम में जुटे रहते हैं। इसकी तुलना में पूर्वी उत्तर प्रदेश एक विपरीत ध्रुव जान पड़ता है, जहाँ के किसान पश्चिमी उत्तर प्रदेश की तरह परिश्रमी और उद्यमी दिखाई नहीं देते, हालाँकि उनकी भूमि उतनी ही उपजाऊ है। यह क्षेत्र उपेक्षित और पिछड़ा रहा है, जिसके कारण लोग यह समझने लगे हैं कि यहाँ के लोग आलसी, जातिग्रस्त, अंधविश्वासी और किसी तरह के बदलाव को लेकर निरुत्साही हैं। इस क्षेत्र से भारी पैमाने पर प्रवसन होता है और यहाँ के लोग आजीविका की तलाश में पश्चिमी उत्तर प्रदेश, पंजाब और देश के अन्य सम्पन्न प्रान्तों में जाते रहते हैं। पूर्वी और पश्चिमी उत्तर प्रदेश के बीच में मध्य मैदानी इलाका पड़ता है, जो पश्चिम और पूर्व के दो विपरीत ध्रुवों के बीच एक पुल की तरह है। वहाँ आर्थिक विकास की रफ्तार काफी सुस्त है, हालाँकि पूर्वी उत्तर प्रदेश के मुकाबले यह कुछ बेहतर है। वहाँ के किसान न तो पश्चिमी उत्तर प्रदेश के किसानों जितने परिश्रमी हैं और न पूर्वी उत्तर प्रदेश के किसानों जितने आलसी। (पई 1986 : 4-5)

उत्तर प्रदेश में कुल मिलाकर 70 जिले हैं, जो सामाजिक-आर्थिक विकास के मामले में एक-दूसरे से बहुत भिन्न हैं। लेकिन इन सभी जिलों में एक साझी बात यह है कि इनमें ब्राह्मणवादी सांस्कृतिक संहिता बहुत ज्यादा हावी है। यह अब भी सक्रिय है और फल-फूल रही है, इस तथ्य के बावजूद कि दलित और अन्य उपेक्षित जातियाँ आबादी की बहुसंख्या का प्रतिनिधित्व करती हैं और जाति-आधारित संरक्षण की व्यवस्था पचास वर्ष से भी अधिक पुरानी हो चुकी है। ब्राह्मणवादी सांस्कृतिक संहिता के कारण जातिगत क्रम-परम्परा की व्यवस्था जारी रही है, जिससे विकास का लाभ दलितों की बहुसंख्या तक नहीं पहुँच पाया है। लेकिन पिछले कुछ वर्षों में दलितों की आजादी के बाद की एक ऐसी पीढ़ी सामने आई है, जो शिक्षित, जागरूक और महत्त्वाकांक्षी है और बसपा के माध्यम से दलित बहुजनों के लिए सामाजिक न्याय पाने की अपेक्षा कर रही है। आम धारणा के उलट, बहुजन समाज पार्टी का

जन्म जाति-व्यवस्था को ध्वस्त करने के लिए नहीं हुआ था, बल्कि यह दलितों को विकास का लाभ न मिल पाने और उनकी सामाजिक, राजनीतिक और आर्थिक उपेक्षा की प्रतिक्रिया के रूप में अस्तित्व में आई थी। (चार्ल्सली एवं कारंथ 2002 : XII) 1984 में कांशीराम द्वारा उत्तर प्रदेश में पार्टी की स्थापना के बाद बसपा को यह अहसास हुआ कि जाति एक धार्मिक मुद्दे से कहीं बढ़कर एक भावनात्मक मुद्दा था। (इलाया 1994 : 669) इसलिए उसने जाति को एक विचारधारा में बदलकर और प्रान्त के दलितों में विरोध की संस्कृति पैदा करके सत्ता में आने की कोशिश की। इस रणनीति से दलितों के सामाजिक-सांस्कृतिक और राजनीतिक मॉबिलाइजेशन में बहुत ज्यादा मदद मिली है, और प्रान्त और राष्ट्र की प्रजातांत्रिक और राजनीतिक प्रक्रियाओं में उनकी भागीदारी का एक व्यापक आधार तैयार हुआ है।

1995 में पहली बार एक दलित राजनीतिक पार्टी सत्ता में आई। बसपा की नेता मायावती उत्तर प्रदेश की पहली दलित महिला मुख्यमंत्री बनीं। हालाँकि बसपा की विचारधारा ज्योतिबा फुले और डॉ. अम्बेडकर के अपूर्ण अभियान पर ही आधारित थी—दलितों को एक पहचान और सामाजिक सम्मान दिलाने का अभियान—परन्तु उसने छवियों और प्रतीकों के माध्यम से दलितों की पहचान की स्थापना पर ज्यादा जोर दिया। ये छवियाँ और प्रतीक दलितों की संस्कृति में से खोजे गए थे और उनमें गर्व और गौरव की भावना पैदा करते थे। जैसा कि आशीष नंदी लिखते हैं, बँधी-बँधाई राजनीतिक भाषा समाज की एक कम महत्त्वपूर्ण सतह को छूती है, लेकिन जब इसके साथ संस्कृति जुड़ जाती है तो इसकी पैठ कहीं ज्यादा गहरी हो जाती है। इसका कारण यह है कि भारतीय समाज राजनीति की बजाय संस्कृति के इर्द-गिर्द ज्यादा गढ़ा-बुना हुआ है। (नंदी 1990 : 49) उत्तर भारत में दलितों के सन्दर्भ में इस सच्चाई का अहसास सिर्फ बहुजन समाज पार्टी ही कर सकी। उसने संस्कृति और पहचान पर जोर देकर अनुसूचित जातियों, जनजातियों और अन्य पिछड़े वर्गों का गठजोड़ स्थापित करके 'बहुजन समाज' की पहचान को एक ठोस स्वरूप देने की कोशिश की। इलाया की तरह कांशीराम का भी मानना था कि जब तक दबे-कुचलों की संस्कृति और चेतना को सबके सामने नहीं लाया जाएगा और एक खुली बहस का अंग नहीं बनाया जाएगा, जब तक वे शत्रु की संस्कृति और चेतना का खुलेआम सामना करने और उससे टक्कर लेने के लिए तैयार नहीं होंगे, तब तक एक बराबरी के समाज का सपना सपना ही रहेगा। (इलाया 1996 : 168)

उत्तर भारत के कई अन्य प्रान्त—बिहार, राजस्थान, मध्य प्रदेश इत्यादि—भी जाति के आधार पर बँटे हुए हैं। लेकिन वहाँ बहुजन समाज पार्टी के सक्रिय न होने के कारण दलित एक समूह के रूप में एकजुट होकर अपनी ताकत और पहचान को स्थापित नहीं कर पाए हैं। इन प्रान्तों में जाति एक विचारधारा नहीं बन पाई है। यह सच है कि

वहाँ भी दलितों में अपने उपेक्षित सामाजिक-सांस्कृतिक दर्जे को लेकर कुछ हद तक जागरूकता आई है, लेकिन यह जागरूकता राजनीतिक जागरूकता में नहीं बदल पाई है। उदाहरण के लिए, बिहार में कई वाम पार्टियाँ और मूलवादी ग्रुप दमित और शोषित वर्गों के अधिकारों के लिए लड़ रहे हैं। लेकिन वे सब टुकड़ों में बँटे हुए हैं और दलितों को एक समूह के रूप में एकजुट करने का प्रयास नहीं कर पाए हैं। इस प्रान्त में भी उपेक्षित और शोषित दलित जातियों में विद्रोह की संस्कृति देखी जा सकती है, लेकिन इसे राजनीतिक जागरूकता में नहीं बदला जा सका है, जैसा कि बसपा ने उत्तर प्रदेश में कर दिखाया है। हालाँकि उत्तर प्रदेश की तरह बिहार में भी संस्कृति को कुछ हद तक मॉबिलाइजेशन के माध्यम के रूप में इस्तेमाल किया जा रहा है—जैसा कि वहाँ सक्रिय कुछ पार्टियों द्वारा खेतिहर मजदूरों के मॉबिलाइजेशन के मामले में देखा जा सकता है। उत्तर प्रदेश में बहुजन समाज पार्टी 'दलितत्व' को दलितों की पहचान का एक महत्त्वपूर्ण सैद्धान्तिक अंग बनाने में सफल रही है। जाति को एक सिद्धान्त/विचारधारा में बदलकर प्रजातांत्रिक माध्यम से सत्ता पर कब्जा करना भारत की राजनीतिक व्यवस्था में एक महत्त्वपूर्ण घटना है। बसपा ने कांशीराम और मायावती के नेतृत्व में इसे सफलतापूर्वक कर दिखाया है। (इलाया 1994 : 669)

दलित सशक्तीकरण की इस रणनीति के पीछे पाँच तत्त्व दिखाई देते हैं। पहला, देश के सत्ता-तंत्र में भागीदारी के लिए संघर्ष, खासकर नौकरशाही और राजनीतिक नेतृत्व (सत्ता और शासन) में। दूसरा, प्रजातांत्रिक प्रक्रिया को और मजबूत करना, ताकि उपेक्षित दलित समुदाय ब्राह्मणवादी संस्कृति के वर्चस्व से उबरकर अपने खुद के सांस्कृतिक प्रतीकों का निर्भीकतापूर्वक प्रयोग कर सकें। तीसरा, बसपा नेतृत्व का यह विश्वास कि दलितों के ये सांस्कृतिक प्रतीक उनमें आत्मविश्वास पैदा करेंगे और सामाजिक-आर्थिक असमानता के खिलाफ उनके संघर्ष में उनकी मदद करेंगे। चौथा, दलितों के उद्धार के लिए पुरोगामी काम करने वाले व्यक्तियों को इतिहास में उनका उचित दर्जा प्रदान करना; और पाँचवाँ, यह विश्वास कि इन व्यक्तियों को सम्मान प्रदान करके दलित समुदाय खुद भी सम्मानित महसूस करेंगे, जिससे अन्ततोगत्वा समाज में उनका दर्जा ऊपर उठाने में मदद मिलेगी।

लेकिन क्या पहचान पर आधारित यह राजनीति सिर्फ 'टोकनिज्म' की राजनीति है? या यह दलितों के हितों को देखते हुए एक दीर्घकालीन निवेश है, ताकि वे सदियों के अपमान और अवमानना से उबर सकें और समाज के प्रजातांत्रिक ढाँचे में अपना उचित और गौरवपूर्ण स्थान प्राप्त कर सकें? मायावती और बसपा के बहुत से आलोचकों का कहना है कि उनके कार्यकाल में विकास गतिविधियों की बजाय मूर्तियों, स्मारकों और उद्यानों की स्थापना पर करोड़ों रुपए खर्च कर दिए गए। लेकिन मायावती इसके जवाब में यह तर्क देती हैं कि सामाजिक बदलाव के लिए संघर्ष करने वाले व्यक्तियों

को गौरवान्वित करना उनकी सरकार की एक महत्त्वपूर्ण उपलब्धि रही है। मायावती के कार्यकाल में प्रकाशित सभी आधिकारिक प्रकाशनों में उनकी उपलब्धियों का जिक्र करते हुए इस बात पर विशेष जोर दिया गया कि उन्होंने दलित सन्तों, गुरुओं, वीरों और अन्य दलित महापुरुषों को उनका यथोचित सम्मान दिलाने का अभियान छेड़ दिया था।[1] जिलों और विश्वविद्यालयों के नाम दलित विभूतियों पर रखने से दलितों में आत्मसम्मान और आत्म-गौरव की भावना आई है। बसपा इसके महत्त्व को अच्छी तरह समझती है। चुनावों के दौरान अपनी एक जनसभा में मायावती ने कहा था कि अगर लोगों ने बसपा की बहनों और बेटियों के हाथ में सत्ता दी तो उन सभी जिलों का नाम बदल दिया जाएगा, जिन्हें भारतीय जनता पार्टी (भाजपा) ने ऊँची जाति के व्यक्तियों के नाम पर रख दिया था।[2]

बसपा के शासन-काल के दौरान उत्तर प्रदेश सरकार के सूचना एवं प्रसारण विभाग द्वारा प्रकाशित एक पुस्तक 'सामाजिक परिवर्तन के लिए संघर्ष करने वाले महापुरुषों का सम्मान' की भूमिका में मायावती ने कहा था कि पिछले 2,500 वर्षों से महात्मा बुद्ध, महाऋषि बाल्मीकि, एकलव्य, कबीरदास, अहिल्याबाई होल्कर, छत्रपति साहूजी महाराज, डॉ. बी.आर. अम्बेडकर और महात्मा ज्योतिबा फुले जैसे महापुरुष सामाजिक परिवर्तन के अभियान में जुटे रहे। उनके प्रयासों के परिणामस्वरूप दबे-कुचले, पिछड़े और वंचित समुदाय अब देश की प्रजातांत्रिक प्रक्रिया में अपनी हिस्सेदारी का दावा कर रहे हैं। वे सामाजिक असमानता और अन्याय के खिलाफ लड़ाई में भी बढ़-चढ़कर हिस्सा ले रहे हैं, और एक गरिमापूर्ण और आत्मसम्मान भरा जीवन जीने के लिए कड़ा संघर्ष कर रहे हैं।[3] उत्तर प्रदेश में अपने शासन के तीनों कार्यकालों में बसपा ने दलित नेताओं की प्रतिमाएँ स्थापित करने और उन्हें गौरवान्वित करने की रणनीति को जारी रखा, ताकि दलितों में सामाजिक बदलाव की जरूरत का अहसास पैदा किया जा सके। इससे यह बात बिल्कुल साफ हो जाती है कि इन महापुरुषों की स्मृतियों को जीवित रखने की रणनीति एक सोची-समझी रणनीति थी, ताकि दलितों में आत्म-विश्वास की भावना पैदा की जा सके।

बहुत-से अध्ययनों से पता चलता है कि उपेक्षित जातियों में किस तरह अपनी जाति को लेकर एक नई चेतना जाग्रत हो रही है और वे किस तरह देश की प्रजातांत्रिक प्रक्रिया में हिस्सा लेने के लिए आगे आ रही हैं। अनुजा अग्रवाल द्वारा बेडिया जाति का अध्ययन (2004) और लूसिया मिशेल्टी द्वारा यादव जाति का अध्ययन (2004) ऐसे ही उदाहरण हैं। ये जातियाँ अपनी जाति को लेकर अब गर्व महसूस करने लगी हैं, भले ही परम्परागत 'शुद्धता-अशुद्धता' के पादानुक्रम में उनका दर्जा कुछ भी क्यों न हो। अहीर, गुज्जर, जाट, पट्टीदार, आदि-धर्मी जैसे समुदाय अपनी जातिगत पहचान को लेकर गर्व की एक गहरी भावना महसूस करते हैं। (गुप्ता 2004 : XIII)

एक दिलचस्प तथ्य यह है कि अब निचली जाति के समुदायों के भीतर भी एक दबदबे भरी सामाजिक व्यवस्था की पुनरावृत्ति दिखाई देने लगी है। शायद यह उनकी अपनी स्वतंत्र सांस्कृतिक पहचान की अभिव्यक्ति का एक तरीका है, और वर्चस्ववादी सामाजिक व्यवस्था के खिलाफ विद्रोह का प्रतीक भी। (कारंथ : 2004)

दलितों के राजनीतिक और सामाजिक संघर्ष के लिए और उनकी पहचान की स्थापना के लिए जाति नायक और जातीय इतिहास इतना महत्त्वपूर्ण क्यों हो गया है? वह कौन सा बिन्दु है जहाँ कल्पना यथार्थ की रचना करने लगती है? कभी-कभी मिथक यथार्थ से ज्यादा सच्चे क्यों प्रतीत होते हैं? उपेक्षित समुदायों के राजनीतिक मॉबिलाइजेशन की मुक्तिदायी राजनीति में 'हम कौन हैं?' जैसे प्रश्न केन्द्रीय प्रश्न क्यों बन जाते हैं? इन प्रश्नों के इर्द-गिर्द कथाएँ, प्रतिमाएँ, शिल्प और राजनीति कैसे विकसित हो जाती है? इस पुस्तक में हम इन्हीं प्रश्नों के उत्तर ढूँढ़ने की कोशिश करेंगे, एक 'एलीट' दृष्टिकोण से नहीं, बल्कि उत्तर प्रदेश की दलित राजनीति में इन मुद्दों से जुड़ी तार्किकता का विश्लेषण करके।

इस पुस्तक में उत्तर भारत, खासकर उत्तर प्रदेश में दलित राजनीति के ज्वार का अध्ययन किया गया है। यह राजनीति दलितों की विद्रोहात्मक संस्कृति, उनकी वीरांगनाओं और महापुरुषों पर आधारित है, जिन्हें दलित-चेतना को उभारने के लिए प्रतीकों के रूप में इस्तेमाल किया जा रहा है। इसके साथ ही, बसपा अपनी वर्तमान नेता मायावती की छवि निर्मित करने में भी जुटी हुई है। 1957 के विद्रोह में दलितों की भूमिका से जुड़े मिथकों और स्मृतियों की खोज, पुनर्संरचना और प्रस्तुति, और दलित समुदायों का समर्थन जुटाने के लिए बसपा द्वारा इनका प्रयोग भी इस पुस्तक के अध्ययन का विषय है। इस तरह यह पुस्तक सांस्कृतिक राजनीति और उत्तर प्रदेश के उपेक्षित समुदायों की प्रजातांत्रिक भागेदारी के बीच परस्पर सम्बन्ध को भी समझने का प्रयास करती है। यह पुस्तक उन छिपे हुए मुद्दों को भी सामने लाने की कोशिश करेगी, जो पहचान की स्थापना की इस प्रक्रिया से जुड़े हुए हैं, और ग्रास-रूट स्तर पर दलितों के मॉबिलाइजेशन के लिए उनके प्रयोग का अध्ययन करेगी। पुस्तक उन स्रोतों की भी पड़ताल करेगी, जहाँ से दलितों के सांस्कृतिक प्रतीक उठाए जा रहे हैं, और यह भी जाँचने की कोशिश करेगी कि दलितों के मॉबिलाइजेशन के लिए इनका किस तरह इस्तेमाल किया जा रहा है, दलितों की सामूहिक स्मृतियों में इनका कितना प्रभाव है, और यह भी कि यह प्रभाव इतना गहरा और शक्तिशाली क्यों है। इसके साथ ही, इन सांस्कृतिक प्रतीकों के माध्यम से प्रकट होने वाली, जो नित और जोर पकड़ती जा रही है, दलितों की विद्रोहात्मक संस्कृति के विकास-क्रम का भी अध्ययन किया जाएगा।

इस दृष्टि से, इस पुस्तक में उस चर्चा को आगे बढ़ाने की कोशिश की गई है जिसकी शुरुआत सुधा पई अपनी पुस्तक 'दलित असर्शन एंड द अन-फिनिश्ड

डेमोक्रेटिक एजेंडा' में कर चुकी हैं। इस पुस्तक में सुधा पई ने समालोचनात्मक ढंग से, लेकिन सहानुभूतिपूर्वक यह विश्लेषण करने की कोशिश की है कि क्या बसपा ने दलितों की एक विशाल बहुसंख्या के सशक्तीकरण में मदद की है या दलितों के सिर्फ कुछ विशिष्ट और ऊपर उठते वर्गों को ही लाभ पहुँचाया है। सुधा पई ने दलित स्वाभिमान और बसपा के साथ इसके सम्बन्धों के व्यापक घटना-क्रम का भी विश्लेषण किया है। इस पुस्तक में बसपा के उद्‌भव, विचारधारा, कार्यक्रम, मॉबिलाइजेशन रणनीति और चुनावी प्रगति का भी अध्ययन किया गया है। यह सब 1980 के बाद उत्तर प्रदेश में आए दो बड़े बदलावों की पृष्ठभूमि में किया गया है—दलित स्वाभिमान की एक जबर्दस्त लहर और कांग्रेस-राज की समाप्ति के बाद एकदलीय प्रणाली से वर्गीय विभाजन पर आधारित बहुदलीय प्रणाली का आगमन! सुधा पई का मानना है कि बसपा का अनूठा उदय स्वातंत्र्योत्तर भारत की प्रजातांत्रिक प्रक्रिया के साथ-साथ राज्य की सकारात्मक कार्रवाई की नीतियों का भी परिणाम है। लेकिन हाल के कुछ वर्षों में, अपनी राजनीतिक बाध्यताओं के परिणामस्वरूप, बसपा को ऐसी पार्टियों के साथ गठजोड़ करना पड़ा है जिनके साथ सैद्धान्तिक रूप से उसका कड़ा विरोध है। पुस्तक के अन्त में सुधा पई ने दलित के नए रूपों की भी चर्चा की है, जो ग्रास-रूट स्तर पर राजनीतिक मॉबिलाइजेशन के लिए सांस्कृतिक प्रतीकों, जैसे कि डॉ. अम्बेडकर का प्रतीक, के प्रयोग के रूप में अभिव्यक्त हो रही है। यहाँ वे उत्तर प्रदेश में दलितों के वर्तमान मॉबिलाइजेशन को देखते हुए राजनीति के रूप में संस्कृति की, संस्कृति और राजनीति की, और राजनीति की संस्कृति की भी चर्चा करती हैं, जिस पर और ज्यादा विमर्श की काफी गुंजाइश है।

मैं अपनी पुस्तक में दलित और मॉबिलाइजेशन की राजनीति के दूसरे पक्ष की छानबीन करने की कोशिश करूँगा। संक्षेप में कहा जाए तो यह पुस्तक उत्तर प्रदेश में दलित मॉबिलाइजेशन की उस प्रक्रिया को समझने का प्रयास है, जिसके अन्तर्गत मिथकों, किंवदंतियों, स्थानीय नायकों और इतिहासों जैसे विद्रोहात्मक सांस्कृतिक स्त्रोतों का खुलकर प्रयोग किया जा रहा है। एक तरह से यह इस क्षेत्र के दलितों के राजनीतिक मॉबिलाइजेशन की भाषा और इस भाषा को निर्मित करने वाले तत्त्वों और प्रक्रियाओं को समझने का प्रयास है। कुल मिलाकर यह पुस्तक उत्तर भारत के विभिन्न अंचलों के मिथकों और किंवदंतियों को लेकर मेरे पिछले अध्ययनों का विस्तार है। उदाहरण के लिए, बिहार के मोकामा जिले में प्रचलित चूहड़मल और रेशमा का मिथक (नारायण 2001 : b), उत्तर प्रदेश के बहराइच अंचल में लोकप्रिय सुहेलदेव का मिथक (नारायण : 2005), और निषादों इत्यादि जातियों में प्रचलित कई अन्य लोकप्रिय मिथक (वही) विभिन्न राजनीतिक पार्टियों द्वारा विशिष्ट जातियों के चुनावी मॉबिलाइजेशन के लिए खुलकर प्रयोग किए जा रहे हैं। यह पुस्तक इन्हीं विचारों और अध्ययनों की

शृंखला को आगे बढ़ाते हुए यह दिखाने का प्रयास करेगी कि उत्तर प्रदेश के दलित किस तरह एक वैकल्पिक इतिहास और विद्रोहात्मक संस्कृति की रचना में जुटे हुए हैं; और बसपा किस तरह इससे जुड़ी वीरांगनाओं और मिथकों की स्मृतियों को उभारकर अपनी नेता मायावती की छवि निर्मित करने की कोशिश कर रही है। हम मुख्य रूप से 1857 के संग्राम से जुड़ी तीन वीरांगनाओं की चर्चा करेंगे—झलकारीबाई, ऊदा देवी और महावीरी देवी। बसपा मायावती की छवि निर्मित करने के लिए इन तीन नायिकाओं के साथ-साथ अवन्तीबाई लोधी और पन्ना धाय जैसी कुछ अन्य दलित विद्रोहिणियों का भी इस्तेमाल कर रही है। इस अध्ययन के लिए बुन्देलखंड और अवध अंचलों के साथ-साथ पूर्वी उत्तर प्रदेश के कुछ गाँवों में विस्तृत फील्ड-वर्क किया गया, यहाँ ये दलित वीरांगनाएँ अधिक लोकप्रिय हैं।

इस पुस्तक का एक अन्य आयाम भी है। हमने यह जानने की भी कोशिश की है कि राष्ट्र निर्माण की प्रक्रिया में, खासकर 1857 के विद्रोह में अपनी भूमिका को लेकर, दलित अपने अतीत की किस तरह परिकल्पना करते हैं; और आगे आ रहे दलित समुदाय अपनी सामयिक आकांक्षाओं की पूर्ति के लिए इस परिकल्पना का किस तरह प्रयोग कर रहे हैं—ताकि देश की विकास परियोजनाओं का उन्हें पूरा लाभ मिल सके और संरक्षणात्मक नीतियों के तहत उनकी न्यायोचित हिस्सेदारी सुनिश्चित की जा सके। सत्ता, द्वन्द्व और प्रतिस्पर्द्धा के इस युग में उपेक्षित समुदायों के लिए यह बहुत जरूरी है कि वे अपनी पहचान, अपने आत्म-गौरव और अपने सामाजिक अस्तित्व की खुलकर घोषणा कर सकें। इतिहास की परिकल्पना वह आधारशिला है जो इस सबको सम्भव बना सकती है।

दलित वीरांगनाएँ और दलित राजनीति के सांस्कृतिक पहलू

भारत की वर्ण व्यवस्था के कुछ अध्ययन यह दिखाने की कोशिश करते हैं कि निचली और अछूत जातियों की अपनी कोई संस्कृति नहीं है, और वे सिर्फ अपने समुदायों की वर्चस्वशील धारा की नकल भर करती हैं। (दुमोंत 1980; मोफात 1979) गुप्ता के अनुसार, ये अध्ययन निचली जातियों में सांस्कृतिक स्वायत्तता के अस्तित्व को ही नकारते हैं, और उन सबको एक ही समूह में गिन लेते हैं। मानो उनमें इतना ज्यादा समन्वय हो कि संस्कृति के उसी रूप की नकल की जा सके जिससे उन्हें बहिष्कृत कर दिया गया है। (गुप्ता 2000 : 54-85) डेलीज (1992) मोफात की अवधारणा का खंडन करते हुए कहते हैं कि इन जातियों में ऐसी एकता और समानता का कोई प्रमाण नहीं मिलता। दूसरी तरफ, साम्राज्यवादी अध्ययन, जैसे कि कारंथ (2004), यह दिखाते हैं कि नकल अपनी एक स्वायत्त संस्कृति की स्थापना का तरीका भी हो सकता है, और प्रभुत्वशील सामाजिक व्यवस्था के वर्चस्व के खिलाफ विद्रोह की

अभिव्यक्ति भी। लेकिन इस तरह के विद्रोह को कई तरह की चुनौतियों का सामना करना पड़ता है। कारंथ अपने अध्ययन में ऊँची जातियों के दबदबे के साथ-साथ उन तरीकों को भी रेखांकित करते हैं जिनके माध्यम से अछूत जातियाँ सांस्कृतिक स्वायत्तता प्राप्त कर सकती हैं। (वही : 138) बिहार के मोकामा जिले के मेरे अपने अध्ययन से पता चलता है कि वहाँ भिन्न-भिन्न संस्कृतियों का अस्तित्व है, जिनमें निचली जाति के दुसाधों की संस्कृति सबसे ज्यादा महत्त्वपूर्ण है। इस अध्ययन में यह दिखाने की कोशिश की गई है कि दुसाध किस तरह अपने सांस्कृतिक स्रोतों, अपने मिथकों, किंवदंतियों, लोक-गीतों और लोक-नायकों के माध्यम से, अपनी खुद की संस्कृति के माध्यम से, मुख्यधारा की संस्कृति को चुनौती दे रहे हैं; और विभिन्न राजनीतिक पार्टियाँ समुदायों के चुनावी मॉबिलाइजेशन के लिए इन सांस्कृतिक स्रोतों का किस तरह इस्तेमाल कर रही हैं। (नारायण 2001 : b)

उत्तर प्रदेश में बसपा की रणनीति इन वैकल्पिक जमीनों को तलाश करने और प्रान्त की विभिन्न दलित जातियों के सांस्कृतिक स्रोतों का प्रयोग करके उनमें आत्म-विश्वास और अपनी पहचान को लेकर जागरूकता पैदा करने पर केन्द्रित रही है। साथ ही, सदियों से उच्च जातियों के अपमान और तिरस्कार का शिकार रही इन जातियों में परस्पर सामाजिक एकता स्थापित करना भी उसका एक प्रमुख लक्ष्य रहा है। इन्हीं उद्देश्यों को ध्यान में रखकर बसपा ने पिछड़ी और दलित जातियों के बहुत से स्थानीय नायक और प्रतीक ढूँढ़ निकाले। इन्हें जाति-प्रतीकों का रूप देकर सम्बन्धित जातियों में इनके प्रति श्रद्धा की भावना पैदा करना कोई मुश्किल काम नहीं था। (कुमार और सिन्हा 2001 : 89)

इन पात्रों को ग्रामीण स्तर पर दलितों में लोकप्रिय किस्से-कहानियों से उठाया गया था। पार्टी के बुद्धिजीवियों ने इनकी नए सिरे से व्याख्या की, जिसे पार्टी के नेताओं ने अपने भाषणों से जनता तक पहुँचाया। इस तरह, गाँवों में उसी दलित आबादी को उन्हीं के किस्से-कहानियाँ एक नए रूप और व्याख्या के साथ लौटा दिए गए, ताकि दलितों में एक नई स्मृति और परिकल्पना पैदा की जा सके। महाराष्ट्र और दलित भारत के दलित महापुरुषों, जैसे कि डॉ. अम्बेडकर और पेरियार, को भी यथोचित महत्त्व दिया गया, लेकिन कुल मिलाकर यह अभियान स्थानीय नायकों पर ही अधिक केन्द्रित रहा। इस तरह बसपा ने एक छवि-आधारित राजनीति विकसित कर ली, जो क्षेत्रीय जनता की सामूहिक स्मृतियों के अनुकूल थी। विद्रोहात्मक स्वर वाली इन कथाओं और लोकगीतों में मुक्तिदायी संदेश पिरो दिए गए और इन्हें जागृति दस्तों के माध्यम से जन-जन तक पहुँचाया गया। ये दस्ते चुनावों से ठीक पहले आयोजित होने वाली राजनीतिक सभाओं में गीतों, कविताओं और नाटकों के माध्यम से ये संदेश जनता तक पहुँचाते थे। इनमें से एक गीत कुछ यूँ था—

बीएसपी की नीति निराली जो सुन ले सुख पाए
युग-युग से इस देश का बहुजन जल्दी ही सुख पाए
ज्योतिराव, रविदास, सुब्बा ने जिसके लिए कुर्बानी दी
बाबासाहब, झलकारी ने अपनी अमिट निशानी दी
तुम्हें छोड़ के बहुजन का इतिहास लिखा न जाए[4]

इस गीत से पता चलता है कि बाबासाहेब अम्बेडकर, ज्योतिबा फुले और रविदास की स्मृतियों को किस तरह 1857 के विद्रोह की स्थानीय वीरांगना झलकारी बाई की स्मृति से जोड़ने की कोशिश की गई है। यह बिल्कुल साफ है कि बसपा की रणनीति राजनीतिक मॉबिलाइजेशन की एक ऐसी भाषा विकसित करने पर केन्द्रित है, जो दलितों की सामूहिक संस्कृति से, उनके मिथकों, नायकों और किंवदंतियों से बहुत गहराई से जुड़ी हुई है।

जब कांशीराम के बाद एक दलित महिला, मायावती ने बसपा का नेतृत्व सँभाला तो पार्टी ने अपनी रणनीति में संशोधन करके उनकी छवि एक ऐसी स्त्री के रूप में विकसित करने की कोशिश की जिसमें पार्टी की बागडोर सँभालने के सभी गुण मौजूद थे। उसने मायावती और साथ ही पार्टी की विचारधारा को जनता में लोकप्रिय बनाने के लिए आक्रामक मार्केटिंग-स्ट्रेटेजी का सहारा लिया। इसके लिए 1857 के स्वतंत्रता संग्राम से जुड़े अनेक दलित नायकों में से झलकारीबाई, ऊदा देवी, महावीरी देवी, अवन्तीबाई लोधी और पन्ना धाय जैसी कुछ स्थानीय वीरांगनाओं को चुना गया, ताकि उनके साथ मायावती की पहचान स्थापित की जा सके। मायावती की छवि निर्मित करने के लिए ऐतिहासिक नारियों का इस्तेमाल करने के पीछे दो कारण हो सकते हैं। पहला यह है कि दलित-बहुजन बखानों में देवता की बजाय देवियों की महिमा ज्यादा है। (इलाया 1996 : 188) इलाया के अनुसार, पोचम्मा आन्ध्र प्रदेश की सर्वाधिक लोकप्रिय देवी हैं। उत्तर प्रदेश के गाँवों के सामूहिक जनमानस में भी देवियों का प्रभाव बहुत ज्यादा है। वहाँ ऐसा माना जाता है कि हर शुभ और अशुभ घटना के पीछे देवियों का क्रोध या उनकी प्रसन्नता छिपी होती है।[5] कहा जाता है कि ये देवियाँ लोगों को सभी तरह की प्राकृतिक आपदाओं और महामारियों से बचाती हैं, इसलिए लोगों के मन में उनके लिए बहुत गहरी श्रद्धा है। दूसरा कारण यह है कि 1857 के विद्रोह के सन्दर्भ में झाँसी की रानी और बेगम हजरत महल जैसी मुख्यधारा की नायिकाओं का उल्लेख करते समय दलित वीरों और वीरांगनाओं की महत्त्वपूर्ण भूमिका का भी उल्लेख किया जाता रहा है, लेकिन उच्च जातियों की धूर्तता के कारण उन्हें यथोचित श्रेय और मान्यता नहीं मिल पाई। इसलिए, उत्तर प्रदेश के उन क्षेत्रों में जहाँ उनकी कथाएँ अधिक लोकप्रिय हैं और वहाँ के मौलिक इतिहास का हिस्सा हैं, उनकी मूर्तियों और स्मारकों की स्थापना करके, और उनकी स्मृति में मेलों और उत्सवों का आयोजन करके उनकी

सामूहिक स्मृति को पुनर्जीवित करने का अभियान छेड़ दिया गया। उनके साहसिक कारनामों के बखान के लिए 1857 के विद्रोह की पृष्ठभूमि को इसलिए चुना गया, क्योंकि यह विद्रोह 'प्रथम स्वतंत्रता संग्राम' के रूप में जाना जाता है, और उत्तर भारत के जनमानस पर इसकी बहुत गहरी छाप है। लिखित रूप में यह भले ही अधिक दिखाई न दे, पर लोगों की मौखिक परम्पराओं में इसके अमिट चिह्न आज भी मौजूद हैं।

1857 का विद्रोह उत्तर भारत की गंगा पट्टी के आस-पास केन्द्रित था, जो दिल्ली से लेकर बंगाल तक फैली हुई है। विद्रोह की शुरुआत 10 मई को मेरठ से हुई, जब वहाँ यह खबर पहुँची कि दिल्ली के रक्षक सैनिकों ने विद्रोह कर दिया है और ब्रितानियों को खदेड़ दिया है। इस घटना ने एक उत्प्रेरक का काम किया और उत्तर प्रदेश के कई अन्य हिस्सों में भी आम जनता अंग्रेजों के खिलाफ बगावत पर उतर आई। 27 मई को अलीगढ़ में, 23 मई को इटावा और मैनपुरी में और 27 मई को एटा में विद्रोह भड़क उठा। (मुखर्जी 2001 : 65) देखते-ही-देखते विद्रोह की आग उत्तर प्रदेश और बिहार के अन्य भागों में भी फैल गई और कानपुर, अवध, बनारस, आजमगढ़, गोरखपुर, गोंडा, बहराइच, सीतापुर, गाजीपुर और सुल्तानपुर जैसे कई क्षेत्र इसकी चपेट में आ गए। इसके बाद पश्चिमी बिहार और अन्ततः बंगाल में भी विद्रोह भड़क उठा। ऊपरी भारत में यह विद्रोह एक तरह से किसानों के असन्तोष से उपजी विरोध की प्रचंड लहर के रूप में प्रकट हुआ। लेकिन अभी यह विरोध अंग्रेजों के खिलाफ एक संगठित आन्दोलन का रूप नहीं ले पाया था। फिर भी, इसे आम जनता का भरपूर समर्थन हासिल था, खासकर अवध, पूरे उत्तर-पश्चिमी प्रान्त और पश्चिमी बिहार में। सैनिकों का असन्तोष इस विद्रोह का एक महत्त्वपूर्ण अंग था, लेकिन आम जनता के समर्थन से ही उनके विद्रोह को इतनी ताकत मिली थी। (मेटकॉफ 1990 : 60) ब्रिटिश शासन के अत्याचारों के शिकार किसान, राजनीतिक साधु (पिंच 1996 : 9), स्थानीय नरेश, और सबसे बढ़कर समाज का रूढ़िवादी तबका, उपनिवेशवाद के खिलाफ एकजुट होकर उठ खड़े हुए थे। ब्रिटिश सरकार ने इस विद्रोह को कुचलने के लिए बड़ी निर्दयता से काम लिया। उसका प्रतिशोध भी उतना ही कठोर और भयानक था। गाँव-के-गाँव जला दिए गए या तोपों से उड़ा दिए गए। हजारों विद्रोहियों को फाँसी पर लटका दिया गया। हजारों को पकड़कर सीधे पेड़ों पर ही लटका दिया गया। यह विद्रोह अन्ततोगत्वा विफल भले ही हो गया हो, लेकिन इसने उपनिवेशवाद को लेकर लोगों में एक चेतना पैदा कर दी थी, खासकर अवध के क्षेत्र में, जहाँ इस विद्रोह का सबसे प्रचंड रूप देखने को मिला था। इसे भारत के हिन्दीभाषी क्षेत्र में एक पुनर्जागरण की शुरुआत के रूप में भी देखा जा सकता है। इस काल का रिकार्डबद्ध इतिहास बहुत संक्षिप्त है और उसमें आम जनता द्वारा लड़ी गई बहुत-सी लड़ाइयों का जिक्र तक नहीं है। लेकिन इस क्षेत्र के जनमानस में इस विद्रोह और इससे जुड़ी भीषण लड़ाइयों की बहुत गहरी छाप आज भी मौजूद है। दर्ज

इतिहास में सिर्फ सामन्तों, राजाओं और रानियों के साहसिक कारनामों का उल्लेख है, जैसे कि इस विद्रोह में रानी लक्ष्मीबाई और तांत्या टोपे की भूमिका। लिखित इतिहास के पर्दे के पीछे रह जाने वाले गुमनाम वीरों और वीरांगनाओं का इतिहास उत्तर-भारत के ग्रामीण अंचलों में सुनी-सुनाई जाने वाली मौखिक कहानियों तक सीमित रह गया है। इस तथ्य को देखते हुए दलित बुद्धिजीवियों के पास 1857 के दलित वीर-वीरांगनाएँ चुनने और मायावती की छवि निर्मित करने के लिए उनका इस्तेमाल करने की काफी गुंजाइश है। कुछ अम्बेडकरवादी और वामपन्थी पत्रकार और विद्वान् 1857 के विद्रोह में दलितों की भूमिका को नकारने की कोशिश करते हैं, और इसे सिर्फ असन्तुष्ट जागीरदारों, राजाओं, सैनिकों और किसानों का विद्रोह बतलाते हैं। (मिश्रा और कुमार 2002 : 12) लेकिन बंसल को इस विद्रोह के मौखिक इतिहास के रूप में एक ऐसा खजाना मिल गया है, जिसे वह उत्तर प्रदेश के इन अंचलों में दलितों के मॉबिलाइजेशन के लिए बहुत महत्त्वपूर्ण मानती हैं। इसलिए 1857 के विद्रोह से जुड़े स्थानीय नायकों, मौखिक इतिहासों, मिथकों और किंवदंतियों का खुलकर प्रयोग किया जा रहा है।

मायावती पहली बार चार महीने की संक्षिप्त अवधि के लिए जून 1995 में सत्ता में आई थीं। इसके बाद मार्च 1997 में उन्होंने छह महीने तक सत्ता की बागडोर सँभाली। स्वतंत्र भारत के इतिहास में ऐसा पहली बार हुआ था कि कोई दलित महिला किसी प्रान्त की मुख्यमंत्री बनी है, वह भी उत्तर प्रदेश जैसे बड़े, जाति-ग्रस्त और वर्ण-व्यवस्था के आधार पर बुरी तरह विभाजित प्रान्त में। उत्तर प्रदेश के सामन्ती और पुरुष-प्रधान समाज को देखते हुए यह कोई मामूली उपलब्धि नहीं थी। लेकिन उन्होंने प्रचलित मान्यताओं को चुनौती देते हुए उन शक्तिशाली संस्थाओं से टकराने की हिम्मत दिखाई, जो सदियों से निर्धन दलितों का दमन और शोषण करती रही थीं। इतना ही नहीं, वे एक कुशल प्रशासक साबित हुईं और उन्होंने इस धारणा को गलत साबित कर दिखाया कि राज-पाट करना दलितों के वश की बात नहीं है। उनके शक्तिशाली व्यक्तित्व के कारण उन्हें 'आयरन लेडी' (लौह महिला) कहा जाने लगा। उनके लिए इस विशेषण का उपयोग सबसे पहले मशहूर पत्रकार जमील अख्तर ने अपनी पुस्तक 'आयरन लेडी : कुमारी मायावती' (1999) में किया था। उनके गुरु कांशीराम को भी उनके लिए यह विशेषण उपयुक्त प्रतीत हुआ और उन्होंने इसका समर्थन किया। अपने शासन-काल के दौरान मायावती के कड़े रुख को देखते हुए उनके लिए यह विशेषण बिल्कुल सही था। उन दिनों उत्तर प्रदेश में कानून-व्यवस्था इतनी ज्यादा खराब थी कि मायावती को लगभग डेढ़ लाख गुंडों, बदमाशों और अपराधियों को जेलों में ठूँस देना पड़ा। (कुमार और सिन्हा 2001 : 86) इसी तरह के कई अन्य कड़े कदमों से प्रान्त में अनुशासन लाने के प्रयासों का दलितों ने खुलकर समर्थन किया, जिन्हें आए दिन हर मामले में अपमान और प्रशासन के ढीलेपन का सामना करना पड़ता था। मायावती

दलितों और बहुजनों की बेहद लोकप्रिय नेता साबित हुईं, जो उनके राज में आत्म-सम्मान और गरिमा की भावना महसूस करने लगे थे। बसपा की आम सभाओं और रैलियों में दलित महिलाओं की संख्या कहीं ज्यादा रहती थी। अन्य पार्टियों द्वारा सिर्फ महिलाओं के लिए आयोजित सभाओं में भी महिलाएँ इतनी बड़ी संख्या में दिखाई नहीं देती थीं। (भारती 1996 : 23) इसका प्रमुख कारण यह था कि घर से बाहर निकलने के मामले में वे ऊँची जातियों की महिलाओं की अपेक्षा कहीं ज्यादा स्वतंत्र होती है। साथ ही, वे मायावती के साथ कहीं ज्यादा गहरी पहचान स्थापित कर पाती थीं। बसपा की महिला शाखा 'बहुजन महिला मोर्चा' ने इस तथ्य को भुनाते हुए अपने जिला सम्मेलनों में स्त्रियों से यह कहना शुरू किया कि उन्हें 'स्त्रीत्व' की ब्राह्मणवादी धारणा का अनुसरण नहीं करना चाहिए, जो स्त्री को निरीह और दब्बू बना देती है। दलित स्त्रियों को अपनी जाति की वीरांगनाओं की तरह साहसी और दबंग होना चाहिए। (भारती 1996 : 35)

मायावती का छवि-निर्माण और प्रिंट माध्यम

मायावती को आम जनता की नेता के रूप में स्वीकृति मिलना काफी हद तक इसलिए भी सम्भव हो सका, क्योंकि बसपा ने दलित पहचान के लिए उनकी साहसी वीरांगनाओं के प्रतीकों का इस्तेमाल किया, और उन्हीं के एक अवतार के रूप में मायावती की छवि को निर्मित किया। इसमें मुद्रण माध्यम की काफी महत्त्वपूर्ण भूमिका रही। लोकप्रिय पुस्तिकाओं, पोस्टरों, पर्चों और पैम्फलेटों के माध्यम से इन दलित वीरांगनाओं की कहानियों और 1857 के विद्रोह में उनकी गौरवशाली भूमिका के वर्णनों को जन-जन तक पहुँचाया गया। मुद्रण के एक जनसंचार माध्यम के रूप में विकसित होने के साथ ही दलितों की संवेदनाओं को उभारने के लिए इसका प्रयोग होने लगा था। आबादी के पढ़े-लिखे वर्ग तक जानकारियाँ और सूचनाएँ पहुँचाने का यह एक सशक्त माध्यम बन गया था। दलितों और भारत के अन्य उपेक्षित समुदायों ने इस माध्यम का उपयोग भारतीय राष्ट्रवाद के प्रभुत्वशाली बखानों को चुनौती देने और राष्ट्र-निर्माण में अपनी भूमिका का एक अलग इतिहास रचने और प्रचारित करने के लिए भी किया। भारतीय समाज पर हावी मुख्यधारा के बखानों में हमेशा से दलितों की उपेक्षा की जाती रही थी, इसलिए उन्हें खण्डित करना बहुत जरूरी था। इससे दलितों की एक अलग पहचान की स्थापना करने के साथ-साथ उनके राजनीतिक मॉबिलाइजेशन में भी मदद मिली, जो बाद में वोटों में परिणत हो गई।

औपनिवेशिक काल में बहुत-सी निचली जातियाँ अपना जाति-इतिहास लिखने लगी थीं। विभिन्न राजनीतिक पार्टियों ने दलितों के चुनावी मॉबिलाइजेशन के लिए जब उनके जाति-नायक और मिथक खोजने शुरू किए तो उन्हें इन इतिहासों से भरपूर

मदद मिली। ये जातीय इतिहास लिखे जाने के पीछे दो कारण दिखाई देते हैं—अपने समुदाय के दमन और शोषण को लेकर दलितों की प्रतिक्रिया और समुदायों के सदस्यों में अपनी परम्परा और संस्कृति को लेकर ज्ञान और जागरूकता का अभाव। देश की स्वाधीनता के बाद यह प्रक्रिया तब और तेज हो गई जब निचली जाति के समुदायों का एक वर्ग अपना जातीय इतिहास लिखने की इच्छा प्रकट करने लगा, ताकि इसे एक वैकल्पिक इतिहास के रूप में देखा जा सके। एक वैकल्पिक इतिहास की रचना का प्रश्न उनकी पहचान के प्रश्न से भी जुड़ा हुआ था। इस वैकल्पिक इतिहास के माध्यम से वे समाज के जाति-क्रम में अपने लिए एक सम्मानजनक पहचान बना सकते थे। यह पहचान एक सुस्थापित अतीत के साथ किसी 'वास्तविक' सम्बन्ध की बजाय एक 'प्रोजेक्ट' ज्यादा थी। (सरकार 2002 : 45) इस वैकल्पिक इतिहास को छोटी-छोटी पुस्तिकाओं और कस्बों में छपने वाले छोटे-छोटे अखबारों के माध्यम से आम जनता तक पहुँचाने की कोशिश की गई। ये इतिहास खुद दलितों ने लिखे और रचे थे, जिनमें उनके स्थानीय नायकों और राष्ट्र-निर्माण में उनकी भूमिका को लेकर किंवदंतियाँ और किस्से-कहानियाँ थीं। इन्हें विभिन्न पुस्तकालयों के माध्यम से समुदायों के पढ़े-लिखे वर्गों तक पहुँचाने की कोशिश की गई। इनमें आदि हिन्दू लाइब्रेरी, अशोक पुस्तकालय, कानपुर और उत्तर प्रदेश के विभिन्न क्षेत्रों में स्थापित की गई अम्बेडकर लाइब्रेरियाँ शामिल थीं।[6] 'अछूत', 'उषा', 'आदि मानव' और 'समता' जैसे कई अखबार भी शुरू किए गए। इनमें से अधिकांश डॉ. अम्बेडकर के दर्शन पर आधारित थे। इन अखबारों के माध्यम से सम्पादकों और लेखकों ने न सिर्फ सामाजिक अभिशाप से मुक्ति के दर्शन को प्रचारित किया, बल्कि दलितों के मॉबिलाइजेशन और उनकी पहचान की स्थापना में प्रिंट मीडिया के महत्त्व को भी उजागर कर दिया। तभी से प्रिंट मीडिया दलितों की पीड़ा और वेदना को उभारने का और इससे मुक्ति के रास्ते और साधन तलाशने का एक सशक्त माध्यम बन चुका है। यह एक ऐसा धारदार साधन बन गया, जिसकी मदद से सत्ता और राजनीति के गणित को समझा जा सकता था। बाद में इस उद्देश्य के लिए इसका जमकर प्रयोग किया गया। स्वामी अछूतानन्द, बद्री बाल्मिकानन्द और चन्द्रिका प्रसाद जिज्ञासु जैसे दलित समाज सुधारकों ने ब्राह्मणवादी व्यवस्था को चुनौती देने के लिए इसका भरपूर उपयोग किया। इसी काल में अम्बेडकर ने दलितों को 'पढ़ो, एकजुट होवो और आन्दोलन करो' का मंत्र दिया। शिक्षा के मामले में अपने विचारों को ठोस रूप देने के लिए उन्होंने 1945 में बम्बई में 'पीपुल्स एजुकेशन सोसाइटी' की स्थापना की। (कुमार और सिन्हा 2001a : 9) दलितों के शिक्षित वर्गों के माध्यम से उनका यह संदेश उत्तर भारत में भी पहुँच गया, जिससे दलितों के आत्मसम्मान के संघर्ष के एक अंग के रूप में पढ़ने, लिखने और छापने की संस्कृति विकसित करने के प्रयासों को भरपूर प्रोत्साहन मिला।

स्वाधीनता के बाद दलित साहित्य के प्रकाशन में कुछ कमी आई। लेकिन पिछले कुछ वर्षों से, खासकर 1984 में उत्तर प्रदेश में बसपा के उदय के बाद, इसमें असाधारण तेजी आ गई। (नारायण, 2001a : 3924) यह साहित्य छोटी-छोटी पुस्तिकाओं के रूप में कस्बों में बसे दलित लेखकों द्वारा रचा जा रहा है। ये पुस्तिकाएँ उनके समुदायों की आकांक्षाओं और पहचानों को अभिव्यक्त करती हैं। देश की स्वाधीनता के समय किए गए वायदे न निभाए जाने के कारण सरकार से दलितों का मोहभंग होने लगा। वे संरक्षणात्मक पक्षपात की माँग करने लगे और सरकार की विकास परियोजनाओं और जन-कल्याण योजनाओं में अपनी हिस्सेदारी का दावा करने लगे। 1990 में मंडल आयोग की सिफारिशें लागू किए जाने पर बहुत-सी दलित पुस्तिकाओं का प्रकाशन हुआ, जिनमें से अधिकांश उनके अतीत पर केन्द्रित थीं। इन पुस्तिकाओं के माध्यम से दलित यह दिखाना चाहते थे कि मंडल आयोग द्वारा अनुमोदित उनकी आरक्षण की मांग का आधार उनके दमन और शोषण का लम्बा इतिहास था। उनका कहना था कि किसी समय वे एक शासक समुदाय थे, लेकिन ऊँची जातियों के षड्यंत्रों ने उन्हें उनके ऐतिहासिक गौरव से वंचित कर दिया था। (कुशवाहा 1993 : 23) इन पुस्तिकाओं के माध्यम से दलित राष्ट्र-निर्माण में अपनी भूमिका को भी रेखांकित करना चाहते थे, जिसके लिए इतिहास को फिर से लिखने की जरूरत थी।

यह इतिहास उनके वीरों और वीरांगनाओं द्वारा दिए गए बलिदानों को दर्शाता है। साथ ही यह भी दर्शाता है कि इन बलिदानों के बावजूद उनकी आकांक्षाएँ, उनके सपने और उनके साथ किए गए वायदे अभी पूरे नहीं हुए हैं। ये वृत्तान्त राष्ट्र-निर्माण की सामयिक प्रक्रिया में एक सम्मानजनक भूमिका की उनकी माँग को पुष्ट करते हैं, साथ ही देश की विकास और जन-कल्याण परियोजनाओं में यथोचित भागेदारी के उनके दावे को भी मजबूत करते हैं। राष्ट्र-निर्माण की प्रक्रिया में अपनी भूमिका का बार-बार वर्णन करके वे आरक्षण और सामाजिक न्याय की जरूरत पर जोर देने और उसे नैतिक दृष्टि से सही ठहराने की कोशिश करते हैं। वे इस बात पर जोर देते हैं कि राष्ट्र के निर्माण और विकास में उनकी ऐतिहासिक भूमिका के बावजूद राज्य ने अतीत की सामाजिक, सांस्कृतिक और आर्थिक क्षतियों से उबरने में उनकी कोई मदद नहीं की है। उनका यह भी मानना है कि राष्ट्र-निर्माण में उनकी भूमिका को लिपिबद्ध इतिहास में पर्याप्त श्रेय नहीं दिया गया है और देश के स्वतंत्रता संग्राम में उनके योगदान को पूरी तरह नजरंदाज कर दिया गया है। (कुशवाहा 1993 : 26) ये पुस्तिकाएँ ग्रास-रूट स्तर पर दलितों में राष्ट्रीय भावनाएँ जगाने का काम करती हैं और स्वतंत्रता आन्दोलन में उनकी वास्तविक भूमिका को रेखांकित करके उनकी क्षतिपूर्ति की माँग करती हैं। यह राष्ट्रवाद दरअसल 'मस्तिष्क की एक स्थिति, एक सचेतन कृत्य होता है।' (कोहन 1944 : 10) और, जैसा कि बेनेडिक्ट एंडरसन ने दर्शाया है, अखबारों, पुस्तकों

और प्रशासनिक उपायों से सम्भव हो पाता है—जब लाखों-करोड़ों लोग अपने-आपको एक ही समुदाय का समझने लगते हैं। (एंडरसन : 1983) एंडरसन के अनुसार, पहचानों की यह अनूठी पुनर्व्याख्या सांस्कृतिक रूपान्तरणों का परिणाम होती है, जिसमें सूचना प्रसारण की नई तकनीकें महत्त्वपूर्ण भूमिका निभाती हैं। ये नई तकनीकें अखबारों और उपन्यासों के माध्यम से नए सांस्कृतिक बखानों का प्रसार करती हैं, जो सब मिलकर 'एक कल्पित समुदाय को एक नया रूप और आकार दे देते हैं। इसी से एक आधुनिक राष्ट्र की नींव तैयार होती है।' बसपा से जुड़े दलित बुद्धिजीवियों ने राष्ट्र में अपनी हिस्सेदारी का दावा करने के लिए, और साथ ही मायावती की छवि निर्मित करने के लिए, प्रिंट माध्यम का कुशलतापूर्वक उपयोग किया।

दलित से बहुजन तक

समकालीन दलित राजनीति के सन्दर्भ में 'दलित' शब्द एक व्यापक अर्थ लिये है। इसके दायरे में न सिर्फ तथाकथित अछूत जातियाँ आती हैं, बल्कि सामाजिक दृष्टि से पिछड़ी, दबी और शोषित वे सभी निचली जातियाँ भी जिन्हें अछूत नहीं माना जाता। इस तरह दलितों में अनुसूचित जातियाँ, जनजातियाँ, तथाकथित आपराधिक जनजातियाँ, बंजारा जनजातियाँ, अन्य पिछड़ी जातियाँ (ओबीसी) और कई अन्य पिछड़े सामाजिक समूह शामिल हैं। ये समुदाय सामाजिक, शैक्षणिक, आर्थिक और सांस्कृतिक दृष्टि से पिछड़े हुए हैं और कई सदियों से इसी दशा में हैं। 'दलित' एक नया शब्द है, लेकिन इससे जुड़ी धारणा बहुत पुरानी है। संस्कृत में 'दलित' शब्द का मूल 'दल' है, जिसका अर्थ है तोड़ना, फोड़ना, पीसना इत्यादि। विशेषण के तौर पर प्रयोग करने पर इसका अर्थ टूटा-फूटा, कुचला हुआ, मसला हुआ, दबा-पिसा इत्यादि हो जाता है। दलित का अर्थ है वे लोग जिन्हें सामाजिक दृष्टि से उनसे ऊँची हैसियत रखने वालों द्वारा जानबूझकर और सक्रिय ढंग से दबाया और कुचला गया है। खुद इस शब्द में ही कर्म, मेलजोल और एक वैध सामाजिक दर्जे से वंचित रखा जाना निहित है। आज 'दलित' शब्द बदलाव और क्रान्ति का प्रतीक बन चुका है। (जेलियट : 2001) नंदूराम के अनुसार, 'दलित' शब्द भले ही समाज की एक खास श्रेणी का प्रतिनिधित्व करता हो, लेकिन अब परम्परागत और क्षेत्रीय जातिगत भेदों से ऊपर उठकर सभी अछूत अपनी सामाजिक पहचान के लिए इस शब्द का इस्तेमाल कर रहे हैं।

सबसे पहले डॉ. अम्बेडकर ने 'दलित' शब्द का इस्तेमाल किया था। लेकिन कुछ स्रोतों के अनुसार, इस शब्द की रचना स्वामी श्रद्धानंद ने की थी, जो एक आर्यसमाजी थे। (बेचैन 1997 : 27) लेकिन इस शब्द के अर्थ का अस्तित्व प्राचीन समय से है, जब उन्हें शूद्र, अतिशूद्र, चंडाल, अन्त्यज इत्यादि नामों से जाना जाता था। उन्नीसवीं सदी में मराठी, समाज सुधारक और क्रान्तिकारी महात्मा ज्योतिराव फुले ने 'जातिच्युत'

और 'अछूत' समुदायों को परिभाषित करने के लिए 'दलित' शब्द का प्रयोग किया था, जिन्हें उन्होंने भारतीय जाति-व्यवस्था के शिकार दमित और दबा-कुचला समुदाय बताया था। 1930 के दशक में इस शब्द को अंग्रेजों द्वारा प्रयुक्त 'डिप्रेस्ड क्लासेज़' के हिन्दी और मराठी अनुवाद के रूप में प्रयोग किया गया था। इस दशक में पुणे से 'दलित बन्धु' नामक एक अखबार निकाला गया था। (वही : 98) डॉ. अम्बेडकर ने भी अपने मराठी भाषणों में इस शब्द का प्रयोग किया। इन समुदायों के प्रति बढ़ती संवेदनशीलता को देखते हुए स्वतंत्रता आन्दोलन के नेता इस शब्द की जगह महात्मा गांधी द्वारा गढ़े गए 'हरिजन' शब्द का प्रयोग करने लगे। सांस्कृतिक दृष्टि से उन्हें 'अछूत' ही माना जाता रहा, जबकि कानूनी शब्दावली में उनके लिए 'शेड्यूल्ड कास्ट' या 'अनुसूचित जाति' शब्दों का इस्तेमाल किया जाने लगा, क्योंकि ये जातियाँ गवर्नमेन्ट ऑफ इंडिया एक्ट, 1935 के तहत बनाई गई सूची में शामिल थीं। इस सूची को परिभाषित करते हुए कहा गया कि इसमें वे जातियाँ, नस्लें, कबीले या इन जातियों, नस्लों, कबीलों के कुछ हिस्से या समूह शामिल थे, जिन्हें पहले 'डिप्रेस्ड क्लासेज़' के रूप में जाना जाता था। (गवर्नमेंट ऑफ इंडिया एक्ट, फर्स्ट शेड्यूल, 26i) इस शेड्यूल के पीछे चुनावी उद्देश्य था, क्योंकि राष्ट्रीय और प्रान्तीय असेम्बलियों में कुछ सीटें इस सूची में शामिल जातियों के लिए आरक्षित की जानी थीं। एक भारतीय मताधिकार समिति ने मानव-विज्ञान की गहरी समझ रखने वाले जनगणना कमिश्नर, 1931, जे.एच. हटन और कुछ अन्य विद्वानों के साथ मिलकर इस सूची में शामिल किए जाने की कसौटियों और मापदंडों पर विस्तार से चर्चा की थी, खासकर अस्पृश्यता के मामले को लेकर। (चार्ल्सली और कारंथ 1998 : 22-23)

चूँकि शुरू में यह सूची चुनावी उद्देश्य से बनाई गई थी और जाति से जुड़े कलंक पर आधारित थी, इसलिए सूची में शामिल कुछ जातियों को देखकर बहुत-सी जातियों ने इससे बाहर रखे जाने की माँग की। लेकिन जल्दी ही इस सूची के फायदे दिखाई देने लगे और वही जातियाँ जो इससे बाहर रखे जाने की माँग करती रही थीं, अब इसमें शामिल होने की होड़ में जुट गईं। धर्म एक अन्य उलझन थी। 'अस्पृश्यता' एक हिन्दू समस्या थी, जबकि अनुसूचित जातियों को दबे-कुचले वर्गों (डिप्रेस्ड क्लासेज़) से जोड़कर देखा जाता था। अपना धर्म बदलकर इस्लाम या ईसाई धर्म अपना लेने वाली निचली जातियों को इस कानून से प्राप्त संरक्षण और सुविधाओं से बाहर ही रखा गया।

उत्तर प्रदेश में पासी, धोबी, खटिक, दुसाध, धानुक, बाल्मीकि, कोरी, डोम, गोंड, कोल, धरिकार, खरबर, मुसहर, बेलदार, कंजर, नट, मुय्यार, घासी, हबुदा, हरी, कलाबाज, कपडिया, करबाल, खैराहा, अगारिया, बधिक, वाडी, बैसवार, बरवार, बेडिया, भांडू, बौरिया, कोरवा, लालबेगी, मजहबी (काहडा), परिका, परदिया, पतरी, सहरिया, संसिया, बहेलिया, बलई, बावरिया और कुछ अन्य जातियों को दलित

राजनीतिक शक्तियों द्वारा अछूत जातियों में गिना जाता है। ये सब आपस में मिलकर आबादी का 21 प्रतिशत या लगभग 2,93,00,000 लोग हो जाते हैं। इनमें चमारों की संख्या सबसे ज्यादा है—55 प्रतिशत। पासी दूसरा सबसे बड़ा समुदाय है, जिसकी आबादी लगभग 35 लाख है। धोबी, कोरी, बाल्मीकि , शिल्पकार, खटिक और धानुक प्रान्त के अन्य बड़े दलित समुदाय हैं। (प्रसाद 1995 : 20)

दलितों में अनुसूचित जनजातियाँ (शेड्यूल्ड ट्राइब्स) भी शामिल हैं, जिन्हें भारतीय संविधान में आदिवासी या मूल निवासियों के रूप में परिभाषित किया गया है। 1931 में उन्हें उन समुदायों की सूची में शामिल कर लिया गया, जिन पर विशेष ध्यान दिए जाने की जरूरत थी, और उन्हें अनुसूचित जनजातियों का नाम दिया गया। उत्तर प्रदेश में अनुसूचित जनजातियों की आबादी 22 प्रतिशत है। वे मुख्यत: मिर्जापुर और सोनभद्र में केन्द्रित हैं। तथाकथित आपराधिक जातियाँ वे जातियाँ हैं, जिन्हें अंग्रेजों ने आपराधिक जनजातियों के रूप में सूची में शामिल किया था। 1952 में संसद ने उनके इस वर्गीकरण को रद्द कर दिया और उनमें से कुछ जातियों को अनुसूचित जातियों में शामिल कर लिया गया। इनमें से बहुत-सी जातियाँ बंजारा जातियाँ हैं जो देश भर में एक से दूसरी जगह जाती रहती हैं। (वही : 22)

दलित राजनीतिक शक्तियों द्वारा दलितों की श्रेणी में शामिल किए गए अन्य पिछड़े वर्ग (ओबीसी) में वे जातियाँ हैं जो हिन्दू वर्ण-क्रमावली में मध्यवर्ती स्थान पर रखी जाती हैं। आर्थिक और सामाजिक दृष्टि से अछूतों जितनी ही पिछड़ी होने के बावजूद ऊँची जातियाँ उनके स्पर्श को अशुद्ध नहीं मानतीं। इसलिए उन्हें घरों में नौकरों के रूप में रखा जाता था। इसी कारण ये जातियाँ अपनी पहचान को अछूतों की बजाय ऊँची जातियों से जोड़कर देखने लगीं, और अछूतों से दूर रहने की कोशिश करने लगीं। ओबीसी और अछूतों के बीच ऐतिहासिक दूरी के पीछे यही श्रेष्ठता की भावना रही है। लेकिन मंडल आयोग की रिपोर्ट लागू किए जाने के बाद, जिसमें अनुसूचित जातियों, जनजातियों, अन्य पिछड़े वर्गों (ओबीसी) और पिछड़े वर्गों (बीसी) को संरक्षणात्मक पक्षपात का लाभ देने की सिफारिश की गई थी, दलितों और अन्य पिछड़े वर्गों के बीच ऊँची जातियों के खिलाफ एकता स्थापित करने की कोशिश की गई। उस समय अन्य पिछड़े वर्ग बड़ी संख्या में बसपा के खेमे में आ गए और अपने-आपको दलितों के रूप में देखने लगे। बसपा ने भी अपनी तरफ से ओबीसी समुदायों को आकर्षित करने के लिए उनके मिथकों और किंवदंतियों का सहारा लिया और उन्हें दलितों के साथ जोड़ने की कोशिश की। इससे पहले अन्य पिछड़े वर्गों का एक बड़ा तबका भारतीय जनता पार्टी के प्रभाव में था और अपने-आपको ऊँची जातियों से जोड़कर देखता था। इससे बसपा को अपने क्षितिज का विस्तार करने में मदद मिली, हालाँकि निषादों जैसे कई ओबीसी समुदाय अब भी भाजपा के साथ हैं। समाजवादी पार्टी भी इन समुदायों

की सहानुभूति बटोरने की भरपूर कोशिश कर रही है। उत्तर प्रदेश के कुछ महत्त्वपूर्ण अन्य पिछड़े वर्गों में केवट, तेवार, गड़ेरिया, कहार, नाई, माली, भाड़, राजभाड़, बिंद और कनेरा इत्यादि शामिल हैं। (प्रसाद 1995 : 72)

पिछड़े वर्ग (बीसी) वे जातियाँ हैं, जो वर्ण व्यवस्था में ओबीसी से ऊँची लेकिन उच्च जातियों से नीची मानी जाती हैं। उनका मानना है कि वे मूलत: ब्राह्मण और क्षत्रिय थे, लेकिन कठोर सामाजिक-सांस्कृतिक संहिता के अन्तर्गत जातिच्युत कर दिए गए थे। यही कारण है कि इन जातियों के बहुत-से लोग अपने नाम के मध्य में 'सिंह' शब्द का प्रयोग करते हैं, जिससे ऊँची जातियों के साथ उनकी समानता का पता चलता है। हालाँकि उत्तर प्रदेश में बसपा इन पिछड़ी जातियों को अपने खेमे में लाने की कोशिश कर रही है, लेकिन ये जातियाँ समाजवादी पार्टी के साथ जुड़ना ज्यादा पसन्द करती हैं। इस क्षेत्र की पिछड़ी जातियों (बीसी) में अहीर (यादव), गुज्जर, कुर्मी, लोधी, कुम्हार, दर्जी, लोहार, सुनार इत्यादि शामिल हैं। (वही : 74)

सदियों तक समाज के हाशियों पर सिमटे रहने के बाद आज दलित देश के राजनीतिक मंच के केन्द्र में आ खड़े हुए हैं। दलित स्वाभिमान का आन्दोलन, जो पहले डॉ. अम्बेडकर के नेतृत्व में महाराष्ट्र में केन्द्रित था, अब उत्तर भारत में स्थानान्तरित हो चुका है--उत्तर प्रदेश, मध्य प्रदेश, पंजाब, हरियाणा, राजस्थान और बिहार में। उत्तर प्रदेश में यह सबसे ज्यादा जोर पर है। ऐसा बसपा के उदय के कारण ही सम्भव हो पाया है, जिसका आधार उत्तर प्रदेश में है। हालाँकि प्रान्त की सभी राजनीतिक पार्टियों में दलित नेता हैं, लेकिन बसपा इन सब पर हावी है। दूसरे पीछे क्षैतिज और विशिष्टीकृत मॉबिलाइजेशन के उसके तौर-तरीके हैं। (कुमार और सिन्हा 2001 : 14) बसपा के संस्थापक कांशीराम जाति को समझने की भाषा बदलने में सफल रहे हैं। यह भाषा जाति को समाजशास्त्रीय स्थिति की विश्लेषणात्मक श्रेणी में रखकर देखती है, न कि आर्थिक स्थिति की। (इलाया 1994 : 669) 'दलित' की अवधारणा से जुड़े कलंक को देखते हुए उन्होंने 'बहुजन' की एक नई अवधारणा दी—'बहुजन' अर्थात् बहुसंख्यक समाज—जो देश की आबादी का 85 प्रतिशत होने के बावजूद 15 प्रतिशत आबादी वाली ऊँची जातियों द्वारा दबाया, कुचला और शोषित किया जाता रहा है। (कुमार और सिन्हा 2001 : 70) बहुजनों में दलित, ओबीसी और अल्पसंख्यक शामिल हैं, और ये सब मिलकर बसपा का चुनावी आधार बनाते हैं। कांशीराम की 'बहुजन' की योजना बुद्ध और महात्मा फुले की तरह बहुसंख्यक की अवधारणा की प्रतीक न होकर एक सैद्धान्तिक श्रेणी है, जो राजनीतिक सशक्तीकरण का आधार तैयार कर सकती है। कांशीराम इस बात को लेकर पूरी तरह आश्वस्त थे कि देश की राजनीतिक सत्ता में पर्याप्त हिस्सेदारी के बाद ही दलित मौजूदा व्यवस्था में बदलाव ला सकते थे और ऊँची जातियों के वर्चस्व को चुनौती दे सकते थे। उनका तर्क था कि आबादी की अल्पसंख्या

द्वारा बहुसंख्या (बहुजन) पर शासन करना न्यायपूर्ण नहीं था। इसलिए समानता, स्वतंत्रता और भाईचारे पर आधारित सामाजिक व्यवस्था की स्थापना के लिए समाज के सभी वर्गों को उनकी जनसंख्या के अनुपात में, प्रतिनिधित्व दिया जाना जरूरी था। परिणामस्वरूप, डॉ. बी.आर. अम्बेडकर के जन्मदिन की 83वीं वर्षगाँठ पर, 14 अप्रैल, 1984 को, बहुजन समाज पार्टी (बसपा) की स्थापना की गई। ऑम्वेट ने इसे प्रतिक्रियावादी घटना न मानकर एक सुविचारित कदम बताया है। वे लिखती हैं—

> इस समय की अन्य सभी दलित और दलित-आधारित संस्थाओं की तुलना में इसका (बहुजन समाज पार्टी का) गठन और ढाँचा प्रतिक्रियात्मक न होकर सायास और सुविचारित प्रतीत होता है, जो कांशीराम द्वारा सरकारी नौकरी से इस्तीफा देने के चौदह वर्ष बाद अस्तित्व में आई। यह एक प्रतिक्रियात्मक रुख अपनाने से लगातार इनकार करती रही है, जिसका व्यावहारिक तौर पर यह नतीजा रहा है कि यह कई बड़े दलित संघर्षों से बाहर रही है। (ऑम्वेट 1994 : 162)

कांशीराम ने अपने पूरे संघर्ष के दौरान संविधान और संसदीय प्रजातंत्र में गहरी निष्ठा दिखाई। इस कारण वे राजनीतिक सोच के मामले में अम्बेडकर के काफी नजदीक पड़ जाते हैं। अम्बेडकर की भी संसदीय प्रजातंत्र में गहरी निष्ठा थी। जैसा कि कुबेर (1991 : 300) ने लिखा है—

> उन्हें संसदीय प्रजातंत्र में पूरी निष्ठा थी और वे संवैधानिक नैतिकता पर निरन्तर जोर देते रहे। उन्होंने राजनीतिक प्रजातंत्र को सामाजिक और आर्थिक प्रजातंत्र में रूपान्तरित करने की वकालत की। प्रजातंत्रीय रुझानों को विकसित करने के लिए उन्होंने जन-चेतना पैदा करने की जरूरत पर जोर दिया। उन्होंने जन-चेतना को एक ऐसी चेतना के रूप में परिभाषित किया जो हर बुराई का विरोध करती हो, भले ही इस बुराई के शिकार वे खुद हों या कोई और। उन्होंने खेद प्रकट करते हुए कहा था कि गाँवों में गैर-अनुसूचित जातियाँ, अनुसूचित जातियों के (हितों के) लिए लड़ना पसन्द नहीं करतीं।

दलितों की राजनीतिक शक्ति को असरदार बनाने के लिए कांशीराम ने दलितों के राजनीतिक आरक्षण (धारा 330 और 332) की आलोचना की। उनका मानना था कि 'पूना समझौते' के बाद जिन दलित नेताओं को राजनीतिक आरक्षण मिलने लगा था वे ऊँची जातियों की कठपुतलियाँ बन जाते थे, और उसी राजनीतिक पार्टी की भाषा बोलने लगते थे, जो उन्हें आरक्षण देती थी। सच्चे प्रतिनिधित्व के लिए दलितों को आरक्षण की जरूरत नहीं थी। (राम 1998 : 79-123)

आज बहुजन समाज पार्टी एक राष्ट्रीय पार्टी का दर्जा प्राप्त कर चुकी है। वोटों के प्रतिशत के मामले में वह देश के तीसरे स्थान पर है। सिर्फ भारतीय जनता पार्टी और कांग्रेस इससे आगे हैं। (कुमार और सिन्हा 2001 : 73) बसपा ने अपने पहले

कुछ चुनाव समाजवादी पार्टी (सपा), भाजपा या कांग्रेस के साथ मिलकर लड़े थे। लेकिन बाद में बसपा ने चुनाव-पूर्व गठजोड़ों से पल्ला झाड़ लिया। इसकी बजाय उसने समस्तरीय और विशिष्टीकृत सामाजिक-राजनीतिक मॉबिलाइजेशन के माध्यम से अपनी संस्था को स्वतंत्र रूप से विकसित करने का प्रयास किया। विशिष्टीकृत ढंग से इसलिए क्योंकि बसपा बहुजनों की आर्थिक और सामाजिक मुक्ति की विचारधारा वाली एकमात्र राजनीतिक पार्टी है। लेकिन उसने दलित जातियों का क्षैतिज या समस्तरीय (हॉरिजॉन्टली) ढंग से भी मॉबिलाइजेशन किया, और प्रत्येक जाति को उसकी आबादी के अनुपात के अनुसार प्रतिनिधित्व देने की कोशिश की, खासकर दलितों और अति पिछड़े वर्गों को, प्रान्तीय और राष्ट्रीय दोनों ही स्तरों पर। इसलिए इस मॉबिलाइजेशन को समस्तर (हॉरिजॉन्टल) मॉबिलाइजेशन कहा जा सकता है। (वही : 81-84) अगले अध्याय में हम दलित राजनीति के नए वृत्तान्तों का अध्ययन करेंगे, जो वर्चस्व और दमन के खिलाफ विरोध की स्मृतियों से भरे हुए हैं, और जिनका बसपा द्वारा राजनीतिक सत्ता प्राप्त करने के उद्देश्य से इस्तेमाल किया जा रहा है। दलितों में एक राजनीतिक चेतना पैदा करने की कोशिश की जा रही है, जिससे उनके राजनीतिक मॉबिलाइजेशन का काम आसान हो जाता है। इस प्रक्रिया में दलित चेतना सिर्फ एक सांस्कृतिक चेतना न रहकर एक राजनीतिक चेतना का रूप लेती जा रही है।

टिप्पणियाँ

1. 'सामाजिक परिवर्तन के लिए संघर्ष करने वाले महापुरुषों का सम्मान', सूचना एवं जनसम्पर्क विभाग, उत्तर प्रदेश, प्रकाशन वर्ष अनुपलब्ध; 'दलित, पिछड़े एवं अल्पसंख्यकों के लिए किए गए कल्याण कार्य', सूचना एवं जनसम्पर्क विभाग, उत्तर प्रदेश; 'द जर्नी ऑफ सोशल चेंज', बसपा द्वारा स्थापित प्रतिभाओं की चित्र-पुस्तक, सूचना एवं जनसम्पर्क विभाग, उत्तर प्रदेश, अप्रैल 2003
2. 'हिन्दुस्तान', 21 सितम्बर, 1998
3. 'सामाजिक परिवर्तन के लिए संघर्ष करने वाले महापुरुषों का सम्मान', सूचना एवं जनसम्पर्क विभाग, उत्तर प्रदेश, वर्ष अनुपलब्ध।
4. इलाहाबाद जिले में शहाबपुर गाँव के बाबूलाल भंवरा से बातचीत, 26 जनवरी, 2004
5. इलाहाबाद में दलित लेखक के. नाथ से बातचीत, 12 मई, 2005
6. वही।

अनुक्रम

दलित राजनीति के नए वृत्तान्त 37

राजनीतिक मौखिकी का विकास और दलित प्रिंट की भूमिका 49

दृश्य छवियाँ, सांस्कृतिक प्रस्तुतियाँ और मिथक 71

पहचान की राजनीति और नए ऐतिहासिक स्रोत 88
1857 के इतिहास में दलितों की भूमिका

झलकारीबाई और बुन्देलखंड के कोरी 117

पासी, दलित और ऊदा देवी 138

वीरांगनाएँ, देवियाँ और छवि-निर्माण की राजनीति 156

निष्कर्ष 176

सन्दर्भ-ग्रन्थ सूची 181

1

दलित राजनीति के नए वृत्तान्त

एक राजा था जिसकी चार रानियाँ थीं। लेकिन उनमें से किसी की भी कोई सन्तान नहीं थी। समय बीतने पर सबसे छोटी रानी गर्भवती हो गई। इससे अन्य रानियाँ ईर्ष्या से सुलगने लगीं। प्रसव का समय आया तो राजा को महल से दूर जाना पड़ा। उसने रानी के बिस्तर के नजदीक एक घंटा टँगवा दिया और अन्य रानियों को निर्देश दिया कि बच्चे का जन्म होते ही घंटा बजा दिया जाए।

लेकिन अन्य रानियों ने ईर्ष्या के कारण राजा के निर्देश पर ध्यान नहीं दिया। दो जुड़वाँ बच्चों को जन्म देने के बाद जब छोटी रानी सो रही थी तो उन्होंने नवजात शिशुओं को मार डाला और उनकी जगह ईंट-पत्थर रख दिए। इसके बाद उन्होंने घंटा बजाकर राजा को सूचित कर दिया कि रानी जन्म दे चुकी है। राजा ने जब देखा कि रानी ने बच्चों की बजाय ईंट-पत्थरों को जन्म दिया था तो वह गुस्से से भड़क उठा और उसने रानी को महल से बाहर फेंकवा दिया। रानी जंगल में रहने लगी और 'कौवा हंकनी' के रूप में धनवान किसानों के खेतों से कौवों को उड़ाने का काम करने लगी।

कपटी रानियों ने हत्यारों को बच्चों को मार देने के लिए कहा था। लेकिन हत्यारों ने उनका वध करने के बजाय उन्हें जिन्दा ही जंगल में दफना दिया था। जहाँ उन्हें दफन किया गया था वहाँ बड़े खूबसूरत फूलों वाले दो पेड़ उग आए। जैसे ही कोई व्यक्ति उनके पास जाकर फूलों को तोड़ने की कोशिश करता, पेड़ थोड़े ऊँचे होकर उसकी पहुँच से दूर हो जाते। एक दिन उन दोनों बच्चों की माँ 'कौवा हंकनी' इन पेड़ों के पास चली आई। जैसे ही पेड़ों ने उसे देखा वे नीचे झुककर उससे लिपट गए और अभिशाप से मुक्त होकर फिर से बच्चे बन गए। इसके बाद माँ और दोनों बेटे मिलकर राज-पाट पर अपना अधिकार जताने के लिए महल की तरफ चल पड़े।

(यह कथा एक नाटक के रूप में 26 जनवरी, 2003 को गणतंत्र दिवस के अवसर पर कुछ स्कूली छात्रों द्वारा मंचित की गई थी। इसे इलाहाबाद से 15 कि.मी. दूर

स्थित शहाबपुर गाँव के अम्बेडकर विद्यालय के छात्रों ने मंचित किया था। यह स्कूल एक दलित कार्यकर्ता बाबूलाल प्रेमी चला रहे हैं। इस समारोह में बसपा के राज्य सचिव और विधान परिषद के सदस्य कमलकान्त गौतम मुख्य अतिथि के रूप में शामिल थे। नाटक के मंचन के बाद उन्होंने इस पर टिप्पणी करते हुए कहा कि कौवा हंकनी के बच्चे दलित आन्दोलन के नए नायक थे, जिन्हें उच्च जातियों के षड्यंत्रों ने उनके जन्मजात अधिकारों से वंचित कर दिया था, और जो अब इन अधिकारों को वापस प्राप्त करने के लिए संघर्ष कर रहे थे।)

दलित राजनीति के नए वृत्तान्त, जो अपनी पहचान और आत्मसम्मान के सांस्कृतिक वृत्तान्त प्रतीत होते हैं, उच्च जातियों के दबदबे और दमन के खिलाफ विद्रोह की स्मृतियों से भरे हुए हैं। इनकी भाषा भी आर्थिक शब्दावली की बजाए सांस्कृतिक और सामाजिक प्रतीकों और मुहावरों से भरी हुई है। इनमें लोक-संस्कृति के प्रचुर अंश हैं और यह सत्ता, अधिकार, विद्रोहात्मक लोक-संस्कृति और दलितों की सामूहिक स्मृतियों की मिली-जुली भाषा है। जब इसे दलितों के अपने सांस्कृतिक प्रतीकों के माध्यम से अभिव्यक्त किया जाता है तो उनकी सामूहिक स्मृतियाँ जीवन्त हो उठती हैं और वे एक नए ढंग से अपनी पहचान गढ़ पाते हैं। इन वृत्तान्तों में सांस्कृतिक मुहावरों का प्रयोग राजनीतिक सत्ता प्राप्त करने के उद्देश्य में अपने ढंग से मदद करता है। इससे लक्षित समूह में राजनीतिक चेतना पैदा होती है, जो उसके मॉबिलाइजेशन के काम को आसान बना देती है। इस प्रक्रिया में उनकी चेतना मात्र सांस्कृतिक न रहकर राजनीतिक चेतना का भी रूप ले लेती है। बसपा इन समुदायों को मॉबिलाइज करने के लिए इन नए वृत्तान्तों का सफलतापूर्वक प्रयोग कर रही है, जो उसका चुनावी जनाधार हैं। इन वृत्तान्तों के स्रोतों की छानबीन, इनके मूल तत्त्वों और भाषा का विश्लेषण एक दिलचस्प कृत्य हो सकता है। यह भी एक दिलचस्प अध्ययन का विषय है कि ये वृत्तान्त इतने असरदार क्यों साबित हो रहे हैं। इस अध्याय में हम इनमें से कुछ मुद्दों पर चर्चा करेंगे।

भारतीय समाज के आरम्भिक काल से इतिहास और संस्कृति को ब्राह्मणवादी संहिता के अनुरूप रचा-गढ़ा, परिभाषित और व्याख्यित किया जाता रहा है। ये वृत्तान्त पुराण-कथाओं, व्रत-कथाओं, लोक-साहित्य, परम्परागत किस्से-कहानियों और गीतों के रूप में मौजूद रहे हैं। इन वृत्तान्तों के माध्यम से ब्राह्मण एक ब्राह्मणवादी मानसिकता तैयार करने में सफल रहे हैं, जिसके अन्तर्गत दलितों को समाज में हीन दृष्टि से देखा जाता रहा है। इन दमनकारी ऐतिहासिक वृत्तान्तों को चुनौती देने के लिए दलित बुद्धिजीवियों के लिए अपने खुद के ऐतिहासिक और सांस्कृतिक वृत्तान्त गढ़ना जरूरी था। इसीलिए ये नए वृत्तान्त भिन्न-भिन्न रूपों और विधाओं में रचे-गढ़े जा रहे हैं। इन वृत्तान्तों के साथ-साथ उन्होंने बहुत-से ऐसे प्रतीक भी गढ़ लिये

हैं जो दलितों के आत्म-सम्मान के स्रोत होने के साथ-साथ उनके सशक्तीकरण का माध्यम भी साबित हो रहे हैं। ये वृत्तान्त सिर्फ भौगोलिक और ऐतिहासिक हिसाब-किताब तक सीमित न रहकर उनकी कल्पनाओं की एक नई सामाजिक व्यवस्था का चित्र भी प्रस्तुत करते हैं। प्रति-इतिहास और वृत्तान्तों का यह सृजन और संकलन एक सतत प्रक्रिया है, जिसे कहानियों, पहेलियों, गीतों और अन्य विधाओं के माध्यम से ग्रास-रूट स्तर तक पहुँचाया जा रहा है। दलित मौखिक संस्कृति के इस प्रसार के लिए उत्तर भारत की बहुत-सी लोकभाषाएँ—भोजपुरी, अवधी, ब्रज, बुन्देली इत्यादि का उपयोग किया जा रहा है। इतिहास और संस्कृति से जुड़ी किंवदंतियों और नायकों को जिन स्रोतों से लिया जा रहा है, उनमें जाति की उत्पत्ति से जुड़ी जाति-कथाएँ, लोक-साहित्य, राष्ट्रीय आन्दोलन और विभिन्न सामाजिक-राजनीतिक आन्दोलन इत्यादि शामिल हैं।

वृत्तान्तों के प्रमुख तत्त्व

विभिन्न जातियों की उत्पत्ति से जुड़ी कथाएँ 'विरोधात्मक वृत्तान्त' का एक लोकप्रिय स्वरूप साबित हो रही हैं। वृत्तान्त का यह स्वरूप जहाँ एक तरफ ब्राह्मणवादी वृत्तान्त को साथ लेकर चलता है, वहीं अपनी एक स्वतंत्र जगह बनाते हुए अपना विरोध भी जताता रहता है। अकादमिक 'इतिहास' से बिल्कुल अलग ये कथाएँ समाज के उपेक्षित समुदायों को मुक्ति का बोध करवाती हैं; और उन्हें ज्ञान, अन्वेषण, सृजन और अभिव्यक्ति के एक ऐसे सार्थक क्षेत्र में प्रवेश करने की क्षमता प्रदान करती हैं, जिसमें वे अपने अतीत और वर्तमान के बीच सम्वाद स्थापित कर सकते हैं। (नारायण और मिश्रा 2004 : 26)

भारतीय समाज की उच्च और मध्य जातियों के भी अपने-अपने जातीय इतिहास हैं। इन्हें 'जाति पुराण' कहा जाता है। ये कथाएँ मौलिक परम्परा का अंग तो हैं ही, लेकिन कई अवसरों पर वे लिखित रूप में भी प्रकट हो चुकी हैं। जैसा कि गुजरात, महाराष्ट्र और तमिलनाडु में किए गए समाजशास्त्रीय अध्ययनों से पता चलता है, उच्च जातियों के ये वृत्तान्त उनके धार्मिक ग्रन्थों पर आधारित हैं, जिन्हें 'पुराण' कहा जाता है।[1] ये जाति पुराण ऊँची जातियों को समाज में एक विशिष्ट दर्जा प्रदान करते हैं और उन्हें अपने दर्शन को न्यायोचित ठहराने की सुविधा प्रदान करते हैं। ये कथाएँ पौराणिक कथाओं से मिलती-जुलती हैं, जिनमें हरेक जाति अपने-आपको किसी महान् पौराणिक ऋषि-मुनि से जोड़कर देखती है। ये जाति पुराण विशुद्ध पौराणिक वृत्तान्त की शैली न अपनाकर कुछ-कुछ पैरोडी के अन्दाज में ब्राह्मणवादी 'मेटा-नैरेटिव' में अपने लिए एक विशिष्ट जगह बनाने की कोशिश करते हैं। (नारायण 2002 : 161)

निचली जातियों की कथाओं को आमतौर से 'जाति-बिरादरी की कथा' या 'जाति कथा' कहा जाता है। ये उच्च जातियों के जाति पुराणों के ही समान हैं (दास 1977 : 10) और जातियों द्वारा खुद रची गई हैं। ये आमतौर से उनके लोक-साहित्य पर आधारित होती हैं और 'मेटा नैरेटिव' से अलग एक विरोधात्मक चित्र प्रस्तुत करती हैं। इनमें ब्राह्मणवादी वृत्तान्तों के खिलाफ विरोध की भावना साफ देखी जा सकती है। इन समानान्तर इतिहासों में एक वैकल्पिक धारा गढ़ने का प्रयास दिखाई देता है, हालाँकि कहीं-कहीं मुख्यधारा के साथ बहने की इच्छा भी दिखाई देती है। इसका एक कारण ब्राह्मणवादी और पौराणिक वृत्तान्तों को लेकर एक तरह की उभयमुखता, एक तरह का अस्पष्ट रवैया भी है। यह अस्पष्टता हर जाति में अलग-अलग सीमा तक है, जो उसकी बदलती हुई सामजिक, आर्थिक, राजनीतिक और सांस्कृतिक स्थितियों पर निर्भर करती है। इस तरह, इन जातियों द्वारा रचे और लिपिबद्ध किए गए इतिहास, जो वर्चस्वशाली वर्गों के इतिहास के बाहर हाशियों में सिमटे रहे हैं, सामग्री के विषय और प्रस्तुति के मामले में अलग-अलग रूपों में विकसित होते रहे हैं।

इन जाति कथाओं का महत्त्व सिर्फ मन-बहलाव या मनोरंजन तक सीमित नहीं है, जैसा कि कभी-कभी भ्रान्तिवश मान लिया जाता है। ये जाति कथाएँ विरोधात्मक मूल्यों, संस्कृतियों और स्मृतियों की प्रतीक हैं और सामाजिक नियंत्रण के महत्त्वपूर्ण उपकरण हैं। ये उपेक्षित समुदायों में अपनी एक सशक्त पहचान की स्थापना की मानसिकता और जमीन् तैयार करती हैं। इन कथाओं में झलकते प्रतीक, नायक और इतिहास इन समुदायों और समूहों में अपनी पहचान से जुड़ी आकांक्षाओं, सपनों, अभिलाषाओं और उत्कंठाओं को अभिव्यक्त करते हैं। इन कथाओं में प्रयुक्त शब्दों, अलंकारों और इनके समूचे कल्पनाशील ताने-बाने का गहराई से अध्ययन करने पर अपनी पहचान को लेकर इन समुदायों की संवेदनशीलता का पता चलता है। सम्बन्धित समुदायों द्वारा रची गई ये कथाएँ मात्र कपोल-कल्पनाएँ न होकर एक आस्तित्विक अभिव्यक्ति हैं, जो उनकी पहचान से जुड़ी संस्कृति की झलक देती हैं। यह अलग बात है कि ये हमेशा बहुत सुगठित और समग्र अवस्था में न होकर टुकड़ों और हिस्सों के रूप में दिखाई देती हैं। एक कथा कई कथाओं और लोक-कथाओं, लोक-नृत्यों, नाटिकाओं से निकलती हुई प्रतीत हो सकती है, जो समुदाय की उत्पत्ति और विकास को चित्रित करने के साथ-साथ उसकी सामाजिक जरूरतों और संघर्षों को भी व्यक्त करती हैं।

अनेकानेक नायक

दलितों की जाति कथाएँ या तो उनकी जाति की उत्पत्ति से या उनके जाति-नायकों

से जुड़ी हुई हैं। उत्पत्ति की कथाएँ उन परिस्थितियों को चित्रित करती हैं, जिनके अन्तर्गत इन जातियों का जन्म हुआ। इन कथाओं का उद्‌देश्य हिन्दू सामाजिक व्यवस्था में इन जातियों के सामाजिक दर्जे की पहचान करना है। लगभग सभी कथाएँ अपने-आपको महान् परम्परा से जोड़ने की कोशिश करती हैं, लेकिन साथ ही वे कोशिश एक ऐसा आधार गढ़ने और उसका विश्लेषण करने की भी करती हैं जो ऊँची जातियों द्वारा उन्हें सामाजिक व्यवस्था के बाहरी दायरे में धकेले जाने का कारण बना। उदाहरण के लिए, चमार अपनी जाति की उत्पत्ति की कथा इस तरह सुनाते हैं—

> एक राजा था। उसकी दो बेटियाँ थीं—चामू और बामू। दोनों का एक-एक हृष्ट-पुष्ट और बलवान बेटा था। एक दिन महल के मैदान में एक हाथी मर गया। राजा उसके शरीर के टुकड़े नहीं करना चाहता था, इसलिए उसने पता लगाया कि क्या कोई इतना बलवान व्यक्ति है जो उसके शव को उठाकर ले जा सके और जमीन में दफन कर सके। चामू के बेटे ने यह काम कर दिखाया, जिसके बाद बामू के बेटे ने उसे अछूत घोषित कर दिया। चामू के वंशजों को चमारों के नाम से जाना जाने लगा।

चमार कई महत्त्वपूर्ण ऐतिहासिक व्यक्तियों को अपनी जाति के साथ जोड़कर अपनी जाति को महिमामण्डित करने की कोशिश करते हैं। इलाहाबाद के पास शहाबपुर गाँव में रहने वाले पचास वर्षीय और अर्द्धशिक्षित भुल्लर, जो पूर्वी उत्तर प्रदेश के चमारों के प्रिय पंथ रविदासी पंथ का अनुयायी है, ने हमें बताया, ''चर्मवंश का 1,78,000 वर्षों तक पूरे उपमहाद्वीप पर राज रहा है। जातीय वंशावली के अनुसार शम्बूक, सूपकदास, रविदास, हरीशदास, मोरध्वज और एकलव्य इत्यादि शूद्र गोत्र से सम्बन्ध रखते थे। हालाँकि एकलव्य को निषाद जाति का माना जाता है, लेकिन वे भी एक शूद्र थे। सभी ऋषि-मुनि शूद्र जाति में ही पैदा हुए थे। ब्राह्मण और क्षत्रिय जातियों में एक-दो ऋषि ही पैदा हुए थे। शेष सभी शूद्र थे। बाल्मीकि और पराशर भी शूद्र थे और सम्राट् अशोक भी। उनका स्तम्भ आज भी अजर-अमर है।''[2]

पूर्वी उत्तर प्रदेश में पासी समुदाय अपनी उत्पत्ति को ऋषि परशुराम से जोड़कर देखता है, जो एक मिथकीय ब्राह्मण तपस्वी थे और अपने क्रोध और पराक्रम के लिए प्रसिद्ध थे। समुदाय के सदस्यों का कहना है कि वे परशुराम के पसीने से पैदा हुए थे, लेकिन परशुराम ने उन्हें अपना नाम देने या उन्हें अपनी सन्तान स्वीकार करने से इनकार कर दिया था। यह कथा इस ढंग से सुनाई जाती है कि जहाँ एक तरफ महा-परम्परा के साथ जुड़ाव की उनकी इच्छा झलकती है, वहीं दूसरी तरफ उन्हें समाज में उनका उपयुक्त दर्जा न दिए जाने और उन्हें पतन की तरफ धकेलने के लिए ब्राह्मणवादी संहिता के खिलाफ उनका रोष भी दिखाई देता है। शहाबपुर में ही

पसियापुर नामक बस्ती के निवासी पचपन वर्षीय खिचड़ीलाल पासी इस मिथक को इस तरह सुनाते हैं—

> जब परशुराम की माँ प्रसूति–गृह में उन्हें जन्म देने की प्रक्रिया में थी तो कमरुकमच्छ नामक एक कसाई गाँव की 1600 गायों को गाँव से भगा ले जाने लगा। गाँववालों ने परशुराम की माँ से शिकायत की, लेकिन बच्चा जनने की प्रक्रिया में होने के कारण वह उनकी मदद करने में असमर्थ थी। यह देखकर परशुराम महाराज अपनी माँ के गर्भ से बाहर निकले और अपनी नाभि–नाल को काटे बिना ही कसाई के पीछे लपके और उससे लड़ाई करने लगे। वे बड़ी बहादुरी से लड़े, कभी कसाई को उठाकर दूर पटक देते तो कभी अपने दोनों हाथों में बैलगाड़ी का पहिया उठाकर उस पर फेंक देते। आखिर लड़ते–लड़ते वे पसीना–पसीना हो गए। उन्होंने पसीना छिटकने के लिए अपने सिर को जोर से हिलाया। जहाँ उनका पसीना गिरा था, वहाँ पाँच पासी पैदा हो गए और वे भी कसाई से लड़ने लगे। आखिर कमरुकमच्छ मारा गया और गायों को आजाद करवा लिया गया। पाँचों पासियों ने परशुराम से अनुरोध किया कि वे उन्हें अपने साथ घर ले जाएँ। लेकिन परशुराम ने कहा कि वे उनकी देखभाल नहीं कर सकते, क्योंकि अभी उनकी नाभि–नाल भी नहीं कटी है। यह सुनकर पासियों ने कहा कि उनके पास खाने के लिए कुछ भी नहीं है, आखिर वे खाएँ तो क्या खाएँ। परशुराम ने कहा कि वे सुअरों के शरीर का पृष्ठभाग खा सकते थे और चन्दन के लेप में भिगोकर इसे शुद्ध कर सकते थे। परशुराम की इस सलाह पर अमल करके पासी बहुत बलवान बन गए। पूरे देश में उनकी टक्कर का कोई भी व्यक्ति नहीं था। एक दिन भगवान् विष्णु नारद मुनि के साथ हाथी पर बैठकर वहाँ से गुजर रहे थे। पासियों को खेलते देखकर नारद मुनि ने गुस्से से उनसे पूछा कि वे क्या कर रहे थे। पासियों ने हाथी की पूँछ पकड़ ली, जो देखते–ही–देखते टूटकर उनके हाथों में आ गई। यह देखकर नारद मुनि ने भगवान् विष्णु से कहा कि ये लोग बहुत शक्तिशाली जान पड़ते थे, और अगर इन्हें रोका नहीं गया तो बहुत जल्दी पूरी पृथ्वी पर इन्हीं का नियंत्रण हो जाएगा।
>
> एक दिन नारद मुनि, जो एक ब्राह्मण थे, अकेले ही उस तरफ चले आए। उस समय पाँचों पासी सुअर के मांस का भोजन करने वाले थे। नारद ने कच्चा मांस खाने के लिए उनकी खिंचाई की और कहा कि अगर वे इसे भूनकर और नमक लगाकर खाएँ तो यह कहीं अधिक स्वादिष्ट हो जाएगा। भोले–भाले पासियों ने नारद की सलाह मान ली और मांस को भूनकर और नमक लगाकर खाने लगे। उसी दिन से उनकी शक्ति कम होनी शुरू हो गई। नारद ने भगवान् विष्णु से कहा कि अब देखते हैं कि पासी क्या कर सकते हैं। इस बार पासियों ने हाथी की पूँछ खींचने की कोशिश की तो वे इसे तोड़ने में असफल रहे। वे अब पहले की तरह बलवान नहीं रहे थे।[3]

अपनी पहचान उच्च जाति के एक ऋषि के साथ जोड़ने और इस प्रक्रिया में महान् परम्परा के साथ अपना सूत्र स्थापित करने वाले पासियों की तरह ही गिहार

जाति का शिल्पकार समुदाय, जिनका काम पत्थर की मूर्तियाँ बनाना है, अपने जाति–इतिहास में अपने–आपको महाराणा प्रताप और पृथ्वीराज चौहान (दो मध्ययुगीन राजपूत राजा) से जोड़कर देखता है। इन सम्बन्धों का वर्णन करने वाली कथाएँ उनकी मौखिक परपम्परा का हिस्सा रही हैं, जिन्हें जाति के एक शिक्षित सदस्य हीरालाल गिहार ने पुस्तक का रूप दिया। उन्होंने 'भारतीय आदिवासी गिहार इतिहास' के नाम से अपनी जाति की कथा लिखी। इस कथा के अनुसार, मुगलों के अधीन हिन्दुओं को घोर अत्याचारों का सामना करना पड़ा था। बाबर ने उनकी सम्पत्ति को लूट लेने, उनके मन्दिरों को तोड़ देने और उन्हें मसजिदों में बदल देने, और ब्रह्मणवाद की प्रतीक उनकी चुटिया को काट देने का हुक्म दिया था। जब महाराणा प्रताप और मुगलों के बीच हल्दीघाटी की लड़ाई हुई तो महाराणा प्रताप की तरफ से लड़ने वाले सिसोदिया क्षत्रिय जाति के सैनिक दरअसल गिहार ही थे। पृथ्वीराज चौहान के साथ तराई के मैदान में मुहम्मद गोरी से लड़ने वाले सैनिक भी गिहार ही थे। इन दोनों लड़ाइयों ने गिहारों को बेघरबार कर दिया और उन्हें प्रकृति की गोद में जंगलों में रहने पर विवश कर दिया। वे शहद निकालकर और जड़ी–बूटियाँ इकट्ठी करके अपनी आजीविका चलाने लगे। (नाथ 2000 : 4)

इन कथाओं की कुछ गिहार समूहों द्वारा पुनर्व्याख्या की जा रही है। ये समूह दलित आन्दोलन की उस मुख्यधारा का हिस्सा हैं जो अम्बेडकरवादी विचारधारा के तहत उपेक्षित समुदायों को दलितों के रूप में गौरवमंडित कर रही है। ये कथाएँ इस विचार पर जोर देती हैं कि महाराणा प्रताप और पृथ्वीराज चौहान से जुड़े होने के बावजूद गिहारों को दलित जाति के रूप में घोर अन्यायों का सामना करना पड़ा। वे अब दावा करते हैं कि इतिहास में अपनी महत्त्वपूर्ण भूमिका और देश के लिए अपनी कुर्बानियों के बावजूद उन्हें अपने उपेक्षित सामाजिक दर्जे के कारण यथोचित श्रेय नहीं मिला है। इस व्याख्या से उत्तर प्रदेश की सभी निचली जातियों के दलितों को एक संगठित दलित वृत्तान्त देने की गिहार परियोजना को काफी प्रोत्साहन मिल रहा है। (वही : 4)

निचली जातियों द्वारा स्वयं को ऊँची जातियों के नायकों के साथ जोड़ने का उदाहरण खटिकों के मामले में भी देखा जा सकता है। खटिक एक महत्त्वपूर्ण दलित जाति है, जिसके सदस्य पूरे उत्तर प्रदेश में फैले हुए हैं। खटिक बस्तियाँ, जिन्हें 'खटिकाना' कहा जाता है, लगभग हर शहर, कस्बे और गाँव में देखी जा सकती हैं। खटिकों को 'मेवाफरोश' भी कहा जाता है, हालाँकि अब वे 'सोनकर' कहलाना अधिक पसन्द करते हैं, क्योंकि यह शब्द अधिक सम्मानजनक प्रतीत होता है। अपनी वर्तमान सामाजिक–आर्थिक स्थितियों की माँग को देखते हुए शहरी खटिकों ने अपनी मौखिक परम्परा में अपने जाति–नायक खोजने की कोशिश की है। अपनी जाति की

उत्पत्ति की गहराई से छानबीन करने के बाद वे अपने-आपको महात्मा दुर्बलमल और सन्त किरोड़ीमल से जोड़ने में सफल रहे हैं। ये दोनों हिन्दू धर्मग्रन्थों में वर्णित ऊँची जाति के सन्त हैं। कानपुर के यतीन्द्र सोनकर, जो अपने समुदाय के थोड़े से शिक्षित लोगों में शामिल हैं, ने काफी मेहनत और खोजबीन के बाद अपनी जाति की वंशावली तैयार की है। उन्होंने इस वंशावली के आधार पर कुछ नाटकों, कहानियों और उपन्यासों की भी रचना की है, ताकि इसे ग्रास-रूट स्तर पर जन-जन तक पहुँचाया जा सके। (नाथ 2000 : 3) इससे जाति के सदस्यों में अपनी पहचान को लेकर आत्मसम्मान की भावना पैदा हुई है। वे बड़े उत्साह से इन जाति-नायकों की जयंतियाँ मनाकर अपने जातीय गौरव को प्रकट करने लगे हैं।

भंगी जाति हिन्दू वर्ण व्यवस्था की क्रमावली में सबसे निचले दर्जे की जाति मानी जाती है। इसे अत्यन्त अशुद्ध जाति माना जाता है, क्योंकि इसके सदस्य आमतौर से साफ-सफाई और कूड़े-कचरे के काम से जुड़े होते हैं। इन्हें भिन्न-भिन्न प्रान्तों में भिन्न-भिन्न नामों से जाना जाता है। उदाहरण के लिए पंजाब में इन्हें चूहड़ा जबकि उत्तर प्रदेश, बिहार और राजस्थान में भंगी, मेहतर, झरमाली, हलालखोर, रावत, हेला, डोम, डोमर, बसोर इत्यादि नामों से जाना जाता है। पंजाब में सिख धर्म अपना चुके चूहड़ों को मजहबी या रंगरेटा के नाम से जाना जाता है। उत्तर प्रदेश के भंगी अपने-आपको 'रामायण' के रचयिता बाल्मीकि से जोड़कर देखने लगे हैं, जिन्हें ऊँची जातियाँ अपनी मौखिक परम्परा में अत्यन्त सम्मान की दृष्टि से देखती हैं। ये भंगी समुदाय अपने-आपको बाल्मीकि कहने लगे हैं और एक तिथि निर्धारित करके ऋषि बाल्मीकि की जयन्ती भी मनाने लगे हैं। (वही : 4)

पासी भी अपने-आपको परशुराम से जोड़ने के साथ-साथ मध्य युग के अपने कई ऐसे जाति-नायक खोजने में सफल रहे हैं, जिन्होंने राष्ट्र के इतिहास और स्वतंत्रता संघर्ष में महत्त्वपूर्ण भूमिका निभाई है। वे इन नायकों के माध्यम से अपनी जाति को गौरवान्तित और महिमामंडित करने का प्रयास करते हैं। लखनऊ, बहराइच, बाराबंकी, जौनपुर और इलाहाबाद के पासियों में बिजली महाराज की कथा खूब लोकप्रिय है। इसी तरह रायबरेली, जौनपुर और इलाहाबाद के पासी दलदेव पासी की कथा बड़े गर्व के साथ सुनते-सुनाते हैं। कौशाम्बी और इलाहाबाद के बालीदीन की कथा सुनने में आती है तो प्रतापगढ़, सुल्तानपुर और इलाहाबाद में बीर पासी की कथा खूब रस लेकर सुनाई जाती है। अवध अंचल में दलदेव पासी और उनके भाइयों बलदेव और ककोरण की कथा खूब लोकप्रिय है। ऐसा माना जाता है कि ये तीनों भाई रायबरेली जिले से सम्बन्ध रखते थे। (चौधरी 1997 : 51)

चमार समुदाय इस तथ्य पर गर्व महसूस करता है कि सन्त रविदास उनकी जाति से सम्बन्ध रखते थे। सन्त रविदास भक्ति युग के एक अत्यन्त लोकप्रिय सन्त हैं और

सभी दलित जातियों के प्रतीक-पुरुष माने जाते हैं। लेकिन चमारों का दावा है कि वे उन्हीं की जाति के थे। जाति क्रमावली में सबसे निचले स्थान पर होने के बावजूद भंगी राजनीतिक दृष्टि से सबसे ज्यादा जागरूक हैं। वे अपने-आपको अम्बेडकर से जोड़कर देखते हैं, जो महाराष्ट्र की महार जाति के थे और जो उत्तर प्रदेश के चमारों जैसी ही एक जाति है। वे अपने-आपको सन्त कबीर और गौतम बुद्ध से भी जोड़कर देखते हैं। (नाथ 2000 : 3)

धानुक एक अन्य छोटी अछूत और उपेक्षित जाति है। इसने भी अपनी जातीय पहचान की स्थापना के लिए अपनी मौखिक परम्पराओं में कोई जाति-नायक खोजने की कोशिश की है। धानुकों को यह नायक या नायिका पन्ना धाय के रूप में मिल गई है, जो चित्तौड़ के महाराजा राणासांगा के महल में काम करती थी और सिंहासन के उत्तराधिकारी कुंवर उदय सिंह की देखभाल करती थी। प्रचलित कथा के अनुसार पन्ना धाय ने कुंवर उदय सिंह की जान बचाने के लिए अपने इकलौते बेटे की कुर्बानी दे दी थी, ताकि चित्तौड़ का राज-पाट शत्रुओं के हाथ में न चला पाए। पन्ना धाय अब इस पूरे समुदाय की जाति-नायिका बन गई है, जो उत्तर प्रदेश के कानपुर, इटावा, फर्रुखाबाद, मैनपुरी, एटा और फिरोजाबाद जिलों में सिमटा हुआ है। पन्ना धाय की स्मृति में हर वर्ष महोत्सवों और अन्य कार्यक्रमों का आयोजन किया जाता है। (वही : 4)

दलित समुदाय अपने जाति-नायकों को खोजने के लिए लोक-साहित्य की भी मदद ले रहे हैं। यह लोक-साहित्य आमतौर से प्रेम-कथाओं के रूप में होता है, जिनमें नायक-नायिका की सामाजिक-सांस्कृतिक भूमिका पर भी जोर दिया जाता है। ऐसी ही एक प्रेमकथा का नायक सोमनायक बंजारा है, जो उत्तरी बिहार और नेपाल की सीमा से सटे क्षेत्रों की बंजारा जाति में प्रचलित एक प्रेमकथा का केन्द्रीय पात्र है। उत्तर प्रदेश में गोंडा और बहराइच के बंजारे भी सोमनायक को अपने जाति-नायक के रूप में देखते हैं। मध्ययुगीन पृष्ठभूमि पर आधारित इस प्रेमकथा में नायक समुदाय के कुछ अन्य सदस्यों के साथ दूर-दराज के क्षेत्रों में व्यापार करने चला जाता है। तरह-तरह की बाधाओं और कठिनाइयों के बाद वह न सिर्फ व्यापार में सफलता प्राप्त करने बल्कि अपनी प्रेमिका को पाने में भी सफल रहता है। (दास 1995 : 34) इसी तरह बिहार के मिथिला अंचल के मुसहरों (चूहों पर जीवित रहने वाली एक अर्ध घुमंतू जाति) में दीना-भदड़ी की कथा काफी लोकप्रिय है। यह कथा दीना और भदड़ी नामक दो बहादुर भाइयों के सामाजिक संघर्ष पर केन्द्रित है, जिन्होंने मध्य युग में ऊँची जातियों की कई सेनाओं को हराया था। मुसहर अपनी जाति की उत्पत्ति के पीछे देवसी और शबरी (सवरी) का भी हाथ मानते हैं। ये दोनों विभिन्न अंचलों में काफी लोकप्रिय हैं। उत्तर प्रदेश में पिपरी और मिर्जापुर के आस-पास के क्षेत्रों में

मुसहर अपने-आपको कोल जनजाति, जिसे चेरू के नाम से भी जाना जाता है, की एक शाखा मानते हैं और खुद को मिथकीय चरित्र देवसी (दियोसी) के वंशज बताते हैं। बिहार के गया और मगध अंचलों में मुसहर अपने-आपको 'रामायण' की पात्रा शबरी (या सवरी) के मिथक से जोड़कर देखते हैं और स्वयं को लगभग भुलाई जा चुकी एक जाति सावरी या सियोरी के वंशज मानते हैं। उनसे जुड़े इन मिथकों और नायक-नायिकाओं की कथा को गाथाओं या बिरहाओं और किस्सों के रूप में प्रस्तुत किया जाता है।[4]

दुसाध जाति अपने-आपको बिहार के तीन लोकप्रिय बिरहाओं और उनके नायकों 'रेशमा-चूहड़मल', 'सल्हेटा' और 'कुँवर विजयमल' से जोड़कर देखती है। वे मेलों और उत्सवों के माध्यम से भी अपने इन जाति-नायकों को याद करते हैं। बिहार और उत्तर प्रदेश में इन जाति-नायकों की मूर्तियाँ स्थापित करके और इनके नाम पर सामाजिक-राजनीतिक संस्थाएँ बनाकर भी इनकी स्मृति को जीवित रखने की कोशिश की जा रही है।

विभिन्न दलित समुदायों के जाति-नायकों में से कुछ ही ऐसे हैं जिन्हें उनकी पहचान के प्रतीक के रूप में इस्तेमाल किया जा सकता है। और ये समूचे दलित समुदाय के प्रतीक-चिह्न बनते जा रहे हैं। ये नायक अब समुदाय के गौरव और आत्मसम्मान का अनिवार्य अंग बनते जा रहे हैं। यही कारण है कि भारतीय जनता पार्टी जब भी इन लोक-वृत्तान्तों की पौराणिक वृत्तान्तों से तुलना करके इन्हें ठुकराने का प्रयास करती है, तो ये समुदाय इसका कड़ा विरोध करते हैं और लोक-संस्कृति को ही अपना सांस्कृतिक स्रोत बतलाते हैं। 24 सितम्बर, 1998 को अम्बेडकर विचार मंच के कार्यकर्ताओं ने लखनऊ में एक विरोध-प्रदर्शन आयोजित करके भाजपा के सांस्कृतिक वर्चस्व का कड़ा विरोध किया। भाजपा सभी लोक-संस्कृतियों को ब्राह्मणवादी हिन्दू संस्कृति के अधीन लाकर 'एक राष्ट्र एक संस्कृति' के विचार को प्रचारित करने का प्रयास कर रही थी। भाजपा के लिए 'राष्ट्र' का अर्थ था एक ऐसा राष्ट्र जो वेदों, पुराणों और 'रामायण' और 'महाभारत' जैसे धर्म-ग्रन्थों में वर्णित ब्राह्मणवादी हिन्दू संस्कृति पर आधारित हो। इसलिए उन सभी लोक-संस्कृतियों को नकारने की कोशिश की गई, जिनमें दलित समुदाय अपने जाति-नायक खोजने में जुटे हुए थे। इस विरोध-प्रदर्शन में दिखाई गई तख्तियों में से एक का नारा था—'लोक संस्कृति का दमन बन्द करो'। एक अन्य नारा था—'सांस्कृतिक राष्ट्रवाद मुर्दाबाद'। इस अवसर पर कौरवों और पांडवों के गुरु द्रोणाचार्य को निचली जाति के एकलव्य को अपने शिष्य के रूप में स्वीकार न करने के लिए फाँसी की सजा सुनाई गई। अगर इस प्रसंग को भाजपा द्वारा प्रचारित सांस्कृतिक मूल्यों के दृष्टिकोण से देखा जाता तो अपने गुरु के लिए एकलव्य के त्याग को महिमामंडित किया जाता, क्योंकि

निचली जाति में पैदा होने के कारण उसने द्रोणाचार्य के अन्यायपूर्ण व्यवहार का विरोध नहीं किया था। दलितों ने इस ब्राह्मणवादी दृष्टिकोण को ठुकराकर महाभारत के इस प्रसंग को द्रोणाचार्य द्वारा एकलव्य के शोषण के रूप में प्रस्तुत किया। यही कारण है कि उन्होंने द्रोणाचार्य के खिलाफ एक प्रतीकात्मक मुकदमा चलाकर उन्हें फाँसी की सजा सुनाई। इस छद्म मुकदमे में राष्ट्रपिता महात्मा गाँधी को भी दलित-विरोधी होने के कारण फाँसी की सजा सुनाई गई।[5]

जातीय और सांस्कृतिक प्रतीक-पुरुषों के अलावा उत्तर प्रदेश के दलितों ने राष्ट्रीय आन्दोलन से भी अपने नायक ढूँढ़ निकाले। समुदाय के राजनीतिक मॉबिलाइजेशन के लिए इन नायकों का प्रयोग अब भी जारी है। दलित मौखिक परम्परा में कुअर सिंह, तांत्या टोपे और नाना साहेब जैसे राष्ट्रीय नायकों का उल्लेख नहीं मिलता। इनकी बजाय चेतराम-जाटव, बल्लू मेहतर, बांके चमार, वीरा पासी, झलकारीबाई, ऊदा देवी और उनके पति मक्का पासी, अवन्तीबाई, महावीरी देवी, मातादीन भंगी, और उदया चमार की कथाएँ सुनने में आती हैं। दलितों का कहना है कि ऊदा देवी और उनका पति मक्का पासी एकमात्र ऐसा विवाहित जोड़ा था, जिसने 1857 के विद्रोह में देश के लिए अपने प्राण न्योछावर कर दिए। ये दोनों लखनऊ के सिकंदराबाद विद्रोह में शहीद हुए थे। दलितों का मानना है कि सिर्फ पासियों को ही नहीं बल्कि पूरे देश को स्वतंत्रता संग्राम में इनकी भूमिका पर गर्व होना चाहिए। (पासी 1996 : 13) वे यह भी दावा करते हैं कि 1857 में अंग्रेजों के खिलाफ विद्रोह की चिंगारी पैदा करने वाला व्यक्ति मातादीन भंगी था, जिसने पहले राष्ट्रीय क्रान्तिकारी मंगल पांडे को बैरकपुर छावनी में विद्रोह करने की प्रेरणा दी थी। (नाथ 1998 : 1-24) इन सभी नायक-नायिकाओं की कथाएँ बड़े गर्व के साथ सुनी और सुनाई जाती हैं। इतना ही नहीं, उन पर लोक-गीत रचे जा रहे हैं, उनकी मूर्तियाँ स्थापित की जा रही हैं, और उनकी स्मृति में मेले और महोत्सव आयोजित किए जा रहे हैं।

ये दलित नायक-नायिकाएँ अपने-अपने क्षेत्र की लोक-संस्कृति का अंग बन चुके हैं। उदाहरण के लिए, अलीगढ़ क्षेत्र में उदया चमार की कथा खूब लोकप्रिय है। नजदीक के मुजफ्फरनगर क्षेत्र में महावीरी देवी की कथा मौखिक परम्परा का हिस्सा बन चुकी है। झलकारीबाई बुन्देलखंड और मध्य उत्तर प्रदेश के दलितों की अत्यन्त लोकप्रिय नायिका है। वीरांगना ऊदा देवी का मिथक भी मध्य उत्तर प्रदेश में खूब प्रचलित है, जबकि उत्तर प्रदेश और मध्य प्रदेश के बुन्देलखंड और चित्रकूट क्षेत्रों में अवन्तीबाई की कथा लोक-संस्कृति का एक अभिन्न अंग बन चुकी है। 1857 के स्वतंत्रता संग्राम में झलकारीबाई, ऊदा देवी, महावीरी देवी और अवन्तीबाई जैसी दलित-वीरांगनाओं की महत्त्वपूर्ण भूमिका पर जोर देकर, और इन्हें सभी दलित

समुदायों की नायिकाओं के रूप में चित्रित करके बहुजन समाज पार्टी इन्हीं की तर्ज पर अपनी नेता मायावती की छवि निर्मित करने की कोशिश कर रही है। उत्तर प्रदेश में अपने शासन के दौरान बसपा ने कई जगह इन वीरांगनाओं की मूर्तियाँ स्थापित की हैं। झाँसी में रानी लक्ष्मीबाई के किले के सामने भी झलकारीबाई की एक प्रतिमा स्थापित की गई है। पार्टी इन नायिकाओं की स्मृति में मेलों और महोत्सवों का भी आयोजन करती है। इनके नाम पर कुछ जाति संस्थाएँ भी गठित की गई हैं।

बसपा द्वारा दलितों के राजनीतिक मॉबिलाइजेशन के लिए जिन नए वृत्तान्तों का प्रयोग किया जा रहा है, वे स्थानीय मिथकों, किंवदंतियों और सांस्कृतिक प्रतीकों से ओत-प्रोत हैं। इसलिए ये रिपब्लिकन पार्टी ऑफ इंडिया की 1956 की भाषा से ही नहीं, बल्कि कांशीराम द्वारा बसपा के शुरुआती दौर में इस्तेमाल की गई भाषा से भी अलग हैं। ये दोनों भाषाएँ महाराष्ट्र के दलित आन्दोलन की भाषा के नजदीक थीं, जब वह दलितों के सामाजिक-आर्थिक मसलों और अम्बेडकर की विचारधारा पर बहुत ज्यादा आधारित थीं। बसपा द्वारा बाद के वर्षों में विकसित की गई भाषा कहीं ज्यादा कल्पनाशील और रचनात्मक स्मृतियों, मिथकों और स्थानीय इतिहास का रंग लिये है। प्रश्न वही हैं जो पहले भी उठाए जा रहे थे, लेकिन इनमें क्षेत्र के सांस्कृतिक परिवेश का रंग घुल-मिल गया है। इससे आम लोगों के लिए इन्हें समझना काफी आसान हो गया है। वे इस भाषा से सहजता से जुड़ पा रहे हैं, बनिस्पत अन्य राजनीतिक पार्टियों द्वारा इस्तेमाल की जा रही राजनीतिक भाषा के।

अगले अध्याय में हम यह विश्लेषण करेंगे कि बसपा की यह राजनीति का मौखिकी भाषा कैसे विकसित हुई और इस उद्देश्य के लिए मुद्रण माध्यम का किस तरह इस्तेमाल किया गया।

टिप्पणियाँ

1. ब्राह्मणवादी साहित्य में 'पुराण' का अर्थ 'इतिहास' भी होता है और 'कथा' भी। देखें वीना दास (1977, 10)
2. गोदाम पट्टी, शहाबपुर के भुल्लर से हुई बातचीत, 8 फरवरी, 2003
3. पसियापुर, शहाबपुर के खिचड़ीलाल पासी से हुई बातचीत, 10 फरवरी, 2003
4. धनंजय की फील्ड डायरी, देशकाल, नवम्बर, 2004
5. 'हिन्दुस्तान', लखनऊ, 25 सितम्बर, 1998

2

राजनीतिक मौखिकी का विकास और दलित प्रिंट की भूमिका

> एक शिकारी था। वह जंगल में अपना जाल फैलाकर पक्षियों को पकड़ने में माहिर था। एक दिन उसके जाल में फँसे पक्षी आपस में मिलकर सोचने लगे कि इस जाल से कैसे निकलें। उन्होंने एकजुट होकर और अपनी पूरी ताकत लगाकर जाल समेत उड़ जाने का फैसला किया। वे इस कोशिश में सफल रहे और उड़ते-उड़ते बहुत दूर निकल गए, जहाँ उनके कुछ दोस्तों ने जाल को काटकर उन्हें आजाद कर दिया। जंगल के इतिहास में ऐसा पहली बार नहीं हुआ था कि पशु-पक्षी शिकारियों द्वारा बिछाए गए जाल से निकल भागे हों। लेकिन इस बार इन पक्षियों ने अपने बच निकलने की कहानी दूसरे पशु-पक्षियों को भी सुनाने का फैसला कर लिया, ताकि वे भी जाल से छूटने के लिए यही तरीका अपना सकें।
>
> —**जी.पी. मदन**, 5 जनवरी, 2005, इलाहाबाद
>
> (यह कथा सुनाते हुए दलित लेखक जी.पी. मदन ने इस बात पर जोर दिया कि दलितों को भी अपनी कहानियाँ लिखनी चाहिए और उन्हें उपेक्षित समुदायों में प्रचारित करना चाहिए।)

अगर दलित चेतना के उद्भव की दिशाओं का अध्ययन किया जाए तो हम देखते हैं कि उनके मॉबिलाइजेशन की प्रक्रिया समुदाय के शिक्षित वर्गों द्वारा लोकप्रिय साहित्य के सृजन और प्रकाशन से शुरू हुई। इसके पीछे अपने संघर्ष को लेकर समुदाय की संवेदना को झकझोरने का उद्देश्य था। (श्वार्ज 1997 : 179) इसके लिए उन्हें मिथकों, इतिहास और अतीत की दलित दृष्टिकोण से पुनर्व्याख्या करनी पड़ी। उन्हें यह अहसास हो चुका था कि भारतीय राजनीति में एक प्रभावशाली समूह के रूप में उभरने के बाद ही वे सकारात्मक ढंग से दलितों के लिए विशिष्ट विशेषाधिकारों का दावा कर सकते थे। (नारायण 2001a : 3926) इसका एक

तरीका अपने खुद के साहित्य का प्रकाशन करना था, जो उनके जाति-नायकों को गौरवमंडित करने वाले मिथकों और किंवदंतियों से जुड़ा हुआ हो। यह कहना बहुत मुश्किल है कि क्या ये मिथक और किंवदंतियाँ पहले मौखिक रूप में प्रचलित थे, जिन्हें बाद में मुद्रित साहित्य का रूप दिया गया, या कि मुद्रित साहित्य से ही इन्हें ग्रास-रूट स्तर पर दलितों में मौखिक रूप में प्रचारित-प्रसारित किया गया। इस सम्बन्ध में जाँच-पड़ताल करने पर इतना जरूर पता चलता है कि दलित-अखबारों की शुरुआत और दलित कार्यकर्ताओं और बुद्धिजीवियों द्वारा लिखी गई कई छोटी-छोटी लोकप्रिय पुस्तिकाओं के प्रकाशन के बाद ये कथाएँ आम लोगों में ज्यादा प्रचलित हो चली हैं। ये लोकप्रिय पुस्तिकाएँ और अखबार उत्तर प्रदेश के छोटे-छोटे कस्बों में बसे दलितों द्वारा खुद ही लिखे और प्रकाशित किए गए थे। ये गाँवों में बसी आबादी के शिक्षित हिस्सों तक सूचनाएँ और जानकारियाँ पहुँचाने का एक सशक्त माध्यम बन गए। इसके बाद मौखिक माध्यम से ये सूचनाएँ और जानकारियाँ अशिक्षित वर्गों तक भी जा पहुँचीं। इस प्रकार इन मिथकों और किंवदंतियों का जनाधार निरन्तर बढ़ता चला गया।

प्रिंट के माध्यम से प्रसार

दलित आन्दोलन 1877 के आस-पास सबसे पहले महाराष्ट्र में शुरू हुआ था। ज्योतिबा फुले, गोपाल बाबा बालंकर और फिर बी.आर. अम्बेडकर इस आन्दोलन से जुड़े रहे। शुरू से ही इस आन्दोलन में प्रकाशन और प्रचार पर खूब जोर दिया गया। ज्योतिबा फुले ने 1 जनवरी, 1877 को 'दीनबन्धु' नामक एक अखबार शुरू किया, जो धीरे-धीरे काफी प्रभावशाली बनता चला गया। 1910 और 1930 के बीच पूरे महाराष्ट्र में दलितों द्वारा लगभग पचास अखबार निकाले जाते थे। इनमें 'बिताल विध्वंशम', 'सोन वंशीय मित्र', 'निराश्रित', 'हिंद' और 'नागरिक' प्रमुख थे। खुद डॉ. अम्बेडकर ने भी 'जनता' और 'मूकनायक' जैसे प्रसिद्ध दलित अखबारों का सम्पादन किया। हिन्दीभाषी क्षेत्र में निचली जातियों में शिक्षा और मुद्रण संस्कृति के माध्यम से जागृति लाने का काम स्वामी अछूतानन्द ने किया। वे उत्तर प्रदेश में फर्रूखाबाद जिले के सौरिक्क नामक गाँव के एक चमार परिवार में पैदा हुए थे। अपनी विलक्षण बुद्धि और प्रतिभा के बल पर वे बहुत कम उम्र में ही हिन्दी, अंग्रेजी, उर्दू, गुरुमुखी, संस्कृत, गुजराती, मराठी और बँगला भाषाओं में सिद्धहस्त हो गए। निचली जातियों के कष्टों और समस्याओं के अहसास ने उन्हें आर्य समाज से जुड़ने के लिए प्रेरित किया। आर्य समाज एक हिन्दू धार्मिक संस्था थी, जो उपेक्षित जातियों के उद्धार के काम में जुटी हुई थी। वह इन जातियों को जनेऊ धारण करने और वेदों का पाठ करने जैसे उच्च जातियों के सांस्कृतिक प्रतीकों के प्रयोग का अधिकार दिए

जाने पर जोर दे रही थी। लेकिन इस प्रक्रिया से ऊँची जातियों का सांस्कृतिक वर्चस्व और मजबूत हो रहा था। इसलिए स्वामी अछूतानन्द ने आर्य समाज को छोड़कर 1922 में उत्तर प्रदेश में 'आदि हिन्दू आन्दोलन' की शुरुआत की। इस आन्दोलन की एक सामंजस्यपूर्ण विचारधारा थी, जो मध्य युग के भक्ति काल के सन्त कवियों सन्त कबीर और सन्त रविदास के भक्ति-साहित्य पर आधारित थी। स्वामी अछूतानन्द महाराष्ट्र के दलित आन्दोलन से काफी प्रभावित थे। इस आन्दोलन के नेताओं के साथ वे निरन्तर पत्र-व्यवहार करते रहे।

स्वामी अछूतानन्द उत्तर भारत में एक छापाखाना स्थापित करने वाले और एक दैनिक अखबार निकालने वाले पहले व्यक्ति थे। 1924 में उन्होंने 'अछूत' नामक अखबार निकाला। इसके बाद 1928 में उन्होंने 'आदि हिन्दू' नामक अखबार निकाला। डॉ. अम्बेडकर उत्तर भारत के दलितों के सामाजिक, शैक्षणिक और राजनीतिक उद्धार को लेकर स्वामी अछूतानन्द के प्रयासों से बहुत ज्यादा प्रभावित थे।[1] 1934 में अल्मोड़ा के मुंशी हरिप्रसाद टामटा ने 'समता' नामक एक हिन्दी साप्ताहिक पत्रिका निकाली। स्वाधीनता से पहले के इन हिन्दी अखबारों ने न सिर्फ सामाजिक अभिशाप के खिलाफ मुक्ति के दर्शन को अभिव्यक्ति दी, बल्कि दलितों के एकजुटता और उनकी पहचान की स्थापना में प्रिंट मीडिया के महत्त्व को भी रेखांकित कर दिया। (बेचैन 1997 : 251) इसके बाद प्रिंट मीडिया दलितों की पीड़ा और कष्टों को अभिव्यक्त करने और उनकी मुक्ति के साधन तलाशने का एक सशक्त माध्यम बन गया। यह सत्ता और राजनीति के गणित को समझने का भी जरिया बन गया, जिसका बाद में खूब इस्तेमाल किया गया।

स्वाधीनता से पहले और उसके बाद उत्तर प्रदेश के विभिन्न भागों से कई और पत्र-पत्रिकाओं का भी प्रकाशन हुआ। नीचे दी गई तालिका 2.1 में इनमें से कुछ महत्त्वपूर्ण पत्रों और पत्रिकाओं के नाम देखे जा सकते हैं।

तालिका 2.1

महत्त्वपूर्ण दलित पत्र-पत्रिकाएँ

नाम	*प्रकाशन आरम्भ होने का वर्ष*	*सम्पादक*	*स्थान*
अछूत (अखबार)	1917	स्वामी अछूतानन्द	दिल्ली
आदि हिन्दू (अखबार)	1928	स्वामी अछूतानन्द	कानपुर
समता (साप्ताहिक पत्रिका)	1934	हरिप्रसाद टमटा	अल्मोड़ा
परिवर्तन (पत्रिका)	1950	स्वामी अजुध्यानाथ दांडी	अलीगढ़
शोषित पुकार (साप्ताहिक अखबार)	1966	*उल्लेख नहीं*	बुलन्दशहर
जमीन के तारे (पत्रिका)	1962	सेवाराम महाशय	अलीगढ़
समता शक्ति (साप्ताहिक अखबार)	1972	मोहनदास नैमिशराय	मेरठ

निर्णायक भीम (मासिक पत्रिका)	1977	डॉ. कवलधारी	कानपुर
लोक चिन्ता (साप्ताहिक अखबार)	1978	डॉ. आर.एस. आजाद	बुलंदशहर
बहुजन अधिकार (पाक्षिक पत्रिका)	1981	मोहदास नैमिशराय	मेरठ
भीम भूमि (साप्ताहिक अखबार)	1982	आर.के. गौतम	बुलंदशहर
प्रज्ञा साहित्य (पत्रिका)	1995	ओ.पी. बाल्मीकि	फर्रूखाबाद

स्रोत : बेचैन (1997, 252-64) और बौद्ध (2003, 38)

इस तालिका से पता चलता है कि इनमें से अधिकांश पत्र-पत्रिकाएँ उत्तर प्रदेश के छोटे शहरों से प्रकाशित की गई थी। इससे यह भी पता चलता है कि प्रान्त के विभिन्न क्षेत्रों के विभिन्न दलित समुदायों में दलित चेतना धीरे-धीरे जोर पकड़ती रही है। अखबार और पत्रिकाएँ इन समुदायों में समानता और मुक्ति की जरूरत की भावना जगाने में महत्त्वपूर्ण भूमिका निभाते रहे हैं और दलित स्वाभिमान के संघर्ष को तेजी और विस्तार देने का काम करते रहे हैं। इन्होंने दलितों का एक पढ़ा-लिखा वर्ग तैयार करने में, और साथ ही समुदाय के मत-निर्माता, नेता और कार्यकर्ता तैयार करने में भी मदद की है। ये अखबार दैनिक या साप्ताहिक अखबार थे, जबकि पत्रिकाएँ पाक्षिक या मासिक थीं। हालाँकि इनकी प्रसार संख्या के निश्चित आँकड़े उपलब्ध नहीं हैं, लेकिन ऐसा कहा जा सकता है कि यह 1,000 से 10,000 के बीच रही होगी। उदाहरण के लिए, पाक्षिक पत्रिका 'बहुजन अधिकार' की लगभग 3,000 प्रतियाँ बिकती थीं। साप्ताहिक अखबार 'भीम भूमि' की भी लगभग 3,000 प्रतियाँ बिकती थीं, जबकि मासिक पत्रिका 'निर्णायक भीम' की प्रसार संख्या 2,000 से 3,000 प्रतियों के बीच थी। (गुप्ता 2002 : 5) 'बहुजन संगठक' नामक अखबार बहुजन समाज पार्टी का मुखपत्र है और दलितों में पार्टी की धारणाओं के प्रसार में महत्त्वपूर्ण भूमिका निभाता है। इसके पाठकों की संख्या ग्राहकों से कहीं ज्यादा है, क्योंकि हर प्रति न सिर्फ कई लोगों द्वारा पढ़ी जाती है, बल्कि अकसर बहुत-से लोगों को पढ़कर सुनाई भी जाती है। इसी तरह, गाँवों में रहने वाले दलित 'माझी जनता' और 'बहुजन समाज' जैसे अखबारों को न सिर्फ माँगकर या पुस्तकालयों से लेकर पढ़ते हैं, बल्कि उन पर आपस में चर्चा भी करते हैं।[2] चित्र 2.1 से पता चलता है कि उत्तर प्रदेश के कौन-कौन से शहरों, कस्बों और क्षेत्रों से इस तरह के दलित पत्र-पत्रिकाएँ प्रकाशित हो रहे हैं। इस से यह भी पता चलता है कि यह पत्र-पत्रिकाएँ किसी खास क्षेत्र में सीमित न होकर पूरे प्रान्त में फैले हुए हैं।

छोटी-छोटी और लोकप्रिय पुस्तिकाएँ एक अन्य प्रभावशाली मुद्रण माध्यम साबित हुई हैं। इन पुस्तिकाओं ने भी दलितों में संघर्ष की संस्कृति विकसित करने और उनमें पढ़ने, लिखने और मुद्रण-प्रकाशन की रुचि पैदा करने में महत्त्वपूर्ण भूमिका निभाई है। इन पुस्तिकाओं में उनकी मौखिक परम्परा से जुड़े मिथकों और

चित्र 2.1

उत्तर प्रदेश में दलित प्रकाशन केंद्रों का क्षेत्रीय विवरण

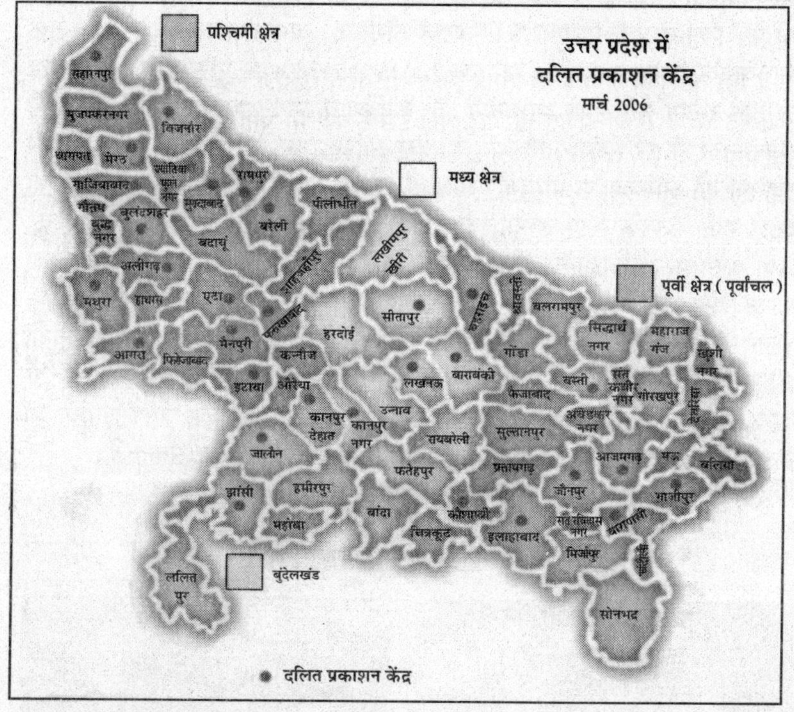

स्रोत : दलित संसाधन केंद्र, जी.बी.पंत सामाजिक विज्ञान इंस्टीट्यूट, इलाहाबाद

कथाओं को शब्दों में प्रस्तुत किया जाता है। सस्ते अखबारी कागज पर छपी इन पुस्तिकाओं की पृष्ठ–संख्या 50–60 के आस–पास होती है। मुद्रण का स्तर काफी हल्का होता है, जिससे साधनों की कमी का पता चलता है। (नारायण 2001a : 3925) लेकिन सस्ते उत्पादन स्तर के बावजूद ये पुस्तिकाएँ राजनीतिक सभाओं, मेलों और चेतना मंडपों में खूब बिकती हैं। (ये 'चेतना मंडप छोटे–छोटे पुस्तक–स्टॉल होते हैं, जो बलिया, बहराइच, एटा, इटावा, उन्नाव, उरई, इलाहाबाद, लखनऊ जैसे छोटे–बड़े शहरों में दलित लेखकों द्वारा चलाए जाते हैं।) (वही : 3926) पिछले कुछ वर्षों में ऐसी पुस्तिकाएँ बड़े पैमाने पर लिखी और छापी गई हैं। इससे लेखकों और प्रकाशकों का एक शिक्षित और राजनीतिक दृष्टि से जागरूक वर्ग तैयार हुआ है। समाज में ये लोग मध्य या उच्च मध्य दर्जा रखते हैं। उदाहरण के लिए, 'आरक्षण के हत्यारे' के लेखक सुरेश चन्द्र कुशवाहा इलाहाबाद हाई कोर्ट में एडवोकेट

हैं। इसी तरह 'काश हम हिन्दू न होते' के लेखक बुद्ध शरण हंस एक सरकारी अधिकारी हैं। डॉ. अम्बेडकर की काव्यात्मक जीवनी 'भीम पचासा' के लेखक जी.पी. प्रशान्त एक शिक्षक हैं। 'अछूत वीरांगना' नामक नाटक के लेखक एक आयुर्वेदिक चिकित्सक हैं। (नारायण 2001a : 3924) इन पुस्तिकाओं का प्रमुख उद्देश्य दलितों को अपने अधिकारों और कर्तव्यों के प्रति जागरूक करना और उनमें राजनीतिक चेतना विकसित करना है। इस साहित्य का एजेंडा दलित पहचान की स्थापना की आकांक्षा से प्रेरित है। साथ ही, इतिहास में उनके साथ हुए अन्यायों को देखते हुए, "उनके लिए सामाजिक, आर्थिक और राजनीतिक विशेषाधिकारों का दावा करने के लिए उनके मॉबिलाइजेशन की भाषा तैयार करना भी इन पुस्तिकाओं का उद्देश्य है। तालिका 2.2 में इलाहाबाद के गोविन्द बल्लभ पन्त संस्थान के दलित-संसाधन केन्द्र के अभिलेखागार में उपलब्ध कुछ लोकप्रिय दलित पुस्तिकाओं की सूची दी गई है। हालाँकि यह सूची अपने-आपमें पूरी नहीं है, लेकिन इससे हर दशक में प्रकाशित पुस्तिकाओं की संख्या का एक मोटा अन्दाजा जरूर लगाया जा सकता है। चित्र 2.2 में इनमें से कुछ पत्रों के मुखपृष्ठ देखे जा सकते हैं।

चित्र 2.2

लोकप्रिय दलित पुस्तिकाएँ, समाचार-पत्र एवं पत्रिकाएँ

स्रोत : दलित संसाधन केंद्र, जी.बी.पंत सामाजिक विज्ञान इंस्टीट्यूट, इलाहाबाद

तालिका 2.2
प्रति-दशक प्रकाशित लोकप्रिय दलित पुस्तिकाओं की उपलब्ध संख्या

दशक	*प्रकाशनों की संख्या*
1931–40	2
1941–50	2
1951–60	7
1961–70	56
1971–80	13
1981–90	26
1991–2000	114
2001–2006	69

स्रोत : दलित संसाधन केन्द्र, जी.बी. पन्त विज्ञान संस्थान, इलाहाबाद

इस तालिका से पता चलता है कि कुल 289 पुस्तिकाओं (1931–2006) में से अधिकांश पुस्तिकाएँ 1960 के दशक से वर्तमान दशक के बीच प्रकाशित हुई हैं। इसका कारण यह है कि स्वाधीनता के एक-दो दशक बाद ही भारतीय राज्य से दलितों का मोहभंग होने लगा था। वे विकास परियोजनाओं और जन-कल्याण से जुड़ी विभिन्न स्कीमों के लाभ से वंचित महसूस करने लगे थे। इन परियोजनाओं और स्कीमों के सभी लाभ सिर्फ ऊँची जातियाँ उठा रही थीं, जो अपनी उपनिवेशीय शिक्षा के बलबूते सरकार के सभी पदों और विभागों पर कब्जा जमाने में सफल हो गई थीं। स्वाधीनता के समय राष्ट्रीय नेताओं ने दलितों को जो सपने दिखाए थे, वे कुछ ही वर्षों में हवा हो गए थे। परिणामस्वरूप, दलितों का असन्तोष इन छोटी-छोटी पुस्तिकाओं के माध्यम से अभिव्यक्त होने लगा। शिक्षा, साक्षरता और सरकार द्वारा शुरू की गई विभिन्न योजनाओं ने भी दलित चेतना के विकास में महत्त्वपूर्ण भूमिका निभाई। वे देश की विकास परियोजनाओं में अपनी हिस्सेदारी के साथ-साथ अपने अन्य अधिकारों को भी लेकर सचेत महसूस करने लगे। एक तरफ राज्य उन्हें उनके अधिकारों का बोध करवाने में लगा हुआ था, तो दूसरी तरफ उनकी बढ़ती आकांक्षाओं और अभिलाषाओं को पूरा करने में पूरी तरह असफल रहा था। राज्य के बहुत-से माध्यमों द्वारा जनता को दिन-रात पिलाई जा रही राष्ट्रवाद की घुट्टी अपना असर खोने लगी थी। दलित अपने खुद के वैकल्पिक ऐतिहासिक वृत्तान्त रचकर राष्ट्रीय आन्दोलन में निचली जातियों के नायकों की भूमिका को गौरवमंडित करने लगे थे, और उन्हीं के साथ अपना जुड़ाव महसूस करने लगे थे।

1984 में बहुजन समाज पार्टी के उदय ने इन पुस्तिकाओं के प्रकाशन को और

हवा दी। पार्टी ने इस पुस्तिकाओं के लेखकों को अनुसूचित जातियों, जनजातियों और अन्य पिछड़े वर्गों की समस्याओं पर जोर देने के लिए कहा, जो पार्टी का चुनावी जनाधार थे। यह साहित्य एक समतावादी, न्यायपूर्ण, स्वतंत्र और सद्भावपूर्ण समाज की स्थापना के प्रति प्रतिबद्ध था। यह दलित समुदाय में साहस, आत्म-सम्मान और उदारता पैदा करने का प्रयास कर रहा था। इसके लिए उन सन्तों और नायकों की जीवनियों के प्रकाशन पर विशेष जोर दिया जा रहा था, जिन्होंने दलितों की मुक्ति के संघर्ष में महत्त्वपूर्ण भूमिका निभाई थी। इनका मूल एजेंडा ब्राह्मणवादी साहित्य को नकार कर एक वैकल्पिक साहित्य का विकास करना था। पार्टी का मानना था कि 'बहुजन समाज' में बदलाव लाने के लिए 'बहुजन साहित्य' रचा जाना जरूरी था। साथ ही, दलितों में सांस्कृतिक चेतना लाने के लिए भी इस सांस्कृतिक पुनर्जागरण की जरूरत थी। (नारायण 2001a : 3924)

मंडल आयोग (जिसकी स्थापना इंदिरा गाँधी ने अपेक्षित वर्गों को संरक्षणात्मक लाभ दिए जाने से जुड़े मुद्दों की जाँच करने के उद्देश्य से की थी, और जिसकी रिपोर्ट अन्ततः 1990 में लागू की गई) की रिपोर्ट लागू होने के बाद इन पुस्तिकाओं के प्रकाशन में और तेजी आई। दलित लेखकों ने इन पुस्तिकाओं के माध्यम से संरक्षणात्मक भेदभाव की नीति को सही ठहराने की कोशिश की।[3] वे शिक्षा और नौकरियों के क्षेत्र में आरक्षण के माध्यम से यह संरक्षण दिए जाने की माँग करने लगे। उनका तर्क था कि कभी वे शासन करने वाले समुदाय हुआ करते थे, लेकिन उच्च जातियों के षड्यंत्रों के कारण अपना गौरवशाली ऐतिहासिक दर्जा खो बैठे थे। उनका यह भी कहना है कि देश के स्वतंत्रता संघर्ष और राष्ट्र-निर्माण में उनकी महत्त्वपूर्ण भूमिका को उच्च जातियों ने अनदेखा कर दिया और उन्हें जानबूझकर पिछड़ा बनाए रखा। (कुशवाहा 1993 : 3) इस तरह के दावों के लिए अतीत बहुत महत्त्वपूर्ण हो जाता है। अतीत को अलंकृत और पुनर्व्याख्यायित करके और वर्तमान के साथ जोड़कर मिथक, फंतासी और यथार्थ का एक ऐसा मिश्रण तैयार हो जाता है, जिससे अतीत की एक शुद्ध, गौरवशाली और विशिष्ट छवि विकसित की जा सकती है। (नारायण 2001a : 3929) इस तरह, इस अवधि में लिखी गई इस तरह की अधिकांश पुस्तिकाएँ इतिहास की उनकी अपनी व्याख्या पर आधारित थीं। इन पुस्तिकाओं में इतिहास को जातीय दृष्टिकोण से देखने और निचली जातियों की भूमिका को गौरवान्वित करने की कोशिश की गई थी। (वही : 3927) बहराइच के लक्ष्य संधान प्रकाशन द्वारा प्रकाशित बाईस पुस्तिकाओं में से सोलह इतिहास पर आधारित थीं। लखनऊ के कल्चरल पब्लिशर्स ने ऐतिहासिक विषयों पर बत्तीस पुस्तिकाएँ प्रकाशित कीं, जबकि पटना के अम्बेडकर मिशन पब्लिकेशन द्वारा प्रकाशित बाईस पुस्तिकाओं में से चौदह ऐतिहासिक विषयों पर आधारित थीं। (वही : 3926)

मुद्रण, राष्ट्रवाद और राजनीति

स्वाधीनता के बाद, सत्ता में हिस्सेदारी की आकांक्षा धीरे-धीरे समाज के विभिन्न वर्गों को अपने दायरे में समेटने लगी। नए स्वतंत्र भारत में कई नई विकास परियोजनाएँ और जन-कल्याण अभियान शुरू किए गए, जैसे कि पंचवर्षीय योजना, गरीबों और उपेक्षितों के लिए विभिन्न स्कीमें, जमींदारी व्यवस्था का खात्मा, इत्यादि। हालाँकि इन कार्यक्रमों को सन्तोषजनक ढंग से लागू नहीं किया जा सका, फिर भी इनसे जुड़ा प्रचार जागरूकता अभियानों और भाषणों-व्याख्यानों के जरिए समाज के भिन्न-भिन्न, शिक्षित और सामाजिक-राजनीति दृष्टि से जागरूक वर्गों तक पहुँचता रहा। इससे विभिन्न समुदायों के धनवान, शिक्षित और सम्भ्रान्त वर्गों में जन-कल्याण योजनाओं और प्रजातंत्र का अधिकतम लाभ उठाने की भावना पैदा हो गई। दलित समुदायों के जागरूक, शिक्षित और अधिकांशतः शहरी और नौकरीपेशा वर्ग, और साथ ही दलित आबादी में धीरे-धीरे विकसित होता एक मध्यवर्गीय तबका भी, इन जन-कल्याण योजनाओं और प्रजातंत्र के फायदों के प्रति सचेत होते चले गए। वे दलित दृष्टिकोण से एक आधुनिक और राष्ट्रवादी आख्यान प्रस्तुत करने के लिए प्रिंट मीडिया का इस्तेमाल करने लगे। इसी से 'सबके लिए और सबका देश' जैसा सम्भ्रान्त राष्ट्रवादी नारा उपजा। दलितों द्वारा निकाले जाने वाले अखबारों में ऐसे समाचार, फीचर और रिपोर्ताज छपने लगे जो पाठकों तक यह सन्देश पहुँचाने की कोशिश करते थे कि यह देश दलितों के खून-पसीने से निर्मित हुआ है, लेकिन इस पर अब ऊँची जातियाँ राज कर रही हैं। (नारायण और मिश्रा 2004 : 21) दलित आख्यान में इस तरह का वृत्तान्त जरूरी था, ताकि राष्ट्र की सत्ता और सम्पन्नता में अपनी हिस्सेदारी का दावा किया जा सके। यह आख्यान पत्र-पत्रिकाओं के माध्यम से दलित पाठकों तक पहुँचाया गया, जो धीरे-धीरे उनके बीच चर्चा का विषय बनता चला गया। इस तरह, ये पाठक भी इस आख्यान का अंग बन गए। इसके बाद इसे मौखिक रूप से समुदाय के अन्य वर्गों तक पहुँचाया गया, जिसमें शिक्षित और अशिक्षित दोनों तरह के लोग शामिल थे।

सम्भ्रान्त राष्ट्रवादी वृत्तान्त को नकारकर अपना एक वैकल्पिक वृत्तान्त रचने के अपने प्रयासों में दलितों ने बड़ी लगन और मेहनत से अपनी मौखिक परम्पराओं की छानबीन की, और ऐसे नायक खोज निकाले जिन्हें सम्भ्रान्त राष्ट्रवादी नायकों के समानान्तर खड़ा किया जा सके। इसके बाद प्रिंट मीडिया के माध्यम से इन नायकों की कथाओं को समुदाय के शिक्षित वर्ग तक पहुँचाया गया। इस शिक्षित वर्ग ने इन कथाओं को मौलिक माध्यमों से गाँव-गाँव और आबादी के अशिक्षित वर्ग तक पहुँचाया, जिसके लिए जनसभाओं, जलसों और दलित संस्थाओं की सभाओं इत्यादि का इस्तेमाल किया गया। इस तरह, वे कहानियाँ जो कभी मौखिक परम्परा का

हिस्सा थीं और जिन्हें मौखिक से मुद्रित रूप में ढाला गया था, एक बार फिर मौखिक रूप में आ गईं। अब प्रिंट माध्यम का इस्तेमाल राष्ट्र-निर्माण में दलितों के अपने संघर्ष की कहानी के वर्णन के लिए भी किया जा रहा है। इस तरह, प्रिंट माध्यम की मदद से समाज की मुख्यधारा के वर्चस्ववादी वृत्तान्त को ध्वस्त करने का प्रयास किया गया जिसने उन्हें उपेक्षित बनाए रखा था। राष्ट्रीय आन्दोलन में महत्त्वपूर्ण भूमिका निभाने वाले स्थानीय नायकों और नायिकाओं—जैसे कि ऊदा देवी, झलकारीबाई, महावीरी देवी, अवन्तीबाई, पन्ना धाय इत्यादि—से जुड़े मिथकों और कथाओं को, और साथ ही धर्मग्रन्थों में वर्णित एकलव्य जैसे विद्रोही नायकों की कथाओं को प्रिंट माध्यम की मदद से जन-जन तक पहुँचाया गया। ये कथाएँ आम लोगों के बीच से ही उठाई गई थीं, जिन्हें नई व्याख्या और रूप देकर, और पुस्तिकाओं और पैम्फलेटों के जरिए, आम लोगों को ही वापस लौटा दिया गया। इस प्रक्रिया में न सिर्फ उनकी पहचान की स्थापना में मदद मिली, बल्कि कुछ खास राजनीतिक पार्टियों के पक्ष में दलितों का राजनीतिक मॉबिलाइजेशन भी आसान हो गया, जिसे समय आने पर वोटों में बदला जा सकता था। अतीत में दलितों के साथ हुए अन्यायों पर जोर देकर इन पुस्तिकाओं ने दलितों की राजनीतिक चेतना को धार देने का काम किया। साथ ही दलितों को प्रजातांत्रिक प्रक्रियाओं का अधिक से अधिक लाभ उठाने और अपने लिए आरक्षण की नीतियों को सही ठहराने की प्रेरणा देने में भी ये पत्रिकाएँ महत्त्वपूर्ण भूमिका निभा रही हैं। सबसे बढ़कर इन पुस्तिकाओं ने वर्चस्ववादी धारा की हवा निकालकर दलितों का एक वैकल्पिक वृत्तान्त तैयार करने का काम किया है।

शिक्षा, मुद्रण और लेखन

मिशनरियों, निजी सभाओं और कुछेक व्यक्तियों की गतिविधियों ने वह जमीन तैयार की, जिसके आधार पर शिक्षा को बढ़ावा देना ब्रिटिश सरकार का दायित्व माना जाने लगा। (झा 1985 : 21) इससे अछूतों और निचली जातियों को स्कूलों में प्रवेश करने और शिक्षा प्राप्त करने में मदद मिली। (भारती 1992 : 4) ब्रिटिश सरकार ने इन जातियों की कमजोर सामाजिक-सांस्कृतिक स्थिति पर भी ध्यान दिया और उनके उद्धार के लिए 1934 में पिछड़ी और उपेक्षित जातियों की एक सूची तैयार की। इसी वर्ष उसने दूसरा इंडियन एक्ट पास किया, जिसके तहत अछूत जातियों और कबीलाई समुदायों को विशेष सुविधाएँ दिए जाने का प्रावधान रखा गया। यह कानून बनने के बाद ही इन समुदायों की स्थिति में कुछ सुधार होना शुरू हुआ। उन्हें पढ़ने-लिखने के अवसर प्रदान किए जाने लगे, और नौकरियों में ही नहीं बल्कि राजनीति में भी उन्हें आरक्षण दिया जाने लगा। यही वह समय था जब बाबासाहेब अम्बेडकर

ने अनुसूचित जाति महासंघ का गठन किया। जुलाई 1945 में उन्होंने घोषणा की कि सरकार ने उनकी यह माँग मान ली है कि देश भर में बिखरी अनुसूचित जातियों और जनजातियों के लिए एक अलग राज्य बनाया जाए। (राम 2004 : 45)

दलितों को शिक्षा प्रदान करके मुख्यधारा के साथ जोड़ना इतना आसान नहीं था। चमारों के लिए पब्लिक स्कूलों के दरवाजे लगभग बन्द थे। (ब्रिग्ज़ 1920 : 237–38) शिक्षक और छात्र दोनों ही कक्षा में निचली जातियों का बैठना दूभर कर देते थे। परिणामस्वरूप, स्कूलों में निचली जातियों के छात्र बहुत कम मात्रा में दिखाई देते थे। लेकिन ऊँची जातियों के कड़े विरोध और अन्य सामाजिक बाधाओं के बावजूद 1917 में सिर्फ संयुक्त प्रान्त (भूतपूर्व उत्तर प्रदेश) में ही अछूत और पिछड़ी जातियों के लगभग 46,000 छात्र शिक्षा प्राप्त करने में सफल रहे। (वही : 230) जैसा कि हम पीछे जिक्र कर चुके हैं, शिक्षित दलितों के इस वर्ग ने इतिहास को फिर से पढ़ने और उसका एक अलग दृष्टि से विश्लेषण करने का प्रयास किया। प्रिंट माध्यम के विकास ने विद्रोह के इस स्वर को अभिव्यक्ति देने का काम किया। इतिहास की उनकी समझ का एक अलग ढाँचा विकसित होने लगा और वे इतिहास की प्रक्रिया का नए सिरे से विश्लेषण करने लगे। 1960 के बाद भारत में प्रकाशित साहित्य में विभिन्न विचारधाराओं का टकराव साफ देखा जा सकता है। मुद्रण माध्यम की मदद से दलित ब्राह्मणवादी विचारधारा के वर्चस्व को चुनौती देने लगे। साथ ही वे शक्तिशाली सत्ता समूहों द्वारा स्थापित मूल्यों को भी चुनौती देने लगे। दूसरे शब्दों में कहा जाए तो, दलित समुदाय ने सदियों से चली आ रही विचारधारा और सांस्कृतिक ढाँचे को ध्वस्त करने के लिए प्रिंट मीडिया का खुलकर उपयोग किया। इससे उनका आत्म–विश्वास और उत्साह बढ़ा, और अपने समुदाय को एकजुट करने की उनकी क्षमता भी बढ़ी। और फिर, शासक वर्ग के लेखन में बहुत–से रिक्त स्थान छूटे हुए थे। दलितों ने अपनी विचारधाराओं को सामने रखने के लिए इन रिक्त स्थानों का भरपूर प्रयोग किया। साथ ही, समुदाय के संस्थागत बुद्धिजीवियों के प्रयासों के कारण प्रिंट माध्यम दलितों की सांस्कृतिक आत्म–अभिव्यक्ति का भी माध्यम बन गया। इसे स्वामी अछूतानन्द जैसे दूरद्रष्टाओं ने बहुत अच्छी तरह से समझा और वे आने वाली पीढ़ियों के पथ–प्रदर्शक और प्रेरणा–स्रोत बन गए।

यह एक उल्लेखनीय तथ्य है कि कुछ ऐसी दलित जातियाँ जो अभी अपना इतिहास नहीं लिख पाई हैं, राजनीतिक सत्ता में भागीदारी से भी दूर हैं। अपना इतिहास लिखने वाली जातियों के लिए लिखित शब्द एक महत्त्वपूर्ण मोड़ साबित हुए हैं, एक ऐसा मोड़ जिसने सामाजिक और सांस्कृतिक भेदभाव के खिलाफ उनके संघर्ष को एक नया स्वरूप दे दिया है। लेकिन अभी भी ऐसी बहुत–सी जातियाँ हैं जो प्रिंट माध्यम की शक्ति का लाभ उठाकर अपना राजनीतिक सशक्तीकरण नहीं

कर पाई हैं, और देश की प्रजातांत्रिक प्रक्रिया में अपनी हिस्सेदारी का दावा नहीं कर पाई हैं। इनमें अत्यधिक उपेक्षित जातियाँ छीपी (रंगरेज), माली, बढ़ई, लोहार, कुम्हार, नाई, जुलाहा, डफली (विवाह-समारोहों में गाने-बजाने वाली जाति), चिकवा (कसाई) और कई अन्य छोटी-छोटी जातियाँ शामिल हैं। इन समुदायों में कोई संस्थागत नेतृत्व नहीं उभरा है। इसलिए वे उन अधिकारों और लाभों से अब भी वंचित हैं जो अधिक सवाक और सक्रिय जातियों को प्राप्त हो चुके हैं। यह सिर्फ संयोग मात्र नहीं है कि इनमें से किसी भी जाति ने अपना जाति-इतिहास या अपनी उत्पत्ति से जुड़े मिथकों-किंवदंतियों के बारे में नहीं लिखा है। इनके समुदायों ने ऐसी पुस्तिकाएँ भी प्रकाशित नहीं की हैं, जो राष्ट्रवादी वृत्तान्त के साथ उनका कोई सूत्र जोड़ सकें।

एक ऐसी जाति का उदाहरण, जो लिखित जाति-इतिहास के माध्यम से न सिर्फ अपनी जाति के सदस्यों में आत्म-गौरव और आत्म-विश्वास की भावना पैदा करने में सफल रही है, बल्कि उनकी प्रजातांत्रिक हिस्सेदारी को बढ़ावा देने में भी सफल रही है, जोगी जाति के मामले में देखा जा सकता है। यह एक ऐसी जाति है जिसके पास कई वर्षों तक अपना कोई लिखित जाति-इतिहास नहीं था। जोगी जाति एक अत्यधिक पिछड़ा मुस्लिम समुदाय है, जिसका जातिगत पेशा भीख माँगना है। यह जाति मुख्यत: फैजाबाद, प्रतापगढ़, जौनपुर, सुल्तानपुर और बनारस जिलों में बसी हुई है और उत्तर प्रदेश में मुसलमानों की कुल आबादी का लगभग 40 प्रतिशत है। इतनी बड़ी संख्या के बावजूद यह लम्बे समय से विकास के सभी लाभों से वंचित है। समुदाय में साक्षरता की दर एक प्रतिशत से भी कम है। अन्य सभी जातियाँ इस जाति को हेय दृष्टि से देखती हैं, क्योंकि इसका पेशा भीख माँगना है। न तो सरकार और न समुदाय के बड़े-बूढ़े अपनी जाति की इस दुर्दशा से चिन्तित हैं। जब कुछ लोग यह दावा करने के लिए सरकार के दरवाजे पर गए कि इस जाति को भी अनुसूचित जातियों के लाभ मिलने चाहिए, तो उन्हें यह कहकर टरका दिया गया कि मुसलमान अनुसूचित जातियों की परिभाषा के दायरे में नहीं आते। कोई भी उनकी बात सुनने को तैयार नहीं था। आखिर समुदाय के इकलौते बुद्धिजीवी डॉ. मुहर्रम अली ने अपनी जाति को बहुजन समाज पार्टी के दलित आन्दोलन से जोड़ने का बीड़ा उठाया। उन्होंने सबसे पहले जाति के बड़े-बूढ़ों की मदद से जाति के इतिहास की खोजबीन की। इसके बाद उन्होंने जाति की गौरव-गाथा का वर्णन करते हुए एक पुस्तिका लिखी और जाति के अनपढ़ सदस्यों में इसका प्रचार करके उनका आत्म-गौरव और आत्म-विश्वास बढ़ाने की कोशिश की। अन्य जातियाँ भी जोगियों के गौरवशाली अतीत के बारे में जानकर प्रभावित हुए बिना नहीं रहीं। इससे जोगियों में गर्व की भावना पैदा हुई और उन्हें अपना आत्म-विश्वास बटोरने और अपनी जाति

की पहचान स्थापित करने में मदद मिली। समुदाय मॉबिलाइजेशन और विकास के लिए यह सब बहुत जरूरी था। जोगियों के इतिहास से पता चलता है कि वे पहले एक उपेक्षित और निचली जाति के हिन्दू थे और 'गोसाई' के नाम से जाने जाते थे। इस जाति के एक यायावर जोगी (संत/फकीर) ने इस्लाम धर्म अपना लिया और आज के जोगी उसी के वंशज हैं। जोगियों का दावा है कि उनकी जाति के जनक माने जाने वाले जोगी एक चमत्कारी जोगी थे। उनकी कीर्ति दूर-दूर तक फैली हुई थी और उनके श्रद्धालु भक्त उन्हें दिल खोलकर दान देते थे। उनके वंशजों ने उनके पेशे को आगे बढ़ाया, जो धीरे-धीरे उनका जातिगत पेशा बन गया। डॉ. अली जोगियों की जाति-सभाओं में यह कथा सुनाया करते थे, ताकि समुदाय के सदस्यों में राजनीतिक जागरूकता पैदा की जा सके। इसके बाद उन्होंने जाति के दलित मूल का दावा करते हुए बहुजन समाज पार्टी से जुड़ने का फैसला किया। उनके अनुसार, मुस्लिम पहचान की तुलना में समुदाय का दलित मूल कहीं ज्यादा कारगर साबित हो सकता था और समुदाय को विकास की राह पर ले जा सकता था। इस जाति के सदस्यों का कहना है कि धर्म से वे भले ही मुसलमान हों, लेकिन संस्कृति की दृष्टि से वे हिन्दू हैं। आज जोगियों में इतना आत्म-विश्वास आ चुका है कि वे गाँवों में ग्राम प्रधान के पद के लिए चुनाव लड़ने लगे हैं। कुछ जोगी तो इन चुनावों में जीत भी चुके हैं। (भारती 1997 : 71-72)

वृत्तान्तों की संरचना

छोटे अखबारों और स्थानीय स्तर पर एक मुद्रण संस्कृति विकसित करने के प्रयासों ने दलितों में पढ़ने-लिखने की आदत डालने में महत्त्वपूर्ण भूमिका निभाई। इन अखबारों और लोकप्रिय पुस्तिकाओं द्वारा विविध विचारों, व्याख्याओं और स्वरूपों को दलितों की आम आबादी तक पहुँचाया गया। सामाजिक कार्यकर्ताओं और नेताओं ने भी मौखिक चर्चाओं और भाषणों के माध्यम से इस प्रक्रिया में अपना योगदान दिया। दलित जिस तरीके से अपने अतीत के बारे में जानकारी प्राप्त करते हैं उसे 'पढ़-लिख के' कहा जाता है। अनपढ़ लोग भी यही कहते हैं कि वर्चस्वशाली वर्गों द्वारा अपने दमन के बारे में उनमें जो जागरूकता आई है, वह 'पढ़-लिख के' आई है। यह बात ध्यान देने योग्य है कि अपने व्यक्तिगत अनुभवों को वैधता प्रदान करने के लिए वे कई बार 'पढ़-लिख के' जानकारी प्राप्त करने की बात करते हैं। दलित पहचान को लेकर एक खास तरह की विचारधारा-निर्देशित जानकारी की संरचना, प्रसार और ग्रहण प्रक्रिया को शहाबपुर गाँव के निवासियों के साथ हुई बातचीत के माध्यम से समझा जा सकता है। इलाहाबाद के नजदीक स्थित इस गाँव के निवासियों ने हमें अपने इतिहास और पिछले पचास वर्षों से जारी अपने कष्टों और दमन की कथा सुनाई।[4]

गोदामपट्टी, शहाबपुर के छिहत्तर वर्षीय प्यारेलाल ने चमारों के इतिहास के बारे में बात करते हुए कहा—

> मेरा नाम प्यारेलाल है। मैं आपको चमारों के इतिहास और अतीत के बारे में बताना चाहूँगा। पहले जमीन को साफ करने के लिए घास के लम्बे तिनकों (झंखाड़) का इस्तेमाल किया जाता था, जिन्हें पाँवों में बाँध लिया जाता था। लेकिन अगर सफाई करते समय किसी जगह हमारे पाँवों के निशान रह जाते थे तो ऊँची जातियों वाले तब तक उस रास्ते से नहीं गुजरते थे जब तक कि हवा से या किसी पशु के चलने से वे निशान मिट न जाएँ। हमारे बच्चे स्कूल जाते थे तो उन्हें जमीन पर बिठाया जाता था जबकि ऊँची जातियों के बच्चे दरियों पर बैठे थे। पानी पीते समय उन्हें यह ध्यान रखना पड़ता था कि वे लोटे को न छूएँ, नहीं तो वह अपवित्र हो जाएगा।

प्यारेलाल ने चमारों की उत्पत्ति की कथा सुनाते हुए आगे कहा—

> पहले ब्राह्मण और चमार सगे भाई थे। एक बार ऋषि अष्टावक्र (जिनके शरीर में आठ विकृतियाँ थीं) किसी धार्मिक अनुष्ठान के अवसर पर ब्राह्मणों के घर गए, जिसमें गोदान किया जाना था। अष्टावक्र को गाय दान की गई तो उन्होंने उसे लेने से इनकार कर दिया और कहा कि उन्हें कुछ भी नहीं चाहिए। उनकी यह बात सुनकर कुछ ब्राह्मण उन पर और उनके विकृत शरीर पर उपहास करने लगे। ऋषि अष्टावक्र को गुस्सा आ गया। उन्होंने अपनी हँसी उड़ाने वाले ब्राह्मणों को शाप दिया कि चूँकि वे एक मनुष्य के हाड़-मांस की हँसी उड़ा रहे थे, इसलिए उन्हें जीवन भर हाड़-मांस का ही काम करना होगा। इसके बाद ये सभी ब्राह्मण चमार बन गए, जिनका जातिगत पेशा मृत पशुओं की खाल उधेड़ना और हड्डियाँ हटाना है।[5]

जब प्यारेलाल से पूछा गया कि वे यह सब कैसे जानते हैं तो उन्होंने जवाब दिया, ''पढ़-लिख के।'' हालाँकि वे बिल्कुल अनपढ़ थे। ऐसा लगता है कि चमारों का अपने अतीत के अनुभव और इससे जुड़ी मिथकीय जानकारी 'पढ़-लिख के' प्राप्त हुई है।

गोदामपट्टी में ज्यादातर चमारों की आबादी है। दमनकारी अतीत से जुड़ी स्मृतियों ने उनमें अपनी पहचान और अपनी जाति के गौरव को लेकर बहुत प्रबल भावना पैदा कर दी है। गर्व की यह भावना स्त्रियों में भी देखी जा सकती है, जैसा कि एक वृद्ध चमार स्त्री झुरिया की बातों से पता चलता है। उसने हमें बताया कि युवावस्था में वह राजा (स्थानीय जमींदार) के घर में काम किया करती थी। जब वह अन्य स्त्रियों के साथ वहाँ काम करने जाती थी तो उनसे बात करते समय रानी और घर के अन्य सदस्य उनकी तरफ नहीं देखते थे। चक्की में गेहूँ और मक्का पीसते समय उन्हें अपने पाँवों पर कपड़ा बाँधने के लिए कहा जाता था, ताकि उनका पसीना फर्श पर न गिरे। उन्हें पाँवों में झाँझर बाँधने के लिए भी कहा जाता था, ताकि दूसरे लोगों को उनके आने-जाने का पता चल जाए। दिन भर की मेहनत-मजदूरी के बाद

उन्हें पाँच पाव (सवा किलो) सस्ता किस्म का अनाज जौ, मटर इत्यादि दिया जाता था। उन्हें पैसा या राजा के बागों या खेतों में पैदा हुई कोई भी चीज नहीं दी जाती थी। जब झुरिया से पूछा गया कि क्या यह सब उसके साथ हुआ था या उसने दूसरों से सुना था, तो उसने कहा कि यह सब उसके साथ भी हुआ था और उसने 'पढ़-लिख के' भी जाना था। वह खुद अनपढ़ थी, लेकिन उसका पति, बच्चे और गाँव के दूसरे लोग उसे और अन्य स्त्रियों को ये सब बातें बताते थे।[6] झुरिया के इस वर्णन से बिल्कुल साफ था कि मुद्रित रूप में जिस तरह का दलित वृत्तान्त तैयार किया जा रहा था, वह दलित नेताओं और कार्यकर्ताओं द्वारा मौखिक रूप से गाँव-गाँव और पुरुषों और स्त्रियों दोनों तक पहुँचाया जा रहा था।

गोदामपट्टी के ही चालीस वर्षीय और अर्द्धशिक्षित भुल्लर ने कहा कि पहले अगर चमार ज्ञान प्राप्त करने की कोशिश करते थे तो ऊँची जातियों के लोग उनकी जुबान काट लिया करते थे। उनका कहना था कि निचली जातियों का कार्य सिर्फ उनकी सेवा करना था। जब भुल्लर से पूछा गया कि उसे यह सब कैसे मालूम है तो उसने कहा कि उसने किसी किताब में पढ़ा था। उसने मुझे एक लोकप्रिय दलित पुस्तिका भी दिखाई जिसमें शम्बूक की कथा वर्णित की गई थी। शम्बूक 'रामायण' में वर्णित एक निचली जाति का पात्र है, जिसे वेद पढ़ने और उनका प्रचार करने के कारण भगवान् राम के हाथों मरना पड़ता है। भुल्लर ने यह भी कहा कि ज्ञान के दरवाजे बन्द होने के बावजूद चमारों ने अपने खुद के 'चमार वेद' विकसित किए थे। उनके अनुसार, सिर्फ ब्राह्मण और चमार ही ऐसी दो जातियाँ थीं—जिनके पास अपने खुद के वेद थे। एक दिलचस्प तथ्य यह है कि ऊँची जातियों में जब कोई बहुत ज्यादा बोलता है तो अकसर उसे अपमानित करने के लिए कहा जाता है, 'क्या चमारवेद बक रहे हो ?' ऐसा लगता है कि इस व्यंग्य-सूक्ति को चुनौती देने के लिए ही चमार ब्राह्मणों की तरह अपने खुद के वेद रचने का दावा करने लगे हैं। जब भुल्लर से पूछा गया कि वह 'चमारवेद' के बारे में कैसे जानता था, तो उसने कहा—

> हम सबने यह बात पढ़ी है। हम सबने किताबें पढ़ रखी हैं। हम साधुओं की संगत में रहते हैं। हम राजनीतिक रैलियों और समाज सभाओं में जाते हैं। हम वहाँ से ये किताबें खरीदते हैं। हम बहुत सारी किताबें पढ़ते रहते हैं। यह सब किताबों में लिखा हुआ है। बसपा के एक सदस्य लालजी प्रेमी भी अकसर हमारे गाँव में आकर किताबें और पैम्फलेट बाँटते रहते हैं।[7]

भुल्लर की इन बातों से यह बिल्कुल साफ हो जाता है कि ये जानकारियाँ किस तरह भुल्लर जैसे अर्द्धशिक्षित लोगों से झुरिया और प्यारेलाल जैसे अशिक्षित लोगों तक पहुँचती रहती हैं। 'पढ़-लिख के' से इन अशिक्षित लोगों का यही अर्थ और आशय है। अर्धशिक्षित व्यक्तियों को प्राप्त जानकारी मौखिक रूप से अशिक्षित

व्यक्तियों तक पहुँचती रहती है, और यह दूसरे दर्जे की जानकारी धीरे-धीरे उनकी अपनी प्रथम जानकारी बन जाती है। इसके बाद वे दावे के साथ कह सकते हैं कि उन्होंने अपने लोगों और जाति के इतिहास की जानकारी 'किताब' से या 'पढ़-लिख के' प्राप्त की है। भुल्लर के वृत्तान्त में एक खास तरह की सोच का नमूना दिखाई देता है। एक ऐसी सोच जो विचार और कल्पनाशीलता की स्वायत्तता को ध्वस्त करके दलित मानसिकता में समरसता का संचार करती है। इस तरह, यह विभिन्न दलित समुदायों में एकता और एकजुटता का आधार तैयार करती है।

मुद्रण माध्यम द्वारा विकसित नेटवर्क को समझना बहुत आसान है। यह समुदाय के सामूहिक अतीत से जुड़े व्यक्तिगत और सामूहिक अनुभवों की जानकारी का सरल और समरस वृत्तान्तों के माध्यम से दलित आबादी में संचार करता है। यहाँ 'पढ़-लिख के' का अर्थ उस जानकारी से भी है जो मौखिक संचार माध्यम से प्राप्त की जाती है। भुल्लर की बातों से भी पता चलता है कि यह जानकारी 'सभा समाज' (दलित राजनीतिक बैठकें), समुदाय के अधिक शिक्षित नेताओं के साथ सम्पर्क, और साधुओं या ज्ञानी पुरुषों की संगत से भी प्राप्त की जाती है। इस तरह यह आधुनिक मुद्रित जानकारी समुदाय की परम्परागत मौखिक जानकारी के साथ-साथ अस्तित्व में रहती है। भुल्लर का कहना था कि दलितों में पैदा हुई चेतना कबीर, रविदास और अम्बेडकर जैसे महापुरुषों के योगदान का परिणाम थी। अपने-आपको कबीर और रविदास के साथ जोड़कर समुदाय के सदस्य गर्व महसूस करते थे। उनके मन में अपने समुदाय की ऐसी छवि निर्मित होती थी, जिसके अपने खुद के मूल्य, संहिताएँ, परम्पराएँ और संस्कृति थी। इससे समाज में उनका मान बढ़ा था और वे एक अस्वच्छ जाति के कलंक से मुक्त होने में सफल रहे थे। अम्बेडकर ने उन्हें शिक्षा का मंत्र दिया था, जिससे उन्हें सामाजिक प्रतिष्ठा प्राप्त करने और अस्पृश्यता से मुक्त होने में मदद मिली थी। भुल्लर के अनुसार, आजकल ऊँची जातियों के लोग दलितों के साथ बैठने या उनके साथ चाय पीने में हिचकिचाते नहीं थे, क्योंकि दलित सामाजिक कलंक से मुक्त होने में काफी हद तक सफल रहे थे। कबीर, रविदास और अम्बेडकर के बारे में बात करते हुए भुल्लर अचानक भावुक हो उठा। उसने कहा कि उसकी जिन्दगी का एक ही सपना था कि इन तीनों महापुरुषों की मूर्तियाँ उसके गाँव में स्थापित हों।[8]

मिथकों की पुनर्संरचना

जब किसी मिथक, किंवदंति या वृत्तान्त को मुद्रित रूप दिया जाता है तो इसकी विद्रोही प्रकृति और तीखी हो जाती है। इसका कारण यह है कि इन्हें लिखित रूप देने वाले लेखकों को इस बात का खयाल रहता है कि पाठकों को किस तरह की

समस्याएँ झेलनी पड़ रही हैं, इसलिए वे लिखते समय इन मुद्दों पर अधिक जोर देने की कोशिश करते हैं। लेखन की एक शैली यह है कि समाज के वर्चस्वशाली वर्ग के दबदबे के खिलाफ विद्रोह की भावना को पूरे जोर-शोर से उभारा जाए। दूसरी शैली मिथकों के वर्तमान अर्थों को ध्वस्त करके इनकी नए सिरे से व्याख्या करना है, जो ब्राह्मणवादी संहिताओं के खिलाफ एक प्रतिक्रियात्मक कार्रवाई है। इसके बाद ये मिथक ग्रास-रूट स्तर पर दलितों में राजनीतिक जागरूकता लाने का एक सशक्त माध्यम बन जाते हैं।

एक पौराणिक मिथक की दलित वृत्तान्त में पुनर्व्याख्या का एक उदाहरण भंगियों के मामले में देखा जा सकता है। शिक्षित भंगी अपने-आपको ब्राह्मण विचारधारा से जोड़कर देखते हैं, क्योंकि वे अपने-आपको 'रामायण' के रचयिता बाल्मीकि के वंशज मानते हैं। चूँकि वे एक ब्राह्मण थे, इसलिए वे सब भी ब्राह्मण हैं। भंगियों ने अपने समुदाय को अपने इतिहास और जाति-नायकों से परिचित करवाने के लिए 'मैं भंगी हूँ'[9] और 'बाल्मीकि बाल्मीकि' (बाल्मिकानंद : 1974) जैसी पुस्तकें लिखीं। इन पुस्तकों में दावा किया गया है कि मुगल भंगियों को मुसलमान बनाना चाहते थे। लेकिन भंगियों ने इसका विरोध किया, इसलिए उन्हें दंड स्वरूप अछूत घोषित कर दिया गया और साफ-सफाई और कूड़ा-कचरा उठाने जैसे गन्दगी से जुड़े काम करने के लिए बाध्य किया गया, जो आज भी उनका जातिगत पेशा बना हुआ है। उत्तर प्रदेश में दलित आन्दोलन के जोर पकड़ने के बाद दलित बुद्धिजीवियों ने बाल्मीकि को शूद्र ठहराते हुए सभी भंगियों को भी शूद्र ठहराने की कोशिश की। लेकिन अम्बेडकर से प्रमाणित एक वर्ग ने बाल्मीकि के मिथक को चुनौती देते हुए कहा कि भंगियों का गुरु अन्य शूद्रों की हत्या कैसे कर सकता था। (बाल्मीकि ऋषि बनने से पहले एक डाकू थे और उन्हें रत्नाकर के नाम से जाना जाता था।) इन लोगों का यह भी कहना था कि जो व्यक्ति किसी पक्षी को भी मरते न देख सके ('रामायण' में वर्णित एक प्रसंग), वह दूसरों की हत्या कैसे कर सकता था। लेकिन इन तर्कों के बावजूद अधिकांश भंगी बाल्मीकि को अपना जाति-गुरु मानते हैं। वे कहते हैं कि तुलसीदास द्वारा रचित 'रामचरितमानस'—जो ऊँची जातियों में अधिक लोकप्रिय है—में जानबूझकर भगवान् राम द्वारा निम्न जाति के शम्बूक की हत्या का वर्णन नहीं किया गया है, जबकि बाल्मीकि की 'रामायण' में इसका उल्लेख है, क्योंकि वे स्वयं भी निचली जाति के थे।[10]

बाल्मीकि की 'रामायण' में शम्बूक को एक महान् तपस्वी दिखाया गया है, जो निचली जाति में पैदा हुए थे। वे दण्डकारण्य में गोदावरी नदी के तट पर तपस्या किया करते थे और निचली जातियों के लोगों को दीक्षा देते थे। एक बार भगवान् राम के राज्य में अकाल पड़ गया। गुरु वशिष्ठ ने राम से कहा कि यह अकाल शम्बूक के

कारण पड़ा था, जो निचली जाति में पैदा होने के बावजूद वेदों का पाठ करता रहा था और इनका ज्ञान निचली जातियों तक पहुँचाता रहा था। इसलिए प्रजा को अकाल से बचाने के लिए उसका वध करना जरूरी था। भगवान् राम इस तरह का घृणित काम नहीं करना चाहते थे, लेकिन वशिष्ठ और अन्य गुरुओं के जोर देने पर वे आखिरकार मान गए और लक्ष्मण के साथ शम्बूक के आश्रम में जा पहुँचे। राम और लक्ष्मण को देखकर शम्बूक बहुत प्रसन्न हुए और उन्होंने उनका स्वागत किया। राम ने कहा कि शम्बूक ने ब्राह्मण संहिता का उल्लंघन किया था, इसलिए उन्हें अपने प्राणों से हाथ धोना पड़ेगा। शम्बूक ने कहा कि उन्होंने लोगों को ईश्वर-भक्ति की शिक्षा देकर कोई अपराध नहीं किया था। राम ने कहा कि उन्होंने घोर अपराध किया था, क्योंकि निचली जाति के लोगों का काम वेदों का ज्ञान प्राप्त करना नहीं बल्कि ऊँची जातियों की सेवा करना था। यह कहते हुए भगवान् राम ने महान् ऋषि का वध कर दिया।

एक वृद्ध चमार ने यह कथा सुनाते हुए शम्बूक को अपनी जाति का बताया। उसने जाति की उत्पत्ति का सम्बन्ध गुणिशैव से जोड़ा, जो शम्बूक के पिता थे और इसी जाति के थे।[11] दलितों की लिखित परम्परा में शम्बूक-कथा का सबसे पहला उल्लेख 1946 में स्वामी अछूतानन्द द्वारा लिखी गई पुस्तक 'राम राज्य न्याय (नाटक) : शम्बूक मुनि बलिदान' में मिलता है, जो 1950 में प्रकाशित हुई थी। लेकिन उससे पहले यह कथा बिहार के शाहबाद जिला क्षेत्र की मौखिक परम्परा में प्रचलित थी, जैसा कि 'निर्धिन राम का रामायण' नामक एक अप्रकाशित पांडुलिपि से पता चलता है।[12] कुछ अन्य लोकप्रिय पुस्तिकाओं में भी इस कथा का वर्णन मिलता है, जैसे कि अनन्तराम अकेला की 'शम्बूक ऋषि की बारहमासी', जो एक लम्बी काव्य-गाथा है।[13] ब्राह्मणवादी संहिताओं के प्रभाववश यह कथा इस तरह से सुनाई जाती थी कि शम्बूक को यह श्राप मिला हुआ था कि भगवान् राम के हाथों मरने पर ही उन्हें स्वर्ग-लोक की प्राप्ति होगी। यही कारण है कि 'रामायण' में वर्णित घटनाएँ इस तरह से घटती हैं कि भगवान् राम शम्बूक का वध करके उनकी मोक्ष-प्राप्ति का रास्ता खोल देते हैं।[14] लेकिन दलित पुस्तिकाओं की बढ़ती लोकप्रियता और दलित समुदायों में दिखाई दे रही चेतना की एक नई लहर के कारण और साथ ही उत्तर प्रदेश में बसपा की राजनीति के बढ़ते प्रसार के कारण भी—इस कथा के वृत्तान्त ने एक नया रूप ले लिया है। अब दलित समुदायों ने शम्बूक को एक शहीद के स्तर पर उठा दिया है। यह सब उन्हीं क्षेत्रों में हो रहा है जहाँ पहले इस कथा का दूसरा रूप प्रचलित था।[15] जहाँ बाल्मीकि की 'रामायण' के शम्बूक स्वर्ग-प्राप्ति के लिए उत्सुक थे, वहीं राजनीतिक दृष्टि से सचेत लेखकों और कार्यकर्ताओं द्वारा रचे जा रहे दलित वृत्तान्तों में इस कथा को समसामयिक सामाजिक-राजनीतिक जरूरतों के अनुरूप ढाला जा

रहा है। उनके वृत्तान्त ब्राह्मणवादी धर्म की दमनकारी प्रवृत्तियों पर जोर देते हैं, जिनके अन्तर्गत निचली जातियों को शिक्षा और ज्ञान से वंचित रखकर समाज के हाशियों में धकेल दिया गया। ऊँची जातियाँ बहुत अच्छी तरह से जानती थीं कि विकास और तरक्की में शिक्षा की कितनी महत्त्वपूर्ण भूमिका थी। शम्बूक की कथा एक ऐसा उदाहरण है जिससे पता चलता है कि ब्राह्मणवादी मूल्यों से ओत-प्रोत धार्मिक और सांस्कृतिक ग्रन्थ एक पौराणिक मिथक को किस तरह समसामयिक दलित राजनीति के सन्दर्भ में पुनर्व्याख्यायित किया जा सकता है—ताकि ऊँची जातियों के अतीत के अन्यायों के खिलाफ एक साझे मेटा-नैरेटिव का सृजन करके सभी निचली जातियों में समरसता, एकता और एकजुटता की भावना पैदा की जा सके।

एकलव्य की कथा ऐसा ही एक अन्य उदाहरण है। इस पौराणिक मिथक की भी दलितों ने अपने प्रकाशनों में पुनर्व्याख्या की है। एकलव्य का प्रसंग उच्चवर्ण हिन्दुओं के दूसरे सबसे लोकप्रिय धर्मग्रन्थ 'महाभारत' की कथा का हिस्सा है। मूल कथा में एकलव्य एक उच्च कोटि के धनुर्धर दिखाए गए हैं, जिन्हें कौरव और पांडव राजकुमारों के गुरु द्रोणाचार्य ने उनकी निचली जाति के कारण अपना शिष्य बनाने से इनकार कर दिया था। इसके बाद एकलव्य ने जंगल में द्रोणाचार्य की मिट्टी की एक मूर्ति बनाकर उसी के सामने धनुष-विद्या का अभ्यास करना शुरू कर दिया। इस तरह अभ्यास करते-करते वे इतने निपुण हो गए कि एक दिन जब द्रोणाचार्य अपने शिष्यों के साथ जंगल में आए तो धनुष-विद्या के मुकाबलों में एकलव्य ने द्रोणाचार्य के सबसे प्रिय और योग्य शिष्य अर्जुन को हरा दिया। यह देखकर द्रोणाचार्य दंग रह गए। उन्होंने एकलव्य से उनके गुरु का नाम जानना चाहा तो एकलव्य ने कहा कि उनके गुरु का नाम द्रोणाचार्य था। द्रोणाचार्य मन-ही-मन यह सोचकर आशंकित हो उठे कि कहीं यह निचली जाति का युवक उनके प्रिय शिष्य अर्जुन की प्रतिष्ठा को चुनौती न दे बैठे। इसलिए उन्होंने गुरुदक्षिणा के रूप में एकलव्य को अपना अँगूठा काटकर देने के लिए कहा। एकलव्य ने उनकी आज्ञा का पालन करते हुए उन्हें झट-से अपना अँगूठा काटकर दे दिया, और इस तरह अर्जुन को धनुष-विद्या में चुनौती देने की उनकी क्षमता ही खत्म हो गई।

ऊँची जातियों में लोकप्रिय 'महाभारत' के संस्करण में यही कथा वर्णित है। ब्राह्मणवादी विचारधारा के प्रभाववश इस कथा में गुरु के लिए शिष्य (एकलव्य) के त्याग पर जोर दिया गया है, और पहले निचली जातियों में भी इस कथन का यही रूप प्रचलित था। अपने गुरु की अन्यायपूर्ण माँग के बावजूद एकलव्य झट से उन्हें अपना अँगूठा काटकर दे देते हैं। ब्राह्मणवादी संस्करण में मिट्टी की मूर्ति के सामने एकलव्य के धनुष-विद्या के अभ्यास को भी गौरवमंडित किया गया है।[16] लेकिन अब बसपा की विचारधारा के प्रभाव के कारण दलित इस बात पर जोर देने

लगे हैं कि एकलव्य का अँगूठा काटना ऊँची जातियों का षड्यंत्र था, क्योंकि वे नहीं चाहती थीं कि निचली जाति का कोई व्यक्ति उनकी श्रेष्ठता को चुनौती दे।[17] दलित अब इस कथा को दलितों को शिक्षा से वंचित रखे जाने से भी जोड़कर देखते हैं, क्योंकि ऊँची जातियाँ नहीं चाहती थीं कि वे शिक्षा प्राप्त करके विकास और तरक्की के मार्ग पर आगे बढ़ सकें। इस तरह, शम्बूक की कथा की तरह एकलव्य के मिथक को भी दलितों की वर्तमान सामाजिक-राजनीतिक जरूरतों के अनुरूप पुनर्व्याख्यित और पुनर्वर्णित किया जा रहा है, जिसमें मुद्रण माध्यम बहुत महत्त्वपूर्ण भूमिका निभा रहा है।

इन मिथकों की पुनर्संरचना से पता चलता है कि दलित अपने मिथकों को ब्राह्मणवादी मिथकों से जोड़कर देखते हैं, लेकिन इस तरह से कि उनका एक वैकल्पिक रूप प्रस्तुत किया जा सके, और इस प्रयास को संस्कृतिकरण की प्रक्रिया की बजाय विरोध की अभिव्यक्ति का रूप दिया जा सके।[18] इस प्रक्रिया में कुछ विरोधाभास भी हैं, जैसा कि भंगियों के मामले में देखा जा सकता है। एक तरफ वे बाल्मीकि को ब्राह्मण ठहराते हुए अपने-आपको उनके वंशज मानते हैं, तो दूसरी तरफ अम्बेडकरवादी विचारधारा के प्रभाववश उन्हें शूद्र ठहराते हुए अपने समुदाय में भी ज्ञानी और विद्वान् पुरुष पैदा होने का दावा करते हैं। बाल्मीकि की कथा के पुनर्मूल्यांकन में दिखाई देने वाला यह अम्बेडकरवादी प्रभाव कुछ अन्य ब्राह्मणवादी पौराणिक वृत्तान्तों के मामले में भी देखा जा सकता है। शम्बूक और एकलव्य की कथाएँ ऐसे ही उदाहरण हैं। दलित चेतना के उभार के बाद इन दोनों कथाओं का नई दलित राजनीति के अनुरूप पुनर्सृजन और पुनर्वर्णन किया जाने लगा और लोकप्रिय पुस्तिकाओं के माध्यम से इन्हें दलित आबादी में प्रसारित किया जाने लगा। ये कथाएँ ग्रास-रूट स्तर पर भुल्लर और झुरिया जैसे अनपढ़ लोगों तक पहुँचीं। इससे एक ऐसी नई मुखकही या मौखिकी विकसित हुई जो बहुजन समाज पार्टी के राजनीतिक तर्कों से पूरी तरह मेल खाती थी।

लोकप्रिय पुस्तिकाओं के रूप में प्रकाशित ये पुनर्वर्णित मिथक एक नई राजनीतिक मौखिकी गढ़ने में भी मदद करते हैं और इस तरह राजनीतिक नेताओं के व्याख्यान की भाषा तैयार करते हैं। कांशीराम और मायावती जैसे नेता अपने भाषणों और चर्चाओं में इन कथाओं का उपयोग करते हैं और जनता और दलित आन्दोलन के कार्यकर्ताओं की बातचीत की भाषा और दिशा तैयार करते हैं। इन पुस्तिकाओं ने मायावती के बौद्धिक विकास में भी महत्त्वपूर्ण भूमिका निभाई है। उन्हें दलितों के इतिहास की अन्दरूनी जानकारी प्राप्त करने, निर्धन और उपेक्षित वर्गों की वर्तमान समस्याओं को समझने, विभिन्न दलित नेताओं के जीवन की झाँकियों से गुजरने, और लोगों की समस्याओं और उनके समाधानों से जुड़े उनके विचारों को जानने का

अवसर मिला है। उनके भाषणों और चर्चाओं में दिखाई देने वाली प्रखर बौद्धिक क्षमता का प्रेरणा-स्रोत यही दलित-साहित्य है। समय आने पर वे अपने चुनावी भाषणों में भी अपनी इस क्षमता का प्रयोग करती हैं। (याद 2005b : 4)

जब 1970 के दशक में कांशीराम ने पुणे में अपना राजनीतिक करियर शुरू किया था और वे उस क्षेत्र के दलितों को संगठित करने में जुटे हुए थे, तो उनके एक सहयोगी डी.के. खापरडे ने दलितों की असली समस्याओं को समझने के लिए उन्हें बहुत-सी पुस्तिकाएँ दी थीं। खासकर सस्ती पुस्तिका के रूप में आम लोगों में बाँटी गई अम्बेडकर की 'एनिहेलेशन ऑफ कास्ट' ने उन्हें बहुत ज्यादा प्रभावित किया था। इस पुस्तिका से उन्हें तर्क और मुद्दों की अपनी भाषा को माँजने और सेमिनारों और चर्चाओं में अपने विचारों को प्रस्तुत करने में बहुत मदद मिली थी। इसके बाद उन्होंने खुद भी बहुत सारी पुस्तिकाएँ खरीदीं और दलितों के मनोविज्ञान को समझने की कोशिश की। इससे उन्हें ग्रास-रूट स्तर पर दलितों के मॉबिलाइजेशन की भाषा तैयार करने और अपने भविष्य के काम की रूपरेखा गढ़ने में भी मदद मिली। (वही : 11) कार्यकर्ता और स्थानीय राजनीतिज्ञ भी अपनी राजनीतिक भाषा गढ़ने के लिए इन पुस्तिकाओं की मदद लेते हैं। इससे ग्रामीण स्तर पर दलितों को मॉबिलाइज करने और उन्हें बसपा के प्रभाव में लाने में काफी मदद मिलती है।

अगले अध्याय में हम देखेंगे कि किस तरह लोकप्रिय साहित्य के माध्यम से दलित नायकों को चित्रों और मूर्तियों के रूप में एक दृश्य छवि दी जा रही है, ताकि अशिक्षित दलित आबादी को अधिक गहराई से प्रभावित किया जा सके। हम यह भी देखेंगे कि समसामयिक दलित राजनीति में ये नायक किसी तरह दृश्य स्रोतों का रूप ले रहे हैं।

टिप्पणियाँ

1. 'इमेजिनिंग आइडेंटिटीज़ : ए कैटलॉग ऑफ दलित हीरोज़', इलाहाबाद, दलित संसाधन केन्द्र, 13
2. रामबरन, शिवपुरी गाँव, 7 अगस्त, 2001 को रिकॉर्डबद्ध
3. 'दलित संसाधन केन्द्र' द्वारा संग्रहीत पुस्तिकाओं का विश्लेषण
4. देखें प्रोजेक्ट रिपोर्ट, 'इमेजिनिंग पास्ट : मैमरी, हिस्ट्री एंड डेवलपमेंट', जी.बी. पन्त सामाजिक विज्ञान संस्थान, इलाहाबाद, 2003
5. प्यारेलाल, गोदामपट्टी, शहाबपुर, 8 फरवरी, 2003 को रिकॉर्डबद्ध
6. फील्ड डायरी, 'विमेन ऑफ शहाबपुर', 'इमेजिनिंग पास्ट : मैमरी, हिस्ट्री एंड डेवलपमेंट' प्रोजेक्ट के अन्तर्गत, जी.बी. पन्त सामाजिक विज्ञान संस्थान, इलाहाबाद, 2003
7. भुल्लर, गोदामपट्टी, शहाबपुर, 8 फरवरी, 2003 को रिकॉर्डबद्ध
8. वही (टिप्पणी 7)
9. बी. दास, 'मैं भंगी हूँ', के. नाथ, 2000 में उद्धृत

10. दलित लेखक बौद्धाचार्य एस. राव सजीवननाथ के साथ भेंटवार्त्ता, 21 मार्च, 2005
11. चमार जाति के सियादीन के साथ भेंटवार्ता, गाजीपुर, उत्तर प्रदेश, 1 मार्च, 1995
12. 'निर्धिन राम की रामायण' 1920 में बिहार के आरा जिले में स्थित जनैदी नामक गाँव के एक दलित द्वारा रचित एक अप्रकाशित पांडुलिपि है। मुझे यह पांडुलिपि इस गाँव के सीताराम पुस्तकालय से प्राप्त हुई।
13. अनन्तराम अकेला, 'शम्बूक ऋषि की बारहामासी' (काव्य), कौड़ियागंज से प्रकाशित, और दलित लेखकों द्वारा रचित इसी तरह के अन्य प्रकाशन
14. चमार जाति के सियादीन के साथ भेंटवार्ता, गाजीपुर, उत्तर प्रदेश, 1 मार्च, 1995
15. रामपाल के साथ भेंटवार्त्ता, गाजीपुर, उत्तर प्रदेश, 4 मार्च, 2004
16. रामनाथ के साथ भेंटवार्ता, शृंग्वेरपुर, इलाहाबाद, 6 मार्च, 2002
17. 'वीर एकलव्य प्रतिभा अनावरण समारोह' के अवसर पर प्रकाशित 'जय-जय भीम महान्' और अन्य पैम्फलेट; इलाहाबाद, 20 अप्रैल, 1997
18. इस विरोध-रूपी पुनरावृत्ति के बारे में विस्तार से जानने के लिए देखें कारंथ, 2004

3

दृश्य छवियाँ, सांस्कृतिक प्रस्तुतियाँ और मिथक

अब हमारा संगीत सिर्फ मनोरंजन न होकर हमारे मुक्ति-संघर्ष का माध्यम है। हम अपने खुद के वृत्तान्त गढ़ रहे हैं, और अपने खुद के नायकों की स्थापना कर रहे हैं।

—सुमन कुमार

एक दलित लोक अभिनेता, बनारस, 20 अक्तूबर, 2005

लोक-कलाकृतियाँ, दीवारों पर टाँगे जाने वाले कला चित्र, टेराकोटा और मिट्टी से बनी मूर्तियाँ और विशिष्ट दलित जातियों से जुड़े सांस्कृतिक कार्यक्रम—चमारों का चमरौंधा, पासियों का पसिऔवा, धोबियों का धोबिऔवा इत्यादि—हमेशा से ही दलितों के सांस्कृतिक स्रोतों का अंग रहे हैं। ये सांस्कृतिक कार्यक्रम उनके सामाजिक-आर्थिक परिवेश की झलक देते हैं। लेकिन दलित चेतना के उदय से पहले इनमें से किसी भी निचली जाति में उनके अपने देवताओं का कोई दृश्य या मूर्त रूप मौजूद नहीं था। किसी तरह से संगठित धर्म की अनुपस्थिति के कारण किसी खास जगह या किसी खास रूप में किसी मन्दिर की उपस्थिति की धारणा भी नहीं थी। (इलाया 1996 : 187) प्रकृति के साथ अपने रोजमर्रा के सम्पर्क के दौरान वे अपने देवी-देवताओं के किसी भी जगह और किसी भी रूप और आकार में दर्शन कर सकते थे। उनके भगवान् ऊँची जातियों के भगवानों की तरह सिर्फ मन्दिरों में और आम जिन्दगी से कटे-कटे नहीं रहते थे। (वही : 180) इसके अलावा, उनके पास अपने नायकों की दृश्यमूर्त छवियाँ भी नहीं होती थीं, क्योंकि उनके नायक असली जिन्दगी की स्थितियों से जुड़े होते थे। (वही : 179) हर निचली जाति का अपना कोई-न-कोई जाति-नायक था, जो जाति की मौखिक परम्पराओं का हिस्सा था। गीतों, विरहाओं और कथाओं के माध्यम से उसका गुणगान किया जाता था। लेकिन इन नायकों की कोई दृश्य छवि मौजूद नहीं होती थी। इस तरह जाति-नायक, देवी-देवता और जाति के अपने विशिष्ट सांस्कृतिक कार्यक्रम सिर्फ सांस्कृतिक दायरे तक

सीमित थे। वे जाति के सांस्कृतिक स्रोत थे ओर राजनीतिक स्रोतों का रूप नहीं ले पाए थे। लेकिन उत्तर प्रदेश में दलित राजनीतिक चेतना के उदय के बाद, खासकर बहुजन समाज पार्टी के उदय के बाद, जो इन सांस्कृतिक स्रोतों को दलितों के मॉबिलाइजेशन के लिए इस्तेमाल करती रही है, हर जाति के नायकों को राजनीतिक स्रोतों में बदला जाने लगा है। इन्हें दृश्य छवियों का रूप देकर गाँव-गाँव और जन-जन तक पहुँचाया जा रहा है। दलितों की अशिक्षित या अर्द्धशिक्षित आबादी इन दृश्य छवियों के साथ कहीं ज्यादा आसानी से जुड़ सकती है और इन्हें अपनी पहचान के प्रतीक-चिह्नों के रूप में देख सकती है। ये दृश्य छवियाँ कैलेंडरों, पोस्टरों, पुस्तिकाओं और पैम्फलेटों पर छपे चित्रों और जगह-जगह स्थापित प्रतिमाओं और स्मारकों के रूप में न सिर्फ घर-घर और गली-गली पहुँच रही हैं, बल्कि इन मिथकों और इनसे जुड़ी स्मृतियों को जीवित रखने में भी महत्त्वपूर्ण भूमिका निभा रही हैं। दृश्य माध्यम की शक्ति और प्रभाव से सभी परिचित हैं। यह न सिर्फ प्रस्तुति का एक महान् और सशक्त साधन है, बल्कि इसमें जनमानस के स्मृति-पटल पर गहराई से अंकित हो जाने की भी क्षमता है। बसपा ने इस माध्यम का बहुत कुशलता से उपयोग किया है। अपनी राजनीतिक रणनीति के तहत इसने मिथकों, स्मृतियों और दृश्य संसाधनों के बीच एक ऐसा चक्रदार सम्बन्ध स्थापित कर दिया है, जिससे ये तीनों एक-दूसरे को पुष्ट करने का काम कर रहे हैं, साथ ही ये तीनों मिलकर दलितों में गर्व और गौरव की भावना पैदा करने का भी काम कर रहे हैं।

जाति-नायकों की खोज करते समय बसपा के बुद्धिजीवियों ने सबसे पहले यह ध्यान रखा कि उनके वृत्तान्त पार्टी के तर्कों से मेल खाते हों। इसके बाद इन नायकों को एक चेहरा देने की चुनौती थी। कभी-कभी नायक की कथा के वृत्तान्त में उसके चेहरे-मोहरे का भी वर्णन रहता था, और अकसर उन्हें इस वर्णन से मिलती-जुलती कोई छवि गढ़नी पड़ती थी। नायक का कोई चित्र या अन्य दृश्य छवि उपलब्ध न होने के कारण यह कोई आसान काम नहीं था। पिछले कुछ वर्षों में उत्तर प्रदेश की सड़कों के चौराहों पर ऊदा देवी, झलकारीबाई, सुहेलदेव और बिजली पासी की कई मूर्तियाँ स्थापित की गई हैं। कई दलितों के घरों में अम्बेडकर, कबीर, रविदास, झलकारीबाई, ऊदा देवी इत्यादि के चित्रों वाले पोस्टर या कैलेंडर भी देखे जा सकते हैं। कई हिन्दू दलित उच्चवर्ण हिन्दुओं की तरह अपने घरों में गणेश, हनुमान, दुर्गा इत्यादि के चित्र भी लगाते हैं। इसी तरह बौद्ध दलितों के घरों में बुद्ध के चित्र या मूर्तियाँ देखी जा सकती हैं। यह एक उल्लेखनीय तथ्य है कि दलित जाति-नायकों के चित्रों वाले कैलेंडर या पोस्टर आमतौर से शहरों या कस्बों में रहने वाले दलितों के घरों में दिखाई देते हैं।[1] गाँवों में राजनीतिक जनसभाओं के दौरान अकसर पर्चों, पैम्फलेटों, स्टिकरों इत्यादि के रूप में स्थानीय दलित नायकों के चित्र बाँटे जाते हैं।

इन्हें आमतौर से चुनाव में खड़े हो रहे राजनीतिज्ञों का समर्थन करने वाले स्थानीय दलित व्यवसायी मुद्रित करवाते हैं, जो चुनाव-प्रचार का ही हिस्सा होता है।[2]

छवियों का सृजन

आजकल उत्तर प्रदेश में जगह-जगह दिखाई देने वाली ऊदा देवी की छवि कोई बहुत ज्यादा पुरानी नहीं है। इसे 1953 में उस समय रचा गया था जब लखनऊ के नेशनल बोटेनिकल रिसर्च इंस्टीट्यूट (एनबीआरआई) ने शहर के इतिहास पर आधारित एक संग्रहालय की स्थापना की थी। ऊदा देवी की छवि की रचना के लिए एक चित्रकार को आमंत्रित किया गया। उन्हें बीरबल साहनी संस्थान से जुड़े एक वनस्पति शास्त्री के.एन. कौल द्वारा जुटाए गए वृत्तान्तों के आधार पर इस छवि की रचना करने के लिए कहा गया था। 1973 में 'स्वतंत्रता संग्राम समिति' नामक एक समिति गठित की गई, जिसने संग्रहालय में मौजूद छवि के आधार पर ऊदा देवी की एक सीमेंट की मूर्ति बनवाई। लेकिन यह मूर्ति ज्यादा अच्छी नहीं बन पाई और जल्दी ही इसका सीमेंट उखड़ने लगा। मूर्ति की मरम्मत के लिए अकुशल कारीगरों की मदद ली गई और इस प्रक्रिया में मूर्ति का रूप बिगड़ गया। बाद में जब बहुजन समाज पार्टी ने ऊदा देवी की मूर्तियाँ बनवाने और उनके चित्रों वाले पोस्टर और कैलेंडर छपवाने का फैसला किया तो इसी बिगड़ चुकी मूर्ति को आधार बनाया गया। यही कारण है कि एनबीआरआई के संग्रहालय में मौजूद मूर्ति सड़कों पर स्थापित मूर्तियों से काफी अलग दिखती है। (सरोज 1997 : 7)

मध्य उत्तर प्रदेश में पासियों के जाति-नायक सुहेलदेव बहुत लोकप्रिय हैं। उनकी पहली छवि 1950 में उत्तरी उत्तर प्रदेश में बहराइच के नजदीक जितौरा में कुछ स्थानीय कांग्रेसियों के प्रयासों से अस्तित्व में आई थी। कांग्रेस ने जितौरा में सुहेलदेव की स्मृति में एक स्मारक के उद्घाटन-समारोह का आयोजन किया था। दो स्थानीय चित्रकारों ललित नाग और राजकुमार नाग को अपनी कल्पना से सुहेलदेव का सबसे पहला चित्र बनाने का काम सौंपा गया था। बाद में गोंडा के समायदीन ने नाग-बन्धुओं के चित्र के आधार पर सुहेलदेव की एक मूर्ति बनाई। इसमें उन्हें एक योद्धा की तरह घोड़े पर बैठे दिखाया गया था। मिट्टी से बनाई गई इस मूर्ति को बाद में सीमेंट की मूर्ति में बदल दिया गया।[3] प्रयागपुर के स्थानीय राजा ने सुहेलदेव स्मारक स्मृति को 500 बीघा जमीन और जित्तौरा मील दान कर दी। पहले यह मूर्ति उद्यान में एक स्मारक के रूप में मौजूद थी। लेकिन आज इस जगह ने एक मंदिर का रूप ले लिया है और मूर्ति ने किसी नेता की मूर्ति का। लोग दूर-दूर से इस मन्दिर के दर्शन करने आते हैं। पूजा-पाठ के लिए एक पुजारी भी नियुक्त कर दिया गया है। यहाँ पूजा-अर्चना करने के साथ-साथ भक्तगण जितौरा झील में एक डुबकी भी लगाते

हैं। इस झील को रोगों को दूर करने वाली चमत्कारी झील माना जाता है, खासकर कुष्ठरोग जैसे असाध्य रोगों को। ऐसा कहा जाता है कि महाराजा सुहेलदेव के वरदान से इस झील के पानी में चमत्कारी शक्तियाँ आ गई हैं। दलितों और खासकर पासियों से भी बढ़कर ऊँची जातियों के लोग इस मन्दिर के दर्शन करने आते हैं।[4] इस तरह, सुहेलदेव को अब एक देवता का रूप दे दिया गया है। भारतीय जनता पार्टी और राष्ट्रीय स्वयंसेवक संघ ऊँची जाति के हिन्दुओं को मुसलमानों के खिलाफ एकजुट करने के लिए इस मिथक का भरपूर उपयोग कर रहे हैं, बहुजन समाज पार्टी दलितों के मॉबिलाइजेशन के लिए इस मिथक का कम ही प्रयोग कर रही है। हालाँकि पासियों को एकजुट करने के लिए वह कभी-कभी सुहेलदेव के नाम का जिक्र जरूर करती रहती है। आरएसएस ने लखनऊ में सुहेलदेव की एक मूर्ति की स्थापना की है, जो नाग-बन्धुओं के चित्र पर आधारित जित्तौरा की मूर्ति से काफी अलग दिखती है। लखनऊ की मूर्ति में सुहेलदेव को महाराणा प्रताप की शैली में एक पराक्रमी योद्धा के रूप में दिखाया गया है। उन्होंने लौह-कवच, लौह-मुकुट, युद्ध-अस्त्र इत्यादि पहन रखे हैं, और एक हाथ में ढाल के साथ कमर में तलवार ठूँस रखी है। दूसरी तरफ बहराइच की मूर्ति में सुहेलदेव को एक मध्ययुगीन लोक-नायक के रूप में दिखाया गया है, जिसमें उन्होंने मुकुट पहन रखा है और धनुष और बाण पकड़ रखा है।[5] महाराण प्रताप ऊँची जाति के ऐतिहासिक पात्र हैं, जिनके मिथक का आरएसएस भरपूर इस्तेमाल करती रही है। सुहेलदेव को महाराणा प्रताप की छवि देने के पीछे पराक्रमी हिन्दू नायकों को एक समरस और साझी छवि देने की आकांक्षा प्रतीत होती है। लेकिन बहराइच के निवासियों का मानना है कि उन्हीं की मूर्ति सुहेलदेव की असली मूर्ति है।[6]

महाराजा बिजली पासी पासियों के राजा थे। ऐसा माना जाता है कि मध्य युग में उन्होंने उत्तर प्रदेश के कुछ क्षेत्रों पर राज किया था। पासी इतिहास में उन्हें बहुत महत्त्वपूर्ण स्थान प्राप्त है। वे दलितों के जातीय गौरव के प्रतीक हैं और इस बात का प्रमाण भी कि दलितों में भी कुछ राजा हुए थे। लखनऊ में उनके किले के अवशेष अब भी मौजूद हैं, जिन्हें बहुजन समाज पार्टी ने एक स्मारक में बदल दिया है। हर वर्ष बड़ी धूमधाम से उनका एक विजय-उत्सव भी मनाया जाता है। इस अवसर पर एक जनसभा आयोजित की जाती है जिसमें सभी दलित समुदायों के लोग भाग लेते हैं। सुहेलदेव के मिथक से जुड़े कई सांस्कृतिक कार्यक्रम भी मंचित किए जाते हैं, जो अकसर राजनीतिक रंग लिये रहते हैं। वहाँ बिजली पासी की एक प्रतिमा स्थापित कर दी गई है, जिसमें उन्हें एक मध्ययुगीन शूरवीर योद्धा की तरह हाथ में धनुष-बाण पकड़े दिखाया गया है। बिजली पासी की इस छवि के पीछे एक दिलचस्प किस्सा सुनने में आता है। यह किस्सा मायावती सरकार के एक भूतपूर्व मंत्री और कांशीराम

के निकट सहयोगी नसीमुद्दीन सिद्दीकी ने सुनाया था। उनका कहना था कि जब कांशीराम ने इस मूर्ति की स्थापना का फैसला किया तो उन्होंने मूर्तिकारों से कहा कि वे बिजली पासी की मूर्ति में सिखों के पाँच प्रमुख गुरुओं गुरुनानक, गुरु अर्जुन देव, गुरु गोविन्द सिंह इत्यादि की श्रेष्ठतम विशिष्टताएँ जोड़ने की कोशिश करें। इस मूर्ति को ध्यान से देखा जाए तो इन विशिष्टताओं को आसानी से पहचाना जा सकता है।[7] सिखों के इन पाँच गुरुओं को दलित भी बहुत मानते हैं। महाराजा बिजली पासी की इस छवि को कैलेंडरों और पोस्टरों पर भी छापा गया है, जिसमें उन्हें अपने किले के भव्य अवशेषों के बीच खड़े दिखाया गया है। बहुत से दलितों, खासकर पासियों के घरों में ये कैलेंडर और पोस्टर देखे जा सकते हैं। बसपा के नेतृत्व वाली सरकार में मंत्री रह चुके और अब समाजवादी पार्टी से जुड़े आर.के. चौधरी बिजली पासी का चित्र छापने वाले सबसे पहले व्यक्ति थे।

उत्तर प्रदेश के विभिन्न क्षेत्रों में डॉ. बी.के. अम्बेडकर की प्रतिमा की स्थापना दलित आन्दोलन की एक बड़ी उपलब्धि थी। आजमगढ़ क्षेत्र के सर्वेक्षण से पता चलता है कि इन प्रतिमाओं की स्थापना से स्थानीय दलित समुदायों में गर्व की भावना पैदा हुई है और उन्हें ऊँची पहचान की स्थापना में मदद मिली है।[8] इस क्षेत्र के एक दलित नौजवान का कहना है कि जब भी कहीं डॉ. बी.आर. अम्बेडकर की मूर्ति की स्थापना की जाती है या उनकी जन्मतिथि पर उसे पुष्पमालाएँ पहनाई जाती हैं तो उस क्षेत्र के दलितों का सीना गर्व से चौड़ा हो जाता है।[9] इलाहाबाद और आजमगढ़ में स्थापित अम्बेडकर की प्रतिमाओं के निरीक्षण से पता चलता है कि उनमें से अधिकांश भारत के संविधान में प्रकाशित उनके चित्र पर आधारित हैं, जिसे बाद में पाठ्य-पुस्तकों में और कैलेंडरों पर भी छापा जाने लगा। कोटवा, चौका खुर्द, बंकत बाजार और बेलिसा जैसे गाँवों के सर्वेक्षण से पता चलता है कि अधिकांश प्रतिमाएँ स्थानीय शिल्पकारों द्वारा बनाई गई थीं और कारीगरी का अच्छा नमूना नहीं थीं। लेकिन इसके बावजूद इन सभी प्रतिमाओं में समानता दिखाई देती थी। रंग भी लगभग एक जैसे थे, कोट नेवी ब्लू रंग का और पतलून सफेद रंग की। ये प्रतिमाएँ खुद गाँव वालों द्वारा, जिनमें अधिकांशतः दलित थे, स्थानीय बसपा विधायकों या सांसदों की आर्थिक और राजनीतिक मदद से स्थापित की गई थीं। आजमगढ़ के जिस चौराहे पर स्थानीय बसपा विधायक बरखुराम बर्मा की वित्तीय मदद से अम्बेडकर की प्रतिमा स्थापित की गई है, उसे अम्बेडकर चौराहा के नाम से जाना जाने लगा है। आजमगढ़ में ही जंगोपुर नामक गाँव में भी स्थानीय बसपा विधायक मलिक मसूद की आर्थिक मदद से अम्बेडकर की प्रतिमा स्थापित की गई है। इसी तरह जौनपुर जिले के पास कजरा मोड़ नामक स्थान पर भी बसपा से जुड़े ग्राम प्रधान की मदद से अम्बेडकर की प्रतिमा स्थापित की गई है।[10]

इन मूर्तियों का दलित समुदायों और उनका राजनीतिक मॉबिलाइजेशन करने वालों के लिए क्या अर्थ है? सबसे पहले तो ये मूर्तियाँ स्मृतियों का सृजन करने के लिए बहुत महत्त्वपूर्ण हैं, क्योंकि दृश्य माध्यम का तुरन्त प्रभाव पड़ता है। साथ ही, इन मूर्तियों से जुड़े वृत्तान्त दलित समुदायों में, दलित राजनीति के महान् प्रतीकों की स्मृतियों का भी संचार करते हैं। दूसरे, इनसे इन समुदायों में आत्मसम्मान की भावना पैदा करने में मदद मिलती है, क्योंकि ये मूर्तियाँ समाज द्वारा उनकी स्वीकृति की प्रतीक हैं। सार्वजनिक स्थलों पर इस तरह का सम्मान ऊँची जातियों द्वारा रोजमर्रा के उनके अपमान की पीड़ा को कम करता है। मायावती द्वारा स्थापित मूर्तियों का दलित समुदायों के लिए विशेष अर्थ है। वे जब अम्बेडकर उद्यान में प्रवेश करते हैं, जहाँ डॉ. अम्बेडकर की मूर्ति स्थापित की गई है, तो उन्हें ऐसा महसूस होता है कि इस उद्यान पर उनका अधिकार है। वे इसे अपने घर की तरह इस्तेमाल करते हैं, चाहे उन्हें बैठना हो, सोना हो या फिर टहलना हो। वे बड़े गर्व के साथ कहते हैं कि इसे "बहनजी बनवइले हैं"।[11]

बसपा-विरोधी शक्तियाँ अकसर यह आरोप लगाती हैं कि प्रतिमाओं के बहाने सरकारी जमीन पर कब्जा किया जा रहा है। इन आलोचकों में समाजवादी पार्टी सबसे आगे है। इसलिए दलित जब भी किसी प्रतिमा की स्थापना करते हैं तो अकसर टकराव और हिंसा की स्थिति पैदा हो जाती है। आजमगढ़ में कई जगह पुलिस को दलित नायकों की प्रतिमाओं की स्थापना पर अघोषित प्रतिबन्ध लगाना पड़ा है, खासकर अम्बेडकर की प्रतिमाओं की स्थापना पर। समाजवादी पार्टी से जुड़े स्थानीय ठाकुर या ऊँची जाति के जमींदार और मध्य जाति के यादव यह आरोप लगाते हैं कि चमारों और पासियों द्वारा अम्बेडकर की प्रतिमाओं की स्थापना सरकारी जमीन हड़पने का प्रयास है। आजमगढ़ जिले के मझौवा गाँव के 51 वर्षीय ओंकार सिंह, जो एक ठाकुर हैं और गाँव की अधिकांश जमीन उन्हीं के परिवार के पास है, भड़कते हुए कहते हैं कि ऊँची जातियों के लोग जब भी अम्बेडकर की प्रतिमाओं को देखते हैं तो क्रोध से सुलगने लगते हैं। उन्होंने जोर देते हुए कहा कि अगर उनके सब्र का बाँध टूट गया और कहीं खून-खराबा हो गया तो उन्हें दोष नहीं दिया जाना चाहिए।[12] गाँव के एक अन्य प्रभावशाली व्यक्ति रामनगीना यादव, जो स्थानीय प्राइमरी स्कूल में शिक्षक हैं, व्यंग्य से पूछते हैं कि जगह-जगह अम्बेडकर की मूर्तियाँ लगा देने से निचली जातियों के सामाजिक-आर्थिक विकास में भला क्या मदद मिलेगी। उनका कहना है कि इससे उलटे दूसरी जातियों को गुस्सा आता है और गाँव में तनाव और टकराव पैदा होता है।[13] 2004 में उत्तर प्रदेश के विधान सभा चुनावों में बहुजन समाज पार्टी की हार के बाद समाजवादी पार्टी सत्ता में आई तो अम्बेडकर की मूर्तियों के प्रतिस्थापन में काफी कमी दिखाई दी। आजमगढ़ के मूर्तिकार बताते हैं कि पहले जब अम्बेडकर की कोई मूर्ति

टूट-फूट जाती थी तो पुलिस उसकी जगह नई मूर्ति खरीदकर स्थापित कर देती थी, ताकि दोनों पार्टियाँ एक-दूसरे पर आरोप-प्रत्यारोप में न उलझें और सामाजिक शान्ति भंग न हो।[14] इस तरह अम्बेडकर की प्रतिमाएँ जहाँ एक तरफ दलितों की पहचान की स्थापना का अंग बन गई हैं, वहीं दूसरी तरफ ये क्षेत्र की अन्य जातियों की भावनाओं को भड़काने का काम भी कर रही हैं। ऐसी घटनाएँ अकसर टकराव और हिंसा को जन्म देती हैं, जैसा कि 2002 में मझौवा गाँव में देखने को मिला। उस वर्ष स्थानीय बसपा कार्यकर्ताओं ने डॉ. अम्बेडकर के जन्मदिन के अवसर पर एक महोत्सव का आयोजन किया तो गाँव के ठाकुरों ने बन्दूकों से गोलियाँ चलाकर इसका जवाब दिया।[15] बसपा के शासन-काल के दौरान जहाँ प्रतिमाओं की स्थापना बहुत आम बात थी, वहीं प्रान्त के विभिन्न हिस्सों में इस तरह की हिंसक घटनाएँ भी देखने में आती रहती थीं।[16] लेकिन मायावती इन प्रतिमाओं की स्थापना को दलित स्वाभिमान से जोड़कर देखती हैं। इसलिए बसपा अपनी राजनीतिक रणनीति में प्रतिमाओं और स्मारकों की स्थापना को हमेशा प्रथम वरीयता देती रही है।

बसपा द्वारा अम्बेडकर और स्थानीय नायकों के मिथकों की रचना

उत्तर प्रदेश में अम्बेडकर के मिथक की रचना-प्रक्रिया का अध्ययन एक दिलचस्प विषय है। अम्बेडकर महाराष्ट्र के लोगों में अत्यधिक लोकप्रिय थे। भारत के संविधान-निर्माता के रूप में उन्हें शेष भारत में भी काफी लोकप्रियता मिली। लेकिन अपने सक्रिय जीवन के शुरुआती दौर में वे उत्तर प्रदेश में इतने प्रसिद्ध नहीं थे। स्वामी अछूतानन्द के माध्यम से और उनके साथ उनके सम्पर्कों के कारण उत्तर प्रदेश के लोग उन्हें धीरे-धीरे जानने लगे। स्वामी अछूतानन्द आदि-हिन्दू आन्दोलन से जुड़े हुए थे और डॉ. अम्बेडकर के साथ उनके बहुत घनिष्ठ सम्बन्ध थे। पूना समझौते के बाद, जिस पर हस्ताक्षर करने वालों में स्वामी अछूतानन्द भी शामिल थे, यह मित्रता और भी गाढ़ी हो गई। अम्बेडकर स्वामी अछूतानन्द का इतना सम्मान करते थे कि उनके नाम अपने पत्रों में शुरू में और आखिर में हमेशा 'प्रणाम' लिखा करते थे।[17] अम्बेडकर हरिप्रसाद टामटा से भी बहुत नजदीक से जुड़े हुए थे, जो अल्मोड़ा से प्रकाशित होने वाले 'समता' नामक अखबार के सम्पादक थे। मित्रों के साथ अपनी बातचीत के दौरान टामटा अकसर अम्बेडकर का जिक्र करते और अपने अखबार में भी जब-तब उनके बारे में लिखते रहते थे। 'समता' में अम्बेडकर के लेख भी नियमित रूप से छपते रहते थे। इन सभी कारणों से अम्बेडकर उत्तर भारत में एक जाना-पहचाना नाम बनते चले गए। उत्तर भारत के शिक्षित दलित अखबारों में पूना समझौते और इस समझौते में अम्बेडकर की अहम भूमिका के बारे में पढ़ चुके थे। ये लोग महाराष्ट्र से छपने वाले दलित अखबार मँगवाकर पढ़ने लगे, जिनमें

अकसर अम्बेडकर के लेख रहते थे। इस तरह वे उनके विचारों और लेखन से परिचित होते चले गए और धीरे-धीरे अम्बेडकर उत्तर भारत में भी लोकप्रिय होते चले गए। (बेचैन 1997 : 145)

डॉ. अम्बेडकर ने महाराष्ट्र में रिपब्लिकन पार्टी ऑफ इंडिया (आरपीआई) की स्थापना की थी। आजादी के बाद उत्तर प्रदेश में भी इसका विस्तार हुआ। पार्टी की विचारधारा के प्रचार के साथ-साथ अम्बेडकर का नाम क्षेत्र के सामूहिक जनमानस का अंग बनता चला गया। आम दलितों के मन में अम्बेडकर की एक 'महामानव' जैसी छवि थी। एक ऐसा मसीहा जो शिक्षा और विकास के माध्यम से उन्हें उज्ज्वल भविष्य की तरफ ले जा सकता था। आरपीआई की राजनीति पश्चिमी उत्तर प्रदेश में शुरू हुई थी, जो जल्दी ही कानपुर और आस-पास के क्षेत्रों तक जा पहुँची। आगरा दलित राजनीति की धुरी बनता जा रहा था। 18 मार्च, 1956 को अम्बेडकर ने आगरा में एक विशाल जनसभा को सम्बोधित किया, जिसमें हजारों शिक्षित दलितों ने बड़े उत्साह के साथ भाग लिया। इस तरह अम्बेडकर की प्रसिद्धि तेजी से फैलती चली गई। शुरू में उनके चित्र आरपीआई द्वारा छापे गए पोस्टरों और पैम्फलेटों के रूप में दिखाई दिए, जिनमें आगामी जनसभाओं के बारे में जानकारी रहती थी। हर बार उनके एक ही चित्र का उपयोग किया जाता था, जिसमें वे सूट-बूट के पश्चिमी परिधान में और एक हाथ में भारतीय संविधान की प्रति पकड़े दिखाई देते थे। उनकी यह छवि आम दलितों को शिक्षा के महत्त्व का संदेश देने के साथ-साथ शिक्षा के माध्यम से जागरूकता और एक उज्ज्वल भविष्य के लिए संघर्ष की प्रतीक भी थी। यह दलितों को लाचार, दीन-हीन और अशिक्षित समझने की आम धारणा को भी ध्वस्त करती थी।[18]

डॉ. अम्बेडकर के निधन के बाद उनके चित्र कैलेंडरों और पोस्टरों के रूप में छपने लगे और उनकी मूर्तियाँ स्थापित की जाने लगीं। उनके चित्र दलित पत्रिकाओं, अखबारों और पुस्तिकाओं के मुखपृष्ठों पर भी छपने लगे। इस तरह उनकी छवि आम और अशिक्षित दलित आबादी तक पहुँचती रही। ये आम लोग रोजमर्रा की राजनीतिक चर्चाओं और नेताओं के भाषणों में उनका गुणगान सुनते तो भारतीय गणतंत्र के रक्षक और निर्माता के रूप में अम्बेडकर की एक मिथकीय-सी छवि उनके दिमाग पर अंकित होती चली जाती। कुछ जगह उन्हें बुद्ध के अवतार के रूप में देखा जाने लगा तो कहीं उन्हें ऊँची जातियों से कहीं अधिक ज्ञानी और बुद्धिमान बताकर महिमामंडित किया जाने लगा।[19]

1980 के मध्य दशक में बहुजन समाज पार्टी ने उत्तर प्रदेश के राजनीतिक मैदान में कदम रखा तो प्रान्त में अम्बेडकर की बहुत कम प्रतिमाएँ थीं। जो थोड़ी-बहुत थीं, उन्हें या तो सरकार या अर्द्ध-राजनीतिक और सामाजिक संस्थाओं द्वारा स्थापित किया

गया था। लेकिन बसपा के उदय और दलित पहचान और स्वाभिमान को लेकर इसकी आक्रामक रणनीति के कारण अम्बेडकर जल्दी ही दलित पहचान के एक सशक्त और लोकप्रिय प्रतीक बनते चले गए। दलित राजनीतिज्ञ और कार्यकर्ता उत्तर प्रदेश में जगह-जगह उनकी प्रतिमाओं की स्थापना करने लगे। लेकिन चूँकि अम्बेडकर उत्तर प्रदेश के गाँवों में उतने लोकप्रिय और जाने-पहचाने नहीं थे, जितने कि महाराष्ट्र में, जहाँ उन्हें बच्चा-बच्चा जानता है, इसलिए राजनीतिक प्रचार के माध्यम से लोगों पर उनकी छवि थोपी जाने लगी। अपने पहले चरण में—अर्थात् उत्तर प्रदेश के विशिष्ट समाज और संस्कृति को समझने से पहले और दलितों के मॉबिलाइजेशन के लिए उनके सन्तों, फकीरों, पौराणिक नायकों और स्थानीय जाति-नायकों का इस्तेमाल करने से पहले—बसपा ने अम्बेडकरवादी भाषा के जिए दलितों तक पहुँचने की कोशिश की। यह भाषा पूरी तरह से सामाजिक और आर्थिक मुद्दों से जुड़ी हुई भाषा थी। (नारायण 2001 : 144) अपने बाद के चरण में, अर्थात् उत्तर प्रदेश के अपने मतदाताओं को ज्यादा अच्छी तरह से समझ लेने के बाद बसपा ने अपनी राजनीतिक भाषा में बदलाव करना शुरू किया। उसने अम्बेडकरवादी भाषा को छोड़कर—जिसे महाराष्ट्र के दलित आन्दोलन के दौरान इस्तेमाल किया गया था—एक ऐसी भाषा का इस्तेमाल करना शुरू किया जो स्थानीय जनता के सांस्कृतिक प्रतीकों से ओत-प्रोत थी। इसी तरह पार्टी की नई रणनीति के अन्तर्गत अम्बेडकर के साथ-साथ स्थानीय सांस्कृतिक नायकों और सन्तों-फकीरों की प्रतिमाओं की स्थापना पर भी जोर दिया जाने लगा। साथ ही इन स्थानीय मिथकों के नाम पर तरह-तरह के महोत्सवों का भी आयोजन किया जाने लगा, ताकि इन्हें दलितों की सामूहिक स्मृतियों का अंग बनाया जा सके। इस तरह अम्बेडकर और स्थानीय नायकों को प्रतिद्वन्द्वियों की बजाय एक-दूसरे के पूरक के रूप में प्रस्तुत किया जाने लगा। तालिका 3.1 में उत्तर प्रदेश के विभिन्न क्षेत्रों में लोकप्रिय स्थानीय नायकों की सूची दी गई है। दलितों की पहचान की स्थापना के लिए बहुजन समाज पार्टी इन्हें प्रतीकों के रूप में इस्तेमाल करती रही है।

तालिका 3.1
स्मृतिकरण के लिए मिथकों की पहचान

मिथक	*जाति*	*क्षेत्र*	*जिले*
1. चहौर	यादव	बाघेलखंड	रीवां, सतना (म.प्र.)
2. झलकारीबाई	कोरी	बुन्देलखंड	झाँसी, हमीरपुर, ललितपुर, बांदा
3. बिजली महाराज	पासी	अवध	लखनऊ, बहराइच, बाराबंकी, जौनपुर, इलाहाबाद
4. दलदेव महाराज	पासी	पूर्वांचल	रायबरेली, जौनपुर, इलाहाबाद
5. बालेदीन	पासी	पूर्वांचल और अवध	कौशाम्बी, इलाहाबाद

6. महामाया	बौद्ध	पूर्वांचल	वाराणसी, गाजीपुर, बलिया, बस्ती, देवरिया
7. रविदास	चमार	पूर्वांचल	वाराणसी, जौनपुर, इलाहाबाद, आजमगढ़
8. वीरा पासी	पासी	अवध	प्रतापगढ़, सुल्तानपुर, इलाहाबाद
9. ऊदा देवी	पासी	अवध और मध्य उ.प्र.	इलाहाबाद, प्रतापगढ़, सुल्तानपुर

स्रोत : 'जनसत्ता', 28 जुलाई, 1997 और अन्य स्रोतों से संकलित

जैसा कि इस तालिका में देखा जा सकता है, बसपा ने अलग-अलग क्षेत्रों के दलितों के मॉबिलाइजेशन के लिए अलग-अलग क्षेत्रों में प्रचलित मिथकों का इस्तेमाल किया। ये मिथक किन्हीं कम ज्ञात पात्रों से जुड़े छोटे-मोटे प्रसंग या घटनाएँ नहीं हैं, बल्कि ऐसे व्यक्तियों से जुड़ी लम्बी कथाएँ हैं, जिन्होंने इतिहास में महत्त्वपूर्ण भूमिका निभाई, और जिनकी कथाओं को उनसे सम्बन्धित समुदायों को प्रेरित और एकजुट करने के लिए इस्तेमाल किया जा सकता है। इन कथाओं के लिए ऐसे वर्णनों और वर्णन-शैली का इस्तेमाल किया गया, जिन्हें दृश्य छवियों में ढालकर दर्शकों की कल्पनाशीलता को झकझोरा जा सके। ये मिथक दलितों के मॉबिलाइजेशन में काफी असरदार साबित हो रहे हैं, क्योंकि ये समुदाय खुद भी अपना आत्मसम्मान बटोरना और समाज में अपनी सही जगह तलाशना चाहते हैं। इस तरह ये मिथक राजनीतिक मॉबिलाइजेशन के दृश्य स्रोत साबित हो रहे हैं और बसपा बड़े प्रभावशाली ढंग से इनका इस्तेमाल कर रही है।

गवैये, सांस्कृतिक दस्ते और मिथकों का प्रसारण

इन मिथकों का ग्रास-रूट स्तर पर संचार करने के लिए कई तरीके अपनाए जाते हैं। इनमें से एक तरीका भाटों से गीतों-बिरहाओं की रचना करवाना है, जो गाँव-गाँव घूमकर इन्हें गाते रहते हैं। यह ऊँची जातियों में प्रचलित परम्परा से मिलती-जुलती चीज है, जहाँ 'चारण' या 'भाट' के नाम से जाने जाने वाले पेशेवर गवैये नाच-गाने के माध्यम से किसी विशेष जाति का महिमागान करते हैं। (नारायण 2002 : 161) उत्तर प्रदेश में दलित पासियों की 'पसमंगता' नामक एक उपजाति है, जिनका काम पासियों की जाति-कथा सुनाते हुए घर-घर घूमना है। ये गवैये इतने भावपूर्ण अंदाज में ये कथाएँ सुनाते हैं कि जाति-नायकों और पासी श्रोताओं के बीच एक सूत्र स्थापित हो जाता है। बदले में हर पासी परिवार उन्हें चावल, हल्दी और खाने-पीने की दूसरी चीजें दान करता है। लेकिन ये पेशेवर घूमते-फिरते गवैये हर दलित जाति में नहीं पाए जाते। ये सिर्फ लड़ाकू और भूतपूर्व शासक जातियों में ही देखने में आते हैं। शिक्षा के प्रसार और बढ़ते शहरीकरण के कारण यह पेशा धीरे-धीरे खत्म होता

जा रहा है। लेकिन उनके द्वारा रचित गीत और बिरहे अब भी इन समुदायों की मौखिक परम्परा का हिस्सा हैं और उनकी पहचान की स्थापना और उनके राजनीतिक मॉबिलाइजेशन के लिए इस्तेमाल किए जा रहे हैं। पासियों के गौरवशाली अतीत का वर्णन करने वाला ऐसा ही एक गीत है—

श्रीराम हवे राज पासी
वीर पासी, धीर पासी
विवेकी और गम्भीर पासी
बिजली पासी के वंशज पासी[20]

आज 'पसमंगता गीत' सभी दलित जातियों के सन्दर्भ में इस्तेमाल किए जाने वाले शब्द बन गए हैं। बहुजन समाज पार्टी विभिन्न दलित समुदायों में जाति-गौरव की भावना जगाने के लिए और उनकी पहचान की स्थापना के लिए इन गीतों का इस्तेमाल कर रही है। बसपा ने इस उद्देश्य के लिए अलग-अलग समुदायों के लोक-गायकों, राजनीतिक कवियों और बिरस-मंडलियों को लेकर 'जागृति दस्ते' बनाए हैं। इनका काम दलित चेतना को उभारने वाले गीतों, कविताओं, बिरहाओं, नाटकों इत्यादि की रचना करना और गाँव-गाँव घूमकर सांस्कृतिक कार्यक्रम के माध्यम से इनके संदेश को जन-जन तक पहुँचाना है। (सिंह 1994 : 122) वे अक्सर किसी खास क्षेत्र में प्रचलित लोकगीतों और बिरहाओं को उठाकर और उनमें राजनीतिक रंग भरते हुए उनकी पुनर्रचना करके पार्टी के संदेश को गाँव-गाँव पहुँचाने की कोशिश करते हैं। इन सांस्कृतिक कार्यक्रमों में अम्बेडकर, फुले, मायावती, कांशीराम, झलकारीबाई, ऊदा देवी, बिजली पासी, अवन्तीबाई और महावीरी देवी जैसे दलित नायक-नायिकाओं का महिमागान रहता है। (वही : 1-2) इन गीतों, कविताओं, किस्सों-कहानियों को सस्ती पुस्तिकाओं के रूप में भी प्रकाशित किया जाता है, जिन्हें लोग खरीदकर बड़े चाव से पढ़ते हैं। इलाहाबाद के सांस्कृतिक दस्ते के प्रमुख गायक बाबूलाल भंवरा बताते हैं कि जब मायावती कोई चुनाव लड़ती थीं तो उनका दस्ता दलित नायिकाओं पर आधारित नाटकों और नौटंकियों का मंचन करता था, ताकि लोग मायावती को इन नायिकाओं के साथ जोड़कर देख सकें। इसके अलावा वे रमेशचन्द्र बौद्ध और ए.आर. अकेला जैसे दलित कवियों द्वारा रचित गीत भी गाया करते थे। बाबूलाल भंवरा ने खुद भी कई गीतों की रचना की है, जो कजरी, बिरहा, दोहा, चौपाई, चौबोला और कव्वाली जैसी भिन्न-भिन्न लोक-विधाओं में हैं। इनके माध्यम से वे पार्टी का संदेश जन-जन तक पहुँचाने का काम करते हैं (देखें चित्र 3.1)। उनके द्वारा पसमंगता शैली में लिखा गया एक गीत इस प्रकार है—

बीर दलित धीर दलित
बुद्धिमान एवं गम्भीर दलित

चित्र 3.1

बुंदेलखंड की एक चुनावी सभा में झलकारीबाई का महिमागान करते हुए दलित गायक आर.एन. सुमन।

स्रोत : दलित संसाधन केंद्र, जी.बी.पंत सामाजिक विज्ञान इंस्टीट्यूट, इलाहाबाद

देश खातिर भइले कुर्बान
बीर दलित होय बीर दलित[21]

इलाहाबाद के सांस्कृतिक दस्ते के एक अन्य सदस्य प्यारेलाल ने बताया कि उनका दस्ता गाँव-गाँव घूमकर दलितों से जुड़े वृत्तचित्र और फिल्में भी दिखाता है। इनमें अम्बेडकर पर बने वृत्तचत्रि, एनडीटीवी द्वारा दलित नायकों पर निर्मित एक फिल्म और 'दामुल' जैसी हिन्दी फिल्में शामिल हैं। प्रसिद्ध निर्माता-निर्देशक प्रकाश झा द्वारा बनाई गई 'दामुल' में गाँवों और कस्बों में उच्च जातियों द्वारा दलितों के शोषण के बारे में बताया गया था। उनका दस्ता सार्वजनिक सभाओं में स्थानीय नेताओं के भाषणों से पहले कांशीराम और मायावती के भाषणों की ऑडियो कैसेटें भी सुनाता है। इन अवसरों पर इन कैसेटों की बिक्री भी की जाती है।[22]

राजनीतिक संदेशों का जन-जन तक संचार करने का एक अन्य माध्यम बसपा के 'साइकिल दस्ते' हैं। ये दस्ते पार्टी कार्यकर्ताओं की टोलियाँ होती हैं, जो साइकिलों पर सवार होकर गाँव-गाँव घूमते हैं और पार्टी के संदेश दलित जनता तक पहुँचाते हैं। बीच-बीच में वे किसी उपयुक्त जगह पड़ाव डालकर गीतों और भाषणों के माध्यम से स्थानीय मिथकों के बारे में बताते हैं, और स्थानीय जनता को इन मिथकों से जोड़ते हुए पार्टी का प्रचार करते हैं। (सिंह 1994 : 1-2)

दलित नायकों के जन्मदिवस या पुण्यतिथि पर स्मरणोत्सवों का आयोजन भी राजनीतिक संदेशों के संचार का माध्यम है। बसपा इसका भी भरपूर इस्तेमाल कर रही है। उत्तर प्रदेश की मुख्यमंत्री के रूप में अपने तीन कार्यकालों में मायावती ने दलित सन्तों और अन्य महापुरुषों की प्रतिमाओं के अनावरण से जुड़े अनगिनत कार्यक्रमों में भाग लिया। इन व्यक्तियों की उपलब्धियों को दर्शाने के लिए कई प्रदर्शनियों का भी आयोजन किया गया, ताकि लोगों को उनकी महानता और उनकी आत्मसम्मान की भावना का बोध हो सके। इन कार्यक्रमों और प्रदर्शनियों के माध्यम से दलित जाति-नायकों से जुड़े मिथक और कथाएँ आम लोगों तक पहुँचती रहती हैं। कांशीराम का मानना था कि दलितों को उनकी वंशावलियों से जोड़ना उनके सशक्तीकरण का एक तरीका था। जाति से जुड़े मिथक इसमें बहुत महत्त्वपूर्ण भूमिका निभाते हैं। (वही : 14) यही कारण है कि बसपा की मॉबिलाइजेशन की भाषा दलित समुदायों के मिथकों और किंवदंतियों से जुड़े सन्दर्भों से भरी हुई है। स्थानीय और राष्ट्रीय दलित नायकों की स्मृतियों को बार-बार उभारने से उपेक्षित जातियों और उपजातियों को अपनी पहचान की स्थापना में मदद मिलती है। वे जाति पर आधारित प्रतिस्पर्द्धात्मक राजनीति में अपनी भूमिका ज्यादा अच्छी तरह से निभा सकती हैं।

बहुजन समाज पार्टी के सांस्कृतिक दस्तों के अलावा दलितों के कई थिएटर ग्रुप भी उत्तर प्रदेश के गाँवों, कस्बों और छोटे शहरों का दौरा करते रहते हैं और नाटक

और नौटंकी जैसे सांस्कृतिक कार्यक्रमों के माध्यम से दलितों की चेतना को झकझोरने का काम करते हैं। इस तरह के थिएटर ग्रुप कानपुर, बनारस, इलाहाबाद, लखनऊ, बरेली, झाँसी इत्यादि में अधिक सक्रिय हैं।[23] इन थिएटर ग्रुपों में 'अपना थिएटर' कानपुर और अन्य कई क्षेत्रों में काफी लोकप्रिय है (देखें चित्र 3.2)। इस थिएटर की स्थापना 14 अप्रैल, 1992 को सामाजिक कार्यकर्ता और कई लोकप्रिय दलित पुस्तिकाओं के लेखक देव कुमार द्वारा की गई थी। वे थिएटर के माध्यम से दलित समुदायों की चेतना को जगाना चाहते थे। उनका पहला नाटक 'दास्तान' आर्यों के दुष्कृत्यों पर आधारित था। उनके अन्य नाटकों में 'भद्र अंगुलिमाल', 'चक्रधारी', 'सुदर्शन', 'कपट', 'अज्ञात इतिहास' (वीरांगना ऊदा देवी पर आधारित), 'अमर शहीद मातादीन भंगी', 'जमादार का कुर्ता' इत्यादि शामिल हैं। एक अन्य थिएटर ग्रुप 'मंडली' के नाम से जाना जाता है और बनारस और उत्तरी उत्तर प्रदेश के कई अन्य क्षेत्रों में काफी लोकप्रिय है। यह थिएटर ग्रुप दलित नायकों और दलित इतिहासों को गीत-संगीत के जरिए महिमामंडित करने का काम करता है और लोगों की स्मृतियों को ताजा करके उनमें सम्मान और गौरव की भावना जगाता है। कई शिक्षित दलितों ने दलित बच्चों के लिए स्कूल भी शुरू किए हैं, जिनमें 26 जनवरी, 15 अगस्त और महत्त्वपूर्ण दलित अवसरों पर, खासकर डॉ. अम्बेडकर की जयन्ती पर तरह-तरह के सांस्कृतिक कार्यक्रम आयोजित किए जाते हैं। इन कार्यक्रमों में स्थानीय दलित समुदायों की आकांक्षाओं और पीड़ाओं को अभिव्यक्त करने पर जोर दिया जाता है। स्कूल के बच्चे नाटकों, नृत्यों, कविताओं और गीतों के माध्यम से इन समुदायों के साथ हुए अत्याचारों और अन्याय की और उनके दमन और शोषण की कथा सुनाते हैं। वे दलित नायकों के शौर्य और कीर्ति को भी याद करते हैं, ताकि दर्शकों में गर्व और गौरव की भावना पैदा की जा सके। इन कार्यक्रमों के माध्यम से लोगों तक बसपा का राजनीतिक संदेश पहुँचाने की भी कोशिश की जाती है।[24]

दृश्य छवियाँ और रीति-रिवाज

दलित नायकों के दृश्य छवियों में बदल जाने से क्षेत्र की संस्कृति में कई नए आयाम जुड़ रहे हैं। इनमें से एक ऐसे रीति-रिवाजों का उद्भव और विकास है जो किसी खास जाति-नायक के स्मरणोत्सव के अवसर पर देखने को मिलते हैं। उदाहरण के लिए झलकारी बाई, ऊदा देवी या बिजली पासी के जन्मदिन या पुण्यतिथि पर आयोजित समारोहों में भाषणों, कविताओं, गीतों और नाट्य-मंचन जैसी धर्म-निरपेक्ष गतिविधियों के साथ-साथ धूप और अगरबत्तियाँ जलाना, मूर्तियों पर फूलों के हार चढ़ाना और उन्हें सिन्दूर इत्यादि से सुशोभित करना जैसी धार्मिक रस्में भी सम्पन्न की जाने लगी हैं। इतना ही नहीं, इन अवसरों पर मंत्रों-श्लोकों इत्यादि का

चित्र 3.2
कानपुर और आस-पास के क्षेत्र में कार्यरत दलित नाटक मंडली
'अपना थियेटर' का एक पोस्टर

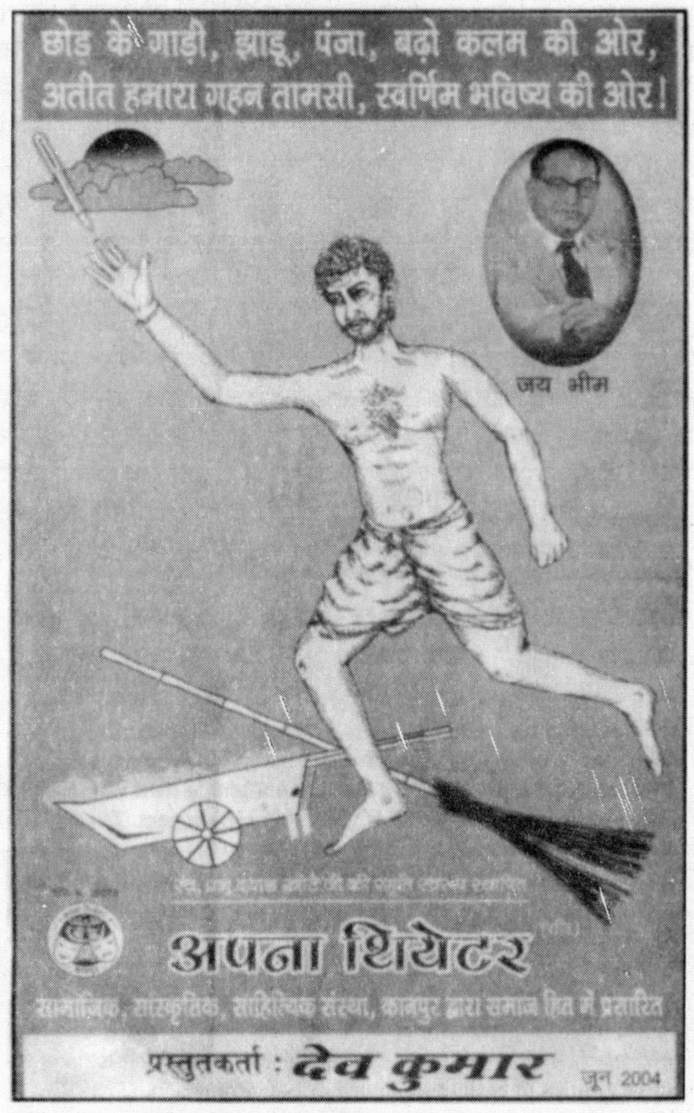

स्रोत : दलित संसाधन केंद्र, जी.बी.पंत सामाजिक विज्ञान इंस्टीट्यूट, इलाहाबाद

उच्चारण भी किया जाने लगा है, जो उच्च जातियों द्वारा किए जाने वाले पूजा-पाठ से काफी मिलती-जुलती रस्में हैं। झाँसी में झलकारी बाई की मूर्ति के सामने नियमित रूप से पूजा की जाती है।[25] यह मूर्ति झाँसी की रानी लक्ष्मीबाई के किले के सामने स्थापित है, जिसका श्रेय बहुजन समाज पार्टी को ही जाता है। ये मूर्ति-स्थल अब काव्य-सम्मेलनों के आयोजन-स्थल भी बनते जा रहे हैं। इन सम्मेलनों में प्रान्त के भिन्न-भिन्न क्षेत्रों के कवियों को आमंत्रित किया जाता है, जो अपनी कविताओं के माध्यम से दलित नायकों का महिमागान करते हैं। इस तरह एक तरफ जहाँ ये मूर्ति-स्थल दलित पहचान की सामाजिक और सार्वजनिक अभिव्यक्ति के स्थल बनते जा रहे हैं, वहीं दूसरी तरफ धार्मिक रस्मों और रिवाजों को भी जन्म दे रहे हैं। इस तरह के रस्मो-रिवाज ऊँची जातियों में भरपूर मात्रा में मौजूद हैं, लेकिन निचली जातियों में ये बहुत कम देखे जाते रहे हैं।

इस तरह, दलितों की एकजुटता के लिए प्रभावी होने के साथ-साथ, दलित नायकों की ये दृश्य छवियाँ उपेक्षित समुदायों में अपनी पहचान को लेकर एक गहरी चेतना पैदा कर रही हैं और उनका आत्मसम्मान बढ़ाने में मदद कर रही हैं। इसके अलावा, ये निचली जातियों के नायकों को लेकर गैर-दलित जातियों में भी जागरूकता पैदा कर रही हैं, जो इनके बारे में बहुत कम जानती थीं। इससे उनकी नजरों में दलितों की प्रतिष्ठा बढ़ाने में मदद मिल रही है।

टिप्पणियाँ

1. लखनऊ और इससे जुड़े मोहनलालगंज और बहराइच जैसे जिलों का फील्ड दौरा, अप्रैल, 2004
2. लखनऊ के आस-पास के गाँवों का फील्ड दौरा, 13 मार्च, 2004
3. गोपाल शुक्ल द्वारा किए गए अध्ययन के अनुसार, देखें शुक्ला, 2003
4. जितौरा, बहराइच का फील्ड दौरा, अप्रैल, 2004
5. लखनऊ का फील्ड दौरा, अप्रैल, 2004
6. बहराइच के सत्तर वर्षीय ओ.पी. अग्रवाल के साथ मौलिक भेंटवार्त्ता, 24 अप्रैल, 2004
7. नसीमुद्दीन सिद्दीकी द्वारा एक भेंटवार्त्ता के दौरान वी.एन. राय को सुनाई गई कथा, रामानन्द सरस्वती पुस्तकालय, आजमगढ़, 1997
8. आजमगढ़ के निवासियों के साथ भेंटवार्त्ताओं पर आधारित, 19 मई, 2005
9. आजमगढ़ के रामशरण राम के साथ मौखिक भेंटवार्त्ता, 5 मई, 2005
10. लीलावती, बसन्तराम, विनोद कुमार भारती, शिवनाथ और कोटवा, चौकखुर्द, बंकत बजार, जिला आजमगढ़ के अन्य निवासियों के साथ भेंटवार्त्ताओं पर आधारित, 19 जुलाई, 2005
11. 'हिन्दुस्तान', 21 सितम्बर, 1998
12. आजमगढ़ के ओंकार सिंह के साथ मौखिक भेंटवार्त्ता, 11 मई, 2005
13. आजमगढ़ के रामनगीना यादव के साथ मौखिक भेंटवार्त्ता, 12 मई, 2005
14. आजमगढ़ के मूर्तिकार सुरजीत के साथ मौखिक भेंटवार्त्ता, 19 जुलाई, 2005

15. आजमगढ़ के रामशरण राम के साथ मौखिक भेंटवार्त्ता, 5 मई, 2005
16. आजमगढ़ के सहोदर पासी के साथ मौखिक भेंटवार्त्ता, 19 जुलाई, 2005
17. स्वामी अछूतानन्द, मथुरा के नाम डॉ. बी.आर. अम्बेडकर का हस्तलिखित पत्र, फरवरी, 1932, दलित संसाधन केन्द्र अभिलेखागार, इलाहाबाद में संरक्षित
18. पुराने आरपीआई कार्यकर्ता लाल सिंह के साथ भेंटवार्त्ता, प्रतापगढ़, 6 मई, 1995
19. कानपुर के भवानी शंकर के साथ मौखिक भेंटवार्त्ता, 3 जून, 2003
20. सुखदेव पसमंगता के साथ मौखिक भेंटवार्त्ता, बरबारीपुर, 26 मई, 2004
21. शहाबपुर के बाबूलाल भंवरा के साथ मौखिक भेंटवार्त्ता, 26 जनवरी, 2004
22. शहाबपुर के प्यारेलाल के साथ मौखिक भेंटवार्त्ता, 26 जनवरी, 2004
23. उत्तर प्रदेश के विभिन्न क्षेत्रों का फील्ड दौरा, मई से जुलाई, 2005
24. शहाबपुर का फील्ड दौरा, 26 जनवरी, 2004
25. झाँसी का फील्ड दौरा, जून 2005

4

पहचान की राजनीति और नए ऐतिहासिक स्रोत

1857 के इतिहास में दलितों की भूमिका

प्रजातंत्र पर जिनका नियंत्रण होता है, इतिहास पर भी उन्हीं का नियंत्रण होता है।

—**एस. राव संजीवन नाथ**, दलित लेखक

बहुजन समाज पार्टी हमेशा से ही नए ऐतिहासिक स्रोतों की तलाश में रही है, ताकि वह उन्हें अपने कोष में शामिल कर सके; और अपना जनाधार बढ़ाने और अधिक से अधिक दलित समुदायों को मॉबिलाइज करने के लिए और भी प्रभावशाली भाषा तैयार कर सके। इसके बाद इन नए स्रोतों को पहचान-स्रोतों में बदलकर विभिन्न माध्यमों से दलित जनता में प्रसारित किया जाता है, जिनका जिक्र हम पिछले अध्याय में कर चुके हैं। लेकिन प्रसार की इस प्रक्रिया में सिर्फ कुछ खास किस्म के जाति नायक ही पहचान के प्रतीक बन जाते हैं। ये नायक बसपा के स्रोतों का प्रमुख आधार या 'मास्टर बेस' हैं, जिनमें से वह उन नायकों का चयन करती रहती है जो विभिन्न दलित समुदायों के मॉबिलाइजेशन की दृष्टि से सबसे ज्यादा उपयुक्त हैं। जैसा कि पहले कहा जा चुका है, 1857 का विद्रोह बहुजन समाज पार्टी का सबसे मूल्यवान ऐतिहासिक स्रोत है। इस आन्दोलन के नायकों में बल्लुराम मेहतर, उदया पासी, चेतराम जाटव, बाँके चमार, गंगाबख्श, बीरा पासी, मक्का पासी और मातादीन भंगी शामिल हैं। इस आन्दोलन की नायिकाओं में झलकारीबाई, ऊदा देवी, अवन्ती बाई, पन्ना धाय और महावीरी देवी प्रमुख हैं। (विद्रोही : 2004) ये अभी नायक-नायिकाएँ बसपा के स्रोतों का 'मास्टर' आधार हैं। यह एक उल्लेखनीय तथ्य है कि बसपा के इस स्रोत-भंडार में इतिहास के अन्य काल-खण्डों के नायक-नायिकाएँ शामिल नहीं हैं। उदाहरण के लिए 1914 में संयुक्त प्रान्त (तत्कालीन उत्तर प्रदेश) में किसान आन्दोलन का नेतृत्व करने वाले मदारी पासी (आर.पी. सरोज 1997 : 27)

या चौरी-चौरा कांड से जुड़े दलित शहीद (विद्रोही 2004 : 176)। बसपा द्वारा उठाए गए नायक-नायिकाओं का शुरू में सिर्फ उनसे सम्बन्धित दलित समुदायों के मॉबिलाइजेशन के लिए उपयोग किया गया। लेकिन धीरे-धीरे इन नायक-नायिकाओं को समूचे दलित समुदाय के प्रतीक पुरुषों/नारियों में बदला जाने लगा। उदाहरण के लिए, शुरू में झलकारीबाई को 'कोरी' समुदाय के मॉबिलाइजेशन के लिए इस्तेमाल किया जाता रहा, इसलिए उन्हें 'झलकारीबाई कोरी' के रूप में चित्रित किया गया। लेकिन बाद में उनके मिथक का उपयोग मायावती की छवि निर्मित करने के लिए किया जाने लगा और उन्हें सिर्फ 'झलकारीबाई' के नाम से पुकारा जाने लगा। इसी तरह ऊदा देवी 'पासी', महावीरी देवी 'भंगी', अवन्तीबाई 'लोधी/लोढ़ी' और पन्ना धाई 'धानुक' के नामों से भी जाति-सूचक नाम हटा दिए गए, ताकि उन्हें मायावती के साथ जोड़ा जा सके। लेकिन इसका यह अर्थ नहीं है कि विभिन्न दलित जातियों की जातीय पहचान को एक समरस और सामूहिक दलित पहचान में बदला जा रहा था। यह वृहत्तर दलित पहचान सिर्फ इन दलित जातियों के चुनावी मॉबिलाइजेशन तक सीमित थी। एक तरफ जहाँ उन्हें बसपा की सामूहिक राजनीतिक छत्रछाया में लाने की कोशिश की जा रही थी, वहीं दूसरी तरफ उनके जाति-नायकों की कथाओं के माध्यम से उनकी जातीय पहचान की स्थापना पर भी जोर दिया जा रहा था।

बसपा अपनी राजनीतिक रणनीति के तहत इन नायकों की कथाओं को बार-बार दोहरा रही है, उनके स्मारक स्थापित कर रही है, और उनके स्मरणोत्सव आयोजित कर रही है। वह इनकी स्मृतियों को दलित मानस पर गहराई से अंकित कर देना चाहती है। ये कथाएँ इस तरह से सुनाई जाती हैं ताकि दलितों को राष्ट्र-निर्माण में अपनी महत्त्वपूर्ण भूमिका का अहसास हो सके। भारत के स्वतंत्रता संग्राम के विभिन्न चरणों में दलितों की भूमिका पर कई पुस्तकें भी प्रकाशित हुई हैं। इनमें 'स्वतंत्रता संग्राम में अछूतों का योगदान' (दिनकर : 1990), 'झूठी आजादी' (मदन : 1987), 'पासी समाज का स्वतंत्रता संग्राम में योगदान' (पासी : 1998), 'दलित दस्तावेज' (विद्रोही : 2004) इत्यादि शामिल हैं। इस संग्राम में अपने पूर्वजों के योगदान और बलिदान का उल्लेख करते हुए दलित इस बात पर जोर देते हैं कि आजादी मिल जाने के बावजूद उनकी आकांक्षाएँ और उनके सपने अभी तक पूरे नहीं हुए हैं। इन वृत्तान्तों से उन्हें समसामयिक राष्ट्र-निर्माण में एक सम्मानजनक भूमिका निभाने और विकास और जन-कल्याण योजनाओं में अपनी हिस्सेदारी का दावा करने में भी मदद मिलती है। राष्ट्र-निर्माण की प्रक्रिया में अपनी भूमिका के महत्त्व को बार-बार रेखांकित करके वे आरक्षण और सामाजिक न्याय के पक्ष में नैतिक तर्क को मजबूत करते हैं। उनका कहना है कि राष्ट्र-निर्माण की प्रक्रिया में अपना खून-पसीना बहाने और राष्ट्र के विकास में अपनी ऐतिहासिक भूमिका के

बावजूद उन्हें अपने सामाजिक, सांस्कृतिक और आर्थिक पतन से उबरने में राज्य की तरफ से कोई मदद नहीं मिली है। इन वृत्तान्तों से वे इस बात पर भी जोर देते हैं कि लिखित इतिहास में राष्ट्र-निर्माण में, उनकी भूमिका और योगदान को पर्याप्त श्रेय नहीं दिया गया है और स्वतंत्रता संग्राम में उनकी भूमिका को पूरी तरह नजरअन्दाज कर दिया गया है। (दिनकर 1990 : 23) 1857 के विद्रोह के वृत्तान्तों से न सिर्फ उन्हें अपने नायकों की पहचान करने में मदद मिली है, बल्कि इस प्रक्रिया में वे उच्च जाति के कई मुख्यधारा के नायकों को पद्च्युत करने में भी सफल रहे हैं। अपने वृत्तान्तों में वे ऊँची जाति के लोगों को गद्दारों और षड्यंत्रकारियों के रूप में चित्रित करते हैं, जो अपनी मातृभूमि के प्रति निष्ठावान नहीं थे। वे यह भी साबित करने की कोशिश करते हैं कि ये गद्दार अब इतिहास पर कब्जा करके सच्चे देशभक्त होने का स्वाँग कर रहे हैं। स्वतंत्रता के बाद वे देश का सबसे प्रभावशाली वर्ग बन गए हैं। (विद्रोही 2004 : 86) इसलिए दलितों को लगता है कि देश के स्वतंत्रता संघर्ष में उनकी भूमिका की फिर से जाँच-पड़ताल और खोज करने की जरूरत है, और उनके इस योगदान को देखते हुए उनकी क्षतिपूर्ति करने और उन्हें न्याय दिलाने की भी।

पिछले कुछ दशकों में राज्य की सकारात्मक कार्रवाइयों के परिणामस्वरूप देश भर में और सामाजिक-राजनीतिक जीवन के विभिन्न स्तरों पर दलित और निचले जाति समुदायों के कई शक्तिशाली नेता उभरकर सामने आए हैं। इसका भारत की इतिहासगत राजनीति पर सीधा प्रभाव पड़ा है और इतिहास की वैधता और इसकी रचना-प्रक्रिया की विधि कटघरे में खड़ी हो गई है। इससे एक तरह से इतिहास का प्रजातंत्रीकरण हो गया है और इसने आम लोगों के पास मौजूद जानकारियों का रूप ले लिया है। दिपेश चक्रवर्ती (2003) ने इतिहास दर्ज करने की विधियों के बदलते प्रतिमानों के सम्बन्ध में अपने निबन्ध में लिखा है कि भारत में इतिहास को एक औपचारिक नियमावली के रूप में प्रस्तुत करने की शुरुआत ब्रिटिश काल के दौरान हुई। उस समय ऐतिहासिक साक्ष्य और सत्य और वास्तविकता पर जोर देने का विचार इतिहास-लेखन का सबसे महत्त्वपूर्ण और प्रमुख अंग था। औपनिवेशिक युग की समाप्ति के बाद भी एक विद्या या नियमावली के रूप में इतिहास की यही कसौटियाँ बरकरार रहीं। लेकिन भारतीय प्रजातंत्र के विकास और देश की राजनीति में दलित और सर्वहारा वर्गों की बढ़ती भूमिका के साथ मिथकों और साक्ष्ययुक्त तथ्यों के बीच की सीमा-रेखा धुँधली पड़ने लगी है। इतिहास-लेखन के सिद्धान्तों को लेकर यूनिवर्सिटियों में जिस तरह की तर्कशीलता पर जोर दिया जाता है, कोई जरूरी नहीं कि पिछड़े वर्गों के लोग उसे मानें ही, और अब देश के प्रजातंत्र का भाग्य और स्वरूप उन्हीं के हाथों में है। चक्रवर्ती अब इतिहास-लेखन के प्रतिमानों में सीधा-सीधा बदलाव देख रहे हैं, क्योंकि दलितों-उपेक्षितों द्वारा प्रस्तुत इतिहास

औपचारिक और अकादमिक इतिहास से बिल्कुल अलग है। इस तरह, ज्ञान के रूप में इतिहास की सीमा-रेखाओं को सक्रिय और सचेत ढंग से पुनर्परिभाषित किया जा रहा है।

भारतीय प्रजातंत्र के बदलते सामाजिक-राजनीतिक परिवेश में बहुत-सी उपेक्षित जातियाँ अपने अतीत की खोज और पुनर्व्याख्या में जुटी हुई हैं, ताकि राज्य और समाज के सत्ता ढाँचे में अपनी उचित हिस्सेदारी की माँग कर सकें। अतीत के सामाजिक और ऐतिहासिक अर्थों को पुनर्परिभाषित किया जा रहा है और इस प्रक्रिया में अतीत वर्तमान को बदलने और अपनी उपेक्षित स्थिति से उबरने का माध्यम बनता जा रहा है। यहाँ अतीत का अर्थ सिर्फ बीते हुए अतीत से नहीं है। यह वर्तमान पर और वर्तमान में निर्मित अतीत है। ऐसी स्थिति में, अतीत न सिर्फ एक पेशेवर इतिहासकार का अतीत प्रतीत होता है—जिसे अतीत की साम्राज्यवादी और सकारात्मक धारणाओं पर आधारित 'तर्कशील इतिहास' माना जाता है। (डेविस 2003 : 5)—बल्कि यह एक ऐसा अतीत भी प्रतीत होने लगता है, जो दलितों को एक दमनकारी वर्तमान से मुक्त होने और एक उज्ज्वल भविष्य की तरफ बढ़ने में मदद कर सकता है। यह अतीत इन समुदायों का जीता-जागता इतिहास है। एक ऐसा इतिहास, जिसे उन्होंने या तो सचमुच या दूसरों से सुनकर भोगा है और जो स्वयं के साथ एक सूत्र स्थापित करने में उनकी मदद करता है। (होय : 1985) इन समुदायों का यह ज्ञान और इतिहास-लेखन सत्ता तंत्रों से प्रभावित होता है, जो राष्ट्रवाद के उनके वृत्तान्तों में भी दिखाई देता है। उनकी पहचानें और उनके अन्तर सत्ता और विकास में उनके हिस्सेदारी के दावों से जुड़े होते हैं। एक बेहतर जीवन के लिए उनके प्रजातांत्रिक संघर्ष में नए इतिहासों की रचना एक आधारशिला और संसाधन प्रदान करने का काम करती है। यह उन समुदायों द्वारा प्रकट किए जा रहे असन्तोष में भी दिखाई देता है जो अभी इतिहास और सत्ता में अपनी सही जगह नहीं बना पाए हैं, और भारतीय राष्ट्र-राज्य की प्रजातांत्रिक प्रक्रियाओं और विकास योजनाओं के लाभ से वंचित हैं। फोकॉल्ट ने सह-विकल्प (कॉ-ऑप्शन), सामाजिक प्रतिरोध और सामाजिक विकास के बीच सम्बन्धों में ऐसी ही मिलती-जुलती प्रकिया का उल्लेख किया है (फोकॉल्ट 1974 : 367)। यह प्रक्रिया उत्तर प्रदेश, बिहार और महाराष्ट्र में व्यापक स्तर पर देखी जा रही है और अब हाल ही में मध्य प्रदेश में भी जोर पकड़ने लगी है। यह देश के कई अन्य प्रान्तों में भी मौजूद हो सकती है, जहाँ भी दलित सशक्तीकरण का मुद्दा एक प्रमुख एजेंडा है।

इस एजेंडे में अतीत पहचान की स्थापना का एक अभिन्न और मूल तत्त्व है। साथ ही यह दमनकारी वर्तमान से जूझने का माध्यम भी है। समसामयिक सामाजिक-राजनीतिक सन्दर्भों में यह बात बड़ी गहराई से महसूस की जा रही है कि अतीत से

जुड़े इन वृत्तान्तों को राष्ट्र–निर्माण की कथा के साथ जोड़ा जाए। आधुनिक भारतीय राष्ट्र के निर्माण में निचली जाति की भूमिका का वर्णन करने वाले वृत्तान्त पुस्तिकाओं के रूप में प्रकट हो रहे हैं। इन पुस्तिकाओं की रचना और प्रकाशन खुद दलित समुदाय कर रहे हैं। ये वृत्तान्त दलितों के शिक्षित वर्गों से जुड़े कार्यकर्ताओं और नेताओं की राजनीतिक चर्चाओं के माध्यम से भी सामने आ रहे हैं। इसके बाद ये धीरे–धीरे छनकर दलितों के अर्द्ध–शिक्षित और अशिक्षित वर्गों तक पहुँचते रहते हैं, जैसा कि हम पिछले अध्याय में विस्तार से चर्चा कर चुके हैं।

बसपा के उदय के बाद जो राजनीतिक परिदृश्य सामने आया है, उसमें एक–दूसरे से प्रतिद्वन्द्वात्मक और हिंसक सम्बन्ध रखने वाली कई जातियाँ अब अपनी पहचान को पुनर्परिभाषित करके एक–दूसरे के नजदीक आने और एकता स्थापित करने की कोशिश कर रही हैं। यह उत्तर प्रदेश की दो प्रमुख दलित जातियों, चमारों और पासियों के मामले में भी देखा जा सकता है, जिनके बीच हमेशा से टकराव रहा है। ऐतिहासिक तौर पर, पासी पहरेदार हुआ करते थे और जमींदारों के लठैतों के रूप में जाने जाते थे। उन्हें अपने मालिकों के हुक्म का पालन करते हुए चमारों को अकसर पीटना पड़ता था। इससे दोनों जातियों के बीच दुश्मनी पैदा हो गई थी।[1] लेकिन आज बसपा द्वारा निर्मित नए राजनीतिक माहौल में चमार और पासी एक ही राजनीतिक छत्र के नीचे आने के लिए बाध्य हो गए हैं। पासियों का कहना है कि अगर वे चमारों की पिटाई न करते तो मालिक खुद उनसे निपटने की कोशिश करते, जो चमारों के लिए और भी बुरा होता। इस तरह पासियों की लाठियों ने चमारों को ऊँची जातियों की लाठियों से बचाने का काम किया था।[2] आज दलित अपने–आपको दलित पहचान के सभी प्रतीकों और नायकों के साथ जोड़कर देखते हैं, भले ही वे किसी भी जाति के क्यों न हों। यह बात उत्तर प्रदेश के एक गाँव शहाबपुर के निवासी भुल्लर के साथ हुई हमारी बातचीत के दौरान भी सामने आई, जो चमार जाति से है। चमारों के इतिहास का वर्णन करते हुए भुल्लर ने एकलव्य की कथा का भी उल्लेख किया, जिन्हें निषाद जाति का माना जाता है। इसी तरह, उसने डॉ. अम्बेडकर का भी जिक्र किया जो महाराष्ट्र की महार जाति के थे।[3] इससे पता चलता है कि बसपा के प्रभाव के अन्तर्गत भुल्लर और उसके जैसे अन्य लोग अपनी पहचान को एक वृहत्तर दलित पहचान के साथ जोड़कर देखने लगे हैं। यह भावना अब निषादों में भी दिखाई देने लगी है, जो पहले अपने–आपको चमारों और पासियों से ऊँची जाति का मानते थे और उन्हें हेय दृष्टि से देखते थे। आज, बसपा की राजनीति के प्रभाव के कारण निषाद, चमार, पासी सभी दलितों के रूप में देखे जाने लगे हैं। उनमें आपसी सद्‌भाव और एकता की भावना दिखाई देने लगी है और वे अपने साझे लक्ष्य के लिए मिल–जुलकर संघर्ष कर रहे हैं। यह भावना निषादों के

एक संस्थागत बुद्धिजीवी अविनाश चौधरी ने भी व्यक्त की, जो इलाहाबाद में गंगा किनारे बसी कीडगंज नामक बस्ती में रहते हैं।[4]

इस तरह यह बिल्कुल स्पष्ट है कि बसपा के प्रभाव के अन्तर्गत दलितों की एक वृहत्तर श्रेणी उभर रही है। इस श्रेणी को मजबूत और विकसित करने के लिए कई अलग-अलग जातियाँ, जो पहले एक-दूसरे की शत्रु मानी जाती थीं, अब एक-दूसरे के साथ जुड़ने के लिए अपने जाति-इतिहासों की पुनर्व्याख्या कर रही हैं। इस घटनाक्रम को उन जातियों के बीच चुनावी गठबन्धन के रूप में भी देखा जा सकता है जो ऐतिहासिक तौर पर राजनीतिक लाभों से वंचित रही हैं। यह प्रक्रिया दो स्तरों पर काम कर रही है। एक तो ग्रास-रूट स्तर पर, जहाँ उभरती हुई प्रजातांत्रिक चुनावी सम्भावनाओं को देखते हुए विभिन्न जातियों के बीच राजनीतिक ध्रुवीकरण हो रहा है; दूसरे, बसपा द्वारा अनुसूचित जातियों, जनजातियों और अन्य पिछड़े वर्गों के बीच स्थापित की जा रही एकता के रूप में। बसपा ने पहले तो हरेक उपेक्षित समुदाय की जातिगत पहचान उभारने के लिए उसके जाति-नायकों और जाति-इतिहास का उपयोग किया, और फिर एक वृहत दलित मेटा-नरेटिव के तहत उन सबको एकजुट करने का प्रयास किया। इस मेटा-नरेटिव के लिए बसपा ने अपने 'मास्टर बेस' अर्थात् विभिन्न जातियों के नायकों, मिथकों और किंवदंतियों का उपयोग किया। जैसा कि हम पिछले अध्यायों में देख चुके हैं, इस मेटा-नरेटिव के माध्यम से यह दिखाने की कोशिश की गई कि सभी दलित जातियाँ सार्वभौमिक रूप से ऊँची जातियों के अन्यायों और दमन की शिकार रही हैं। इस तरह भिन्न-भिन्न दलित जातियों में समरसता और एकता स्थापित करने की कोशिश की गई। बसपा का कहना था कि दलितों के साथ किए जाने वाले व्यवहार को प्राचीन हिन्दू ग्रन्थों, खासकर 'मनु संहिता' ने वैधता प्रदान कर रखी थी, जिसकी रचना मनु नामक एक ऋषि ने की थी। अधिकांश उच्चवर्ण हिन्दू, खासकर उत्तर प्रदेश और बिहार में, आज भी इस ग्रन्थ में विश्वास रखते हैं और चेतन या अचेतन रूप में इसकी संहिताओं का अनुसरण करते हैं। (भारती 1997 : 87) 'मनु संहिता', जिसे बसपा 'मनुवाद' कहना पसन्द करती है, का सार-संक्षेप यह है कि शूद्रों (अर्थात् निचली जातियों) और स्त्रियों को, वे किसी भी जाति की क्यों न हो, मनुष्यों की एक अलग श्रेणी के रूप में देखा जाना चाहिए और उन्हें शिक्षा, सम्पत्ति और अन्य मानवीय अधिकारों से वंचित रखा जाना चाहिए। मनु द्वारा रचित संहिता में शूद्रों और स्त्रियों को समाज में निम्न दर्जा दिया गया और उन्हें अन्य मनुष्यों की तरह आधारभूत सम्मान के पात्र नहीं जाना गया। दलितों ने भी अपनी इस स्थिति को यह मानकर स्वीकार कर लिया कि यह उनके पिछले जन्म के पापों का फल था, क्योंकि ऊँची जातियों द्वारा उन्हें यही समझाया गया था। दलितों को मॉबिलाइज करते हुए बसपा ने इन ऐतिहासिक

अन्यायों के प्रायश्चित के रूप में उन्हें शिक्षा संस्थानों और नौकरियों में आरक्षण और संरक्षणात्मक भेदभाव का लाभ दिए जाने की माँग की। प्राचीन ब्राह्मणवादी संहिता पर आधारित सामाजिक विभाजन को लेकर एक ऐतिहासिक बहस बसपा के राजनीतिक व्याख्यान का प्रमुख अंग बन चुकी है। (सिंह 1994 : 13)

आजकल मायावती के नेतृत्व में बहुजन समाज पार्टी अपना जनाधार बढ़ाने के चक्कर में समाज के उन वर्गों के साथ भी राजनीतिक साँठ-गाँठ कर रही है जिन्हें वह अपना कट्टर शत्रु समझती रही है, जैसे कि ब्राह्मण, ठाकुर और बनिया। पहले ब्राह्मणवादी और गैर-ब्राह्मण शक्तियों के बीच टकराव चल रहा था, लेकिन अब चुनावी बाध्यताओं को देखते हुए बसपा ब्राह्मणवादी जातियों को भी अपनी पहचान की राजनीति के साथ जोड़ने की कोशिश कर रही है। 2005 से पार्टी अपने पुराने दृष्टिकोण को त्यागकर ब्राह्मण सम्मेलन, यादव सम्मेलन, साहू सम्मेलन इत्यादि का आयोजन करने लगी। उत्तर प्रदेश के विभिन्न भागों में इस तरह के कई सम्मेलन आयोजित किए गए। बसपा ने इन जातियों की पहचान को पुनर्परिभाषित करके इन्हें दलित-बहुजन राजनीति के झंडे तले लाने का प्रयास किया, जिसे उसने अब 'सर्वजन' का नाम दे दिया है, ताकि ऊँची जातियों को भी इसमें शामिल किया जा सके। (भारती 2004 : 103) दलित व्याख्यान में आए इस बदलाव को बसपा के 2005 से पहले के और 2005 के बाद के नारों के अन्तर में देखा जा सकता था। 2005 से पहले बसपा का नारा था—'तिलक, तराजू और तलवार, इनको मारो जूते चार' (तिलक अर्थात् ब्राह्मण, तराजू अर्थात् बनिया, तलवार अर्थात् ठाकुर), लेकिन 2005 के बाद यह नारा बदलकर 'हाथी नहीं गणेश है, ब्रह्मा, विष्णु, महेश है' हो गया (हाथी, जो बसपा का चुनाव-चिह्न है, अब गणेश का प्रतीक बन गया और हिन्दू वेदों के भगवानों की त्रिमूर्ति ब्रह्मा, विष्णु और महेश अब बसपा के लिए भी पूजनीय हो गए)। बनियों को अपने खेमे में लाने के लिए बसपा ने 'बहुजन-महाजन भाई-भाई' का नारा दिया (बनियों को 'महाजन' के नाम से भी जाना जाता है)।[5] पार्टी में इन नए प्रवेशकों को राजनीतिक दृष्टि से सही अर्थ देने के बसपा के प्रयासों को साफ देखा जा सकता है। इन प्रयासों में जातिगत टकरावों से उबरने के लिए अतीत की पुनर्व्याख्याएँ—जो पार्टी के वर्तमान राजनीतिक एजेंडे के अनुरूप हों—भी शामिल हैं।

कल्पना, राष्ट्र और समुदाय

समुदायों में एक राष्ट्र के रूप में अपनी कल्पना का विकास मुद्रण माध्यम के उद्‌भव और विकास के साथ हुआ। बेनेडिक्ट एंडरसन (1983), पीटर वैन दे वीयर (1991) और अन्य विद्वानों के अनुसार, निजी अध्ययन के सामूहिक कृत्य के बिना एक

आधुनिक राष्ट्र की कल्पना नहीं की जा सकती, और यह मुद्रण माध्यम के कारण हो पाया है। एंडरसन इस तथ्य पर जोर देते हुए कहते हैं कि अखबारों, पुस्तकों और प्रशासनिक नौकरशाही के विकास के कारण ही लाखों-करोड़ों लोगों के लिए स्वयं को एक समुदाय या राष्ट्र के रूप में देख पाना सम्भव हो पाया। उनके अनुसार, आधुनिक युग की शुरुआत में सूचनाओं के प्रसार की नई तकनीकों के साथ-साथ हुए सांस्कृतिक बदलावों ने लोगों को अपनी पहचानों की पुनर्व्याख्या की प्रेरणा दी। नई तकनीकों के कारण अखबारों और उपन्यासों के माध्यम से नए सांस्कृतिक वृत्तान्त सामने आए, जिन्होंने एक नई तरह के काल्पनिक समुदाय की सम्भावनाओं को जन्म दिया। इसी से एक आधुनिक राष्ट्र की परिकल्पना का सूत्रपात हुआ। स्कूल की पाठ्य-पुस्तकों, अखबारों और अन्य लोकप्रिय पुस्तकों में अपने राष्ट्रों के बारे में लेख-कहानियाँ पढ़कर लोग अपनी पहचान को ऐसे व्यापक समुदायों से जोड़-कर देखने लगे जो उनकी रोजमर्रा की स्थानीय दुनिया से कहीं व्यापक थे। (क्रेमर : 1997) प्रिंट मीडिया द्वारा प्रेरित यह कल्पना सिर्फ मुद्रण माध्यम का कृत्य नहीं होती, बल्कि लोगों की मौखिक कल्पनाओं से बहुत गहराई से जुड़ी होती है। जब समुदाय मुद्रण माध्यम से अपने बारे में कल्पना करते हैं तो वे बहुत-सी चीजें अपनी मौखिक स्मृतियों से लेते हैं। इस प्रक्रिया में वे कई ऐसे नए तत्त्व रच देते हैं जो लोगों की मौखिक स्मृति का हिस्सा बन जाते हैं।

उपेक्षित समुदायों में साक्षरता, लेखन-प्रक्रिया और मुद्रण तकनीकों के प्रयोग की प्रवृत्ति बढ़ने के साथ एक राष्ट्र की उनकी कल्पना-प्रक्रिया में तेजी आने लगी। वे आमतौर से अपने राष्ट्र की कल्पना अपने राष्ट्रीय नायकों और स्वतंत्रता सेनानियों की ऐतिहासिक जीवनियों के माध्यम से करते थे, जो उनके अनुसार देश की स्वतंत्रता और विकास में राष्ट्रीय आन्दोलन के परम्परागत नायकों से कहीं अधिक महत्त्वपूर्ण भूमिका निभा चुके थे। वे स्वतंत्रता संग्राम में अपने जाति-नायकों की भूमिका को लेकर छोटे-छोटे ऐतिहासिक उपन्यास भी लिखने लगे थे। इन उपन्यासों के माध्यम से वे देश के स्वतंत्रता आन्दोलन में अपनी भूमिका और बलिदान के बारे में बताते थे, और साथ ही नवोदित राष्ट्र को लेकर अपना असन्तोष भी व्यक्त करते थे। इन कथाओं के माध्यम से उन्होंने राष्ट्र-निर्माण की प्रक्रिया में अपने लिए एक जगह बनाने की कोशिश की। लेकिन साथ ही उन्होंने अपनी पूरी न हो पा रही आकांक्षाओं और अभिलाषाओं को भी अभिव्यक्त किया। राष्ट्रीय संघर्ष में अपनी भूमिका के इतिहास का वर्णन करते हुए वे समसामयिक राज्य के साथ एक बहस में उलझे हुए प्रतीत होते हैं। उनके वर्णन आदर्शवादी और भावुकतापूर्ण सम्भ्रान्त वर्णनों से अलग हैं। मुख्यधारा के अकादमिक इतिहासकारों और राष्ट्रवादी नेताओं द्वारा वर्णित अतीत/इतिहास में उपेक्षित समुदायों के अपने ऐतिहासिक वृत्तान्तों के

लिए बहुत कम गुंजाइश छोड़ी गई है। यही कारण है कि वे राष्ट्र-निर्माण में अपनी भूमिका को लेकर लोकप्रिय इतिहास/इतिहास-कथाओं की रचना करने और अपने अतीत को खोजने में जुटे हुए हैं, और अपनी इन कोशिशों में सफल भी हो रहे हैं। राष्ट्र-निर्माण की प्रक्रिया में अपनी बड़ी भूमिका का दावा करके वे राष्ट्र-राज्य की प्रजातांत्रिक प्रक्रियाओं में भी अपनी बड़ी और उचित हिस्सेदारी की माँग कर सकते हैं। यह एक राष्ट्र के विचार का एक वैकल्पिक सृजन है, जो उपनिवेशीय काल के बाद बहुत-से राज्यों द्वारा गढ़े गए राष्ट्र के विचार से बिल्कुल अलग है। ये राज्य राष्ट्रवादी मिथकों और भावनाओं का इस्तेमाल करके अल्पसंख्यक समूहों को नियंत्रित करने, उन्हें दबाने और उनके साथ भेदभाव करने का प्रयास करते हैं।

लोगों को राष्ट्र-राज्य से जोड़ने के लिए राष्ट्रवाद के विचार अत्यन्त महत्त्वपूर्ण हैं। राष्ट्र-राज्य के संचालन और सत्ता के साथ राष्ट्रवादी वृत्तान्तों का जुड़ाव राष्ट्रवाद को समसामयिक आधुनिक समाज में एक बहुत बड़ी शक्ति बना देता है। यह अनेक उपेक्षित और परस्पर प्रतिस्पर्द्धात्मक समुदायों को स्वयं को राष्ट्रवादी वृत्तान्त के साथ जोड़ने के लिए प्रेरित करता है। इस प्रक्रिया में एक समस्या यह पैदा हो जाती है कि राष्ट्रवादी वृत्तान्त के भीतर अपनी जगह तलाशने का संघर्ष दलितों को स्वयं को दूसरों से अधिक राष्ट्रवादी दिखाने के लिए बाध्य कर देता है। इससे कई बार वैकल्पिक राजनीति की तलाश में जुटी जातियाँ अपने-आपको वर्चस्वशाली मेटा-नरेटिव में लीन करने के लिए बाध्य हो जाती हैं, जो वर्चस्वशाली सम्भ्रान्त वर्गों की राजनीति का हिस्सा होता है।

जब समुदाय राष्ट्र का वर्णन करते हैं तो राष्ट्र-निर्माण की प्रक्रिया को लेकर कल्पना का एक तत्त्व हमेशा मौजूद रहता है। जैसा कि हैंस कोह्न ने कहा है, राष्ट्रवाद 'मस्तिष्क की एक स्थिति है, एक सचेत कृत्य है' (कोह्न 1944 : 10) राष्ट्र-निर्माण में अपनी भूमिका को रेखांकित करने के लिए दलितों के लिए यह बहुत जरूरी था कि इस प्रक्रिया में उनके योगदान को इतिहास के पृष्ठों में दर्ज किया जाए। यही कारण है कि भारतीय राष्ट्रवाद के वृत्तान्त के मौजूदा ढाँचे के भीतर उन्होंने अपनी खुद की एक जगह बनाने की कोशिश की। इस तरह, इस सन्दर्भ में, राष्ट्रवाद सामाजिक मान्यता के संघर्ष की एक आधुनिक वैचारिक अभिव्यक्ति का रूप ले लेता है। इससे उन्हें सामाजिक बिलगाव की अपनी भावना से मुक्त होने का एक व्यावहारिक और दुनियावी समाधान मिल जाता है।

एक राष्ट्र की इस परिकल्पित श्रेणी की धारणा—जो एक 'आधुनिक' और 'मानसिक स्तर पर गढ़े गए' राष्ट्र की धारणा है—को कार्लटन हेस और हैंस कोह्न ने प्रतिपादित किया था। (पाल्टी द्वारा उद्धृत : 2001) एक राष्ट्र की यह काल्पनिक या परिकल्पित संरचना मात्र एक कपोल-कल्पना नहीं है, बल्कि यह किसी भी

तरह की 'सैद्धान्तिक संरचना' का अंग होती है। (वही) यही कारण है कि दलितों द्वारा रचे गए वृत्तान्तों में राष्ट्र के बारे में कई तरह की काल्पनिक संरचनाएँ देखी जा सकती हैं।

राष्ट्र के अनेकानेक अर्थ

दलितों को राष्ट्रवादी वृत्तान्तों के साथ जोड़ने की यह जरूरत बहुजन समाज पार्टी के संस्थापक कांशीराम के सैद्धान्तिक वक्तव्यों में भी दिखाई देती है। उन्होंने अपने आन्दोलन को एक सच्चा राष्ट्रवादी कदम बताया था। उन्होंने राष्ट्रीय एकता को लेकर अपने विचार व्यक्त करते हुए कहा था कि उनके लिए राष्ट्रीय एकता का अर्थ सामाजिक असंतुलन को ठीक करना था। वे दलितों की एकता को राष्ट्रीय एकता की एक अनिवार्य शर्त के रूप में देखते थे। उनका मानना था कि एक राष्ट्र-राज्य के गठन का सही अर्थ यही था कि बहुजनों को राज्य की सत्ता और प्रशासन में उनका न्यायोचित हिस्सा दिया जाए। उनका आरोप था कि ब्राह्मणवाद ने अपने निहित स्वार्थों की खातिर दलितों को छोटे-छोटे टुकड़ों में बाँट दिया था, जिससे राष्ट्र की विकास-प्रक्रिया मंद पड़ गई थी।

दलितों द्वारा वर्णित राष्ट्रवादी वृत्तान्तों में न सिर्फ राष्ट्र-निर्माण की प्रक्रिया का हिस्सा बनने की उनकी आकांक्षा दिखाई देती है, बल्कि समाज के आधुनिकीकरण की प्रक्रिया में एक महत्त्वपूर्ण और सक्रिय समूह के रूप में हिस्सेदारी करने की उनकी आन्तरिक इच्छा भी झलकती है। वर्तमान सन्दर्भों में अपने-आपको राष्ट्रवादी वृत्तान्तों के साथ जोड़ने की दलित आकांक्षा को स्पष्ट करते हुए उत्तर प्रदेश के एक प्रमुख दलित नेता माता प्रसाद कहते हैं कि भारतीय समाज अब भी यही समझता है कि देश के स्वाधीनता-संघर्ष में दलितों का कुछ भी महत्त्वपूर्ण योगदान नहीं रहा है, और वे इस योगदान के बिना ही उत्तर-औपनिवेशिक काल में अपने लिए आरक्षण और संरक्षणात्मक विशेषाधिकारों की माँग कर रहे हैं। लेकिन विद्वानों द्वारा किए गए अध्ययनों से पता चलता है कि इस समुदाय के लोगों ने 1857 के विद्रोह में बहुत महत्त्वपूर्ण भूमिका निभाई थी, और देश के स्वतंत्रता संग्राम के अन्य चरणों में भी उनका महत्त्वपूर्ण योगदान रहा है। (दिनकर द्वारा उद्धृत : 1990) दलितों को भारत के स्वतंत्रता संग्राम के वृत्तान्त से जोड़ने वाले वे सभी वृत्तान्त स्वांत्र्योत्तर भारतीय राज्य में दलितों के लिए विशेषाधिकारों की माँग को उचित ठहराने के लिए जरूरी हैं।

दलित बुद्धिजीवी और राजनीतिक नेता इतिहास को इन जातियों के लिए एक प्रेरणा-स्रोत के रूप में देखते हैं। (चौधरी : 1997) अपना आत्मविश्वास बटोरने के लिए अपने-आपको स्वतंत्रता आन्दोलन के साथ जोड़कर देखना उनके लिए बहुत

जरूरी है। इससे उन्हें अपनी पहचान स्थापित करके और अपने सामाजिक दर्जे को ऊँचा उठाकर एक उज्ज्वल भविष्य की तरफ बढ़ने की प्रेरणा मिलती है। इसके अलावा उन्हें आरक्षण, छात्रवृत्तियों और विकास परियोजनाओं में अधिक हिस्सेदारी की अपनी माँग को सही ठहराने में भी मदद मिलती है। इन वृत्तान्तों का सार-तत्त्व यह है कि स्वतंत्रता संग्राम में महत्त्वपूर्ण योगदान देने वाले समुदाय अब भी पिछड़े हुए हैं। उनका कहना है कि दूसरों की तुलना में उनके विकास पर अधिक ध्यान देना राज्य का कर्तव्य है। (मनोहरा 1989 : 16) इन वृत्तान्तों द्वारा प्रसारित मूल विचार यही है कि उनकी माँगों को पूरा करना राज्य का नैतिक कर्तव्य है। दलित समुदायों की पुस्तिकाओं, पैम्फलेटों, भाषणों और आम चर्चाओं में भी यही विचार झलकता है। इन वृत्तान्तों के माध्यम से वे यह दिखाना चाहते हैं कि उन्हें राज्य से जो कुछ मिल रहा है, वह स्वतंत्रता संघर्ष में उनके त्याग और बलिदान को देखते हुए काफी नहीं है। (वही)

दलित वृत्तान्तों की रचना आत्मसम्मान की भावना पर आधारित है। सामाजिक प्रतिष्ठा की भावनात्मक भूख लम्बे समय से चली आ रही उनकी सामाजिक अज्ञानता और असन्तोष का परिणाम भी है और कारण भी। सामाजिक प्रतिष्ठा प्राप्त करने के लिए यह बहुत महत्त्वपूर्ण है कि समुदाय को महिमामंडित करने वाले तथ्यों को उजागर किया जाए, ताकि इस प्रचलित धारणा को ध्वस्त किया जा सके कि उनका निचला दर्जा उनकी अनैतिकता का परिणाम है, जैसे कि ब्राह्मणवादी विचारधारा परिभाषित करती रही है। अतीत के इन वृत्तान्तों के माध्यम से दलित अपनी एक ऐसी पहचान गढ़ रहे हैं, जिसने सामाजिक दर्जे से जुड़े ब्राह्मणवादी सिद्धान्तों की नींव हिला दी है, जैसे कि शुद्धता-अशुद्धता से जुड़ी मान्यताएँ, जन्म-आधारित धारणाएँ, विशिष्ट जातीय चरित्र, जातीय अनुक्रम इत्यादि। अपने दर्जे, प्रतिष्ठा और सम्मान को लेकर जितनी चिन्ता व्यक्तियों को रहती है उतनी ही समुदायों को भी, क्योंकि ये सामाजिक मूल्यांकन की ठोस कसौटियाँ हैं। ये वैयक्तिक चेतना के तत्त्व हैं और किसी वस्तुनिष्ठ कसौटी की बजाय धारणाओं, मूल्यों और जीवन-शैलियों पर आधारित होते हैं। ये वृत्तान्त निचले समुदायों के शिक्षित वर्गों में पनपती इच्छाओं और आकांक्षाओं का परिणाम हैं। बहुत-से ऐसे सामाजिक समूह जिन्हें अपनी क्षमताओं का अहसास नहीं हो पाया था, और जो समाज में आ रहे राजनीतिक बदलावों से अनभिज्ञ थे, अपनी खुद की शक्ति को लेकर जागरूक होने लगे। इससे इन समूहों में एकता और भाईचारे की भावना उत्पन्न होने लगी। इससे उन्हें प्रजातंत्र का अर्थ समझने में भी मदद मिली, जो समाज में आगे बढ़ने के अवसरों से जुड़ा हुआ था। इस भावना ने एक नए दलित वृत्तान्त के सृजन में बहुत महत्त्वपूर्ण भूमिका निभाई।

यही बात दलितों के जाति-इतिहासों की रचना के मामले में भी देखी जा सकती है। औपचारिक शिक्षा के प्रसार ने निचली जातियों के लेखकों और पाठकों को जन्म

दिया। 'आधुनिक' या उपनिवेशीय शैली के स्कूलों ने इतिहास के अध्ययन पर जोर दिया, जो परम्परागत पाठशालाओं के पाठ्य-क्रम में शामिल नहीं होता था। इतिहास पर इसी जोर ने बीसवीं सदी की शुरुआत में जाति-इतिहासों के लेखन को प्रोत्साहन दिया होगा। दलित लेखकों को अपनी जाति के सामाजिक दर्जे को लेकर 'ऐतिहासिक तर्क' तलाशने की जरूरत महसूस होने लगी। मुद्रण माध्यम और इसके साथ-साथ भाषाई गद्य के विकास और मुद्रित सामग्री की विधि रूपों में उपलब्धता से एक सार्वजनिक दायरा विकसित होने लगा। इसमें स्त्रियों की बढ़ती संख्या के साथ-साथ निचली जातियों के कुछ पुरुषों का भी प्रवेश होने लगा। इससे ही जुड़ा हुआ एक अन्य तथ्य था बीसवीं सदी के आगमन के आस-पास समाज में एक खुले सार्वजनिक संवाद की शुरुआत, जो परम्परागत जातीय सीमाओं से ऊपर था और तरह-तरह के सामाजिक विषयों से जुड़ा हुआ था। इसमें जाति सम्बन्धी मामले भी शामिल थे। आर्थिक बदलावों ने बहुत-से पेशों का दर्जा बदल डाला, सामाजिक समूहों के दर्जों में भी उलट-फेर होने लगा और उत्पादन के तौर-तरीके भी बदलने लगे। सामाजिक ढाँचे में आए इस बदलाव ने राष्ट्रवाद को लेकर एक नई तरह की जागरूकता को जन्म दिया, क्योंकि अपनी सामाजिक साख खो रहे और इसे पाने की चाह रखने वाले दोनों तरह के समूहों के लोग राष्ट्रवादियों की तरफ आकर्षित होने लगे। इस तरह राष्ट्रवाद सामाजिक मान्यता प्राप्त करने की सनातन मानवीय चाह की एक आधुनिक और सैद्धान्तिक अभिव्यक्ति बन गया, और यह अब भी यही है। राष्ट्रवाद उन लोगों को सबसे ज्यादा आकर्षित करता है जो समाज में सबसे कम सम्मानित होते हैं।

ये वृत्तान्त एक वैकल्पिक इतिहास का सृजन करते हैं, जिसमें दलितों को केन्द्र में रखा जाता है। अपनी पहचान गढ़ने की इस प्रक्रिया में आमतौर से एक 'दूसरा' होता है, जिसे अपनी खुद की तर्कशीलता और वर्णन-शक्ति को स्थापित करने के लिए इस्तेमाल किया जाता है। दूसरे शब्दों में कहें तो अन्य जातियों के साथ जारी सत्ता-संघर्ष में दलितों का लक्ष्य अपने लिए और ज्यादा जगह बनाना और विकसित और सम्मानजनक बनने के लिए अधिकतम अवसर प्राप्त करना है। इन ऐतिहासिक कथाओं में सभी जातियों को एक क्रमावली में रखा जाता है, जिसमें उनकी अपनी जाति को सबसे शीर्ष स्थान पर रखा जाता है। यह प्रवृत्ति विद्रोही (2004), पासी (1998), मदन (1987), दिनकर (1990) और नाथ (1998a और 1998b) इत्यादि दलित इतिहासकारों के लेखनों में देखी जा सकती है। इतिहास के अपने वर्णनों में वे यह दिखाने की कोशिश करते हैं कि वर्तमान भारतीय राष्ट्र और इसके समूचे तंत्र का विकास दलितों और अछूतों के कठोर परिश्रम से ही सम्भव हो पाया है। वे तर्क देते हैं कि रेलवे लाइनों और पुलों के निर्माण के लिए अछूतों का उपयोग किया गया और उनसे दिन-रात मेहनत करवाई गई। वे बीमार या थकान से चूर भी

होते थे तो भी उन्हें इस कठोर काम में जुटे रहना पड़ता था। कराची से लेकर कोलकाता तक और शिमला से लेकर रामेश्वरम तक की रेलवे लाइनें लाखों अछूतों के ख़ून–पसीने और बलिदानों पर बिछी हुई हैं। उनकी कमरतोड़ मेहनत के कारण ही पूरे देश को रेलवे से जोड़ना सम्भव हो सका। (दिनकर 1990 : 140)

अपने खुद के वृत्तान्तों में दलित यह विश्वास करना पसन्द नहीं करते कि उनके अन्दर विकसित हुई राष्ट्रीय चेतना महात्मा गाँधी के भाषणों, प्रवचनों और राजनीतिक कार्रवाइयों का नतीजा है। इसकी बजाय वे यह मानना पसन्द करते हैं कि उनके समुदाय में पैदा हुई चेतना सामाजिक, राजनीतिक, सांस्कृतिक और आर्थिक असमानताओं के खिलाफ उनके निरन्तर संघर्ष का परिणाम है। उनके अन्दर अपने ऊपर हो रहे अत्याचारों और अन्यायों को लेकर एक जागरूकता पैदा हुई, जिससे उन्हें इस शोषण के खिलाफ लड़ने की शक्ति प्राप्त हुई। वे अपने हितों को लेकर अधिक सचेत होने लगे और अपनी मातृभूमि की स्वतंत्रता में भी अधिक दिलचस्पी लेने लगे। उनकी इस जागरूकता ने ही उन्हें ब्रिटिशों के खिलाफ कई लड़ाइयाँ लड़ने के लिए प्रेरित किया। (मदन 1987 : 16)

1857 की दलित स्मृतियाँ

1857 के स्वतंत्रता संग्राम के साथ दलित एक भावनात्मक जुड़ाव महसूस करते हैं, क्योंकि वे मानते हैं कि इसकी शुरुआत उन्होंने ही की थी। उनका दावा है कि झाँसी में ब्रिटिश सेना में हुए सैनिक विद्रोह में अधिकांशतः भारतीय दलित सैनिक शामिल थे। यही वह चिंगारी थी, जिसने स्वतंत्रता संग्राम की लपटों को जन्म दिया था। यह स्वतंत्रता संग्राम था, क्योंकि दलित किसी सत्ता की चाह की बजाय अपनी मातृभूमि के लिए लड़ रहे थे। इस लड़ाई का नेतृत्व भाऊ बक्शी और पूरन कोरी ने किया था, और उनके साथ कन्धे से कन्धा मिलाकर लड़ी थीं वीरांगना झलकारीबाई, जिन्होंने बड़ी बहादुरी से अंग्रेजों का सामना किया था। (दिनकर 1990 : 62) प्रथम स्वतंत्रता संग्राम का दलित वृत्तान्त उपेक्षित समुदायों की वीरांगनाओं की कथाओं से भरा हुआ है। इनमें झलकारीबाई, अवन्तीबाई, पन्ना धाय, ऊदा देवी और महावीरी देवी इत्यादि शामिल हैं। (वही : 27) दलितों के अनुसार, 1857 के स्वतंत्रता संग्राम की चिंगारी मातादीन भंगी द्वारा भड़काई गई थी, न कि मंगल पांडे द्वारा जैसा कि सम्भ्रान्त वर्ग दावा करते रहे हैं। यह कथा इस ढंग से सुनाई जाती है कि मातादीन भंगी इस विद्रोह के प्रेरणा–स्रोत के रूप में उभरकर सामने आते हैं।

दलितों का वृत्तान्त इस प्रकार है—

> बैरकपुर में एक फैक्टरी थी, जहाँ कारतूस बनाए जाते थे। फैक्टरी के बहुत–से मजदूर अछूत समुदायों से थे। एक दिन एक मजदूर को प्यास लगी। उसने एक सैनिक से

एक लोटा पानी माँगा। वह सैनिक मंगल पांडे था। मंगल पांडे ने उसे पानी देने से मना कर दिया, क्योंकि वह मजदूर अछूत जाति का था। मजदूर को यह बात बहुत अपमानजनक लगी। उसने मंगल पांडे को ललकारते हुए कहा, "बड़ा आवा है ब्राह्मण का बेटा! जिन कारतूसों का तुम उपयोग करते हो उन पर गाय और सूअर की चर्बी लगावल जात है, जिन्हें तुम अपने दाँतों से तोड़कर बन्दूक में भरत हो। ऊ समय तुम्हारी जाति और धर्म वहाँ जावत? धिक्कार तुम्हारे इस ब्राह्मणत्व का!"

यह सुनकर सैनिक हक्का-बक्का रह गया। वह अछूत मजदूर कोई और नहीं, मातादीन भंगी था, जिसने एक हिन्दुस्तानी सैनिक की आँखें खोल दी थीं और छावनी में स्वतंत्रता संग्राम की पहली चिंगारी भड़का दी थी। जल्दी ही स्वतंत्रता की मशाल जल उठी। 1 मार्च, 1857 को सुबह की परेड के दौरान मंगल पांडे कतार तोड़कर अंग्रेजों पर भड़क उठा और हिन्दुस्तानियों की धार्मिक भावनाओं को चोट पहुँचाने के बदले में उन पर अन्धाधुंध गोलियाँ बरसाने लगा। यही वह क्षण था जब अंग्रेजों के खिलाफ विद्रोह का पहला बिगुल बजा। मंगल पांडे को घायल अवस्था में गिरफ्तार कर लिया गया। उसका कोर्ट-मार्शल हुआ और सभी सैनिकों की आँखों के सामने उसे फाँसी पर चढ़ा दिया गया। इसके बाद भारतीय सैनिकों की भावनाओं के ज्वार को रोकना मुश्किल हो गया। 18 मई, 1857 को बैरकपुर छावनी में विद्रोह की लपटें भड़क उठीं, जिसमें भारत माता के बहुत-से बहादुर सपूत शहीद हो गए। इसके बाद जो चार्जशीट बनाई गई उसमें सबसे पहला नाम मातादीन भंगी का था, जिसे बाद में गिरफ्तार कर लिया गया। सभी गिरफ्तार क्रान्तिकारियों का कोर्ट-मार्शल हुआ। मातादीन पर ब्रिटिश सरकार के खिलाफ राजद्रोह का आरोप लगाया गया। (दिनकर 1990 : 37)

एस.आर. सजीवन नाथ ने भी अपनी पुस्तक '1857 की क्रान्ति का जनक : नागवंशी भंगी मातादीन हेला' में इसी तरह का जिक्र किया है और मातादीन भंगी को 1857 के विद्रोह का जनक बताया है। इन वृत्तान्तों में मातादीन भंगी को 1857 के विद्रोह के प्रेरणा-स्रोत के रूप में प्रस्तुत किया गया है। उन्होंने यह भी दिखाने की कोशिश की है कि अगाड़ी जातियाँ जहाँ अछूतों को एक गिलास पानी देने से भी इनकार कर देती थीं, वहीं गाय की चर्बी मढ़े कारतूसों को दाँतों से काटने से नहीं झिझकती थीं। इस तरह ये वृत्तान्त राष्ट्रवादी आन्दोलन का वर्णन करने के साथ-साथ भारतीय समाज के ऊँच-नीच पर आधारित ढाँचे पर भी प्रश्न-चिह्न लगाते हैं। इनमें अछूत जातियों को निम्न जन्म और 'अशुद्धता' के कारण ऊँची जातियों से दूर रखने की कठोर संहिताओं की कड़ी आलोचना की गई है। इस प्रसंग की ऐतिहासिकता प्रमाणित करने के लिए दिनकर ने किन्हीं श्री आचार्य भगवान् देव लिखित पुस्तक 'द इम्मोरटल रेव्योलूशनरीज़ ऑफ इंडिया' को उद्धरित किया है। (वही : 38)

दलित मातादीन भंगी की स्मृति और राष्ट्रवादी आन्दोलन में उनके योगदान को कई तरह से मनाते हैं। उनकी महिमा में बहुत-से गीतों की रचना की गई है, जिन्हें

सांस्कृतिक और राजनीतिक दोनों तरह की सभाओं और समारोहों में गाया जाता है। शहरों और गाँवों में उनके स्मरणोत्सवों के आधार पर नाटकों का मंचन किया जाता है। इन अवसरों पर पत्रिकाओं के विशेषांक भी निकाले जाते हैं, जिनमें उनके योगदान के बारे में शीर्ष लेखकों के लेख रहते हैं। एक पाक्षिक अखबार 'दलित केसरी' ने 1857 के विद्रोह पर एक विशेषांक निकाला तो उसकी आमुख-कथा मातादीन भंगी पर केन्द्रित थी।[6] मैनपुरी से छपने वाले एक अन्य दलित अखबार 'अनार्य भारत' ने भी 1857 के विद्रोह में दलितों के योगदान पर एक विशेषांक प्रकाशित किया। इन सभी प्रकाशनों में मातादीन भंगी को प्रथम स्वतंत्रता संग्राम के प्रणेता के रूप में चित्रित किया गया। 'हिमायती' नामक एक दलित साहित्यिक पत्रिका ने मई 1996 के अपने अंक में 1857 के विद्रोह पर विशेष सामग्री प्रस्तुत करते हुए मातादीन भंगी पर आमुख लेख प्रकाशित किया। इसी अंक में डॉ. सोहनपाल सुमनशंकर ने जोरदार शब्दों का प्रयोग करते हुए लिखा कि 1857 के विद्रोह का बीज बोने वाला पहला व्यक्ति मातादीन भंगी था, लेकिन दुर्भाग्यवश इतिहासकारों ने उसके योगदान को नजरअन्दाज कर दिया था।[7]

इस तरह, दलितों ने मूलधारा के राष्ट्रवादी इतिहास को ध्वस्त करते हुए उसे अपने पक्ष में मोड़ दिया है। 1857 के दलित वृत्तान्तों में कुँअर सिंह, तांत्या टोपे और नाना साहेब का उल्लेख नहीं मिलता। लेकिन इनमें चेतराम जाटव, बल्लुराम मेहतर, बांके चमार और वीरा पासी का उल्लेख जरूरत रहता है। ये सभी शहीद निचली जातियों में पैदा हुए थे। हालाँकि सम्भ्रान्त राष्ट्रवादी नायकों के योगदान को नकारने की कोशिश नहीं की जाती, लेकिन उनका उल्लेख भी नहीं किया जाता। इन वृतान्तों में पूरा जोर दलित शहीदों पर रहता है, जिन्होंने समाज की निचली जातियों और आर्थिक दृष्टि से कमजोर वर्गों में पैदा होने के बावजूद अपने देश के लिए अपना जीवन बलिदान कर दिया। अंग्रेजों के साथ उनकी साहसिक लड़ाइयों को भी बड़े गर्व के साथ चित्रित किया जाता है। बल्लुराम मेहतर और चेतराम जाटव की कथा का इस तरह वर्णन किया गया है—

> हालाँकि दलित भारतीय समाज की जाति-व्यवस्था की सबसे निचली जाति में पैदा हुए और अपने कमजोर सामाजिक-आर्थिक दर्जे के कारण उन्हें घोर कठिनाइयों का सामना करना पड़ा, लेकिन उन्होंने अपने देश की खातिर अपने-आपको कभी नहीं बेचा। कोई भी किसी एक भी दलित पर यह इल्जाम नहीं लगा सकता। जब भी जरूरत पड़ी, उन्होंने अपनी मातृभूमि की खातिर अपना जीवन बलिदान कर दिया। भारत के वीर सपूतों में बल्लुराम मेहतर और चेतराम जाटव का नाम सुनहरे अक्षरों में अंकित है। जैसे ही बैरकपुर क्रान्ति की खबर लोगों तक पहुँची, क्रान्तिकारियों का जत्था सड़कों पर उमड़ पड़ा। एटा जिले के एक अंग्रेज अफसर मि. फिलिप ने भीड़ पर काबू पाने की कोशिश की। 26 मई, 1857 को एटा जिले के सोरो क्षेत्र

में चेतराम जाटव और बल्लुराम मेहतर अपने जीवन की परवाह किए बिना बैरकपुर क्रान्ति में कूद पड़े। इस क्रान्ति में सदाशिव मेहरे और चतुर्भुज वैश इत्यादि भी शामिल थे। चेतराम जाटव और बल्लुराम मेहतर, जो इस क्रान्ति के प्रणेता थे, को पकड़ लिया गया और पेड़ों से बाँधकर गोलियों से भून दिया गया। अन्य लोगों को कासगंज क्षेत्र में पेड़ों पर फाँसी पर लटका दिया गया। (दिनकर 1990 : 56)

बांके चमार की बहादुरी का भी जिक्र किया जाता है। वह जौनपुर जिले के मछली शहर के कुँअरपुर गाँव का रहने वाला था। क्रान्ति के विफल होने के बाद अंग्रेजों ने बांके चमार और उसके अठारह साथियों को बागी घोषित कर दिया। बांके चमार को गिरफ्तार करके फाँसी पर लटका दिया गया। इस तरह इस बहादुर क्रान्तिकारी ने देश के लिए अपना जीवन बलिदान कर दिया। (वही : 59)

दलित वृत्तान्तों में एक अन्य बहादुर दलित योद्धा 'अमर शहीद वीरा पासी' को भी याद किया जाता है। वह रायबरेली में मुरार मउ के राजा बेनी माधव सिंह का सन्तरी था। राजा बेनी माधव सिंह को विद्रोह में भाग लेने के कारण गिरफ्तार कर लिया गया था और जेल में डाल दिया गया था। एक रात वीरा पासी जेल में घुसकर राजा बेनी माधव सिंह को वहाँ से भगा ले जाने में सफल हो गया। ब्रिटिश प्रशासन के लिए यह बड़ी शर्म की बात थी। उसने वीरा पासी को जिन्दा या मुर्दा पकड़ने के लिए कमर कस ली और उसके सर पर पचास हजार रुपए का इनाम घोषित कर दिया। लेकिन इसके बावजूद वीरा पासी पकड़ा नहीं जा सका। (वही : 64)

1857 के आन्दोलन में दलितों की भूमिका को लेकर एक अन्य कथा गाँव मगरवाड़ा पर केन्द्रित है, जो लखनऊ राजमार्ग पर उन्नाव से लगभग दस किलोमीटर दूर स्थित है। इन वृत्तान्तों के अनुसार 20 जुलाई, 1857 को जनरल हेनरी हेवलॉक की कमान में एक ब्रिटिश फौजी-टुकड़ी मगरवाड़ा से गुजर रही थी। यह टुकड़ी एक अन्य फौजी टुकड़ी की मदद करने जा रही थी, जो वहाँ फँस गई थी। फौज को देखते ही गाँव के लगभग 2,000 पासी इकट्ठे हो गए और फौज पर पत्थर बरसाने लगे। यह हमला इतना जोरदार था कि फौज को पीछे हटना पड़ा और कानपुर छावनी में वापस लौट जाना पड़ा। लेकिन 4 अगस्त, 1857 को यही टुकड़ी फिर वापस लौटी और इस बार पूरी तैयारी के साथ। गाँव वालों ने एक बार फिर उन्हें रोकने की कोशिश की तो फौज गोलियाँ बरसाने लगी। दोनों तरफ से काफी देर तक, जमकर लड़ाई होती रही। इस लड़ाई में लगभग 2,000 पासी मारे गए। (पासी 1998 : 34)

एक अन्य कथा मगरवाड़ा के नजदीक ही स्थित एक अन्य गाँव बनी से जुड़ी हुई है। इस क्षेत्र में पासियों की कई छोटी-छोटी पट्टियाँ हैं। जब भी ब्रिटिश फौज यहाँ से गुजरती थी, उसे पासियों के कड़े विरोध का सामना करना पड़ता था। ऐसी घटनाओं से तंग आकर एक दिन ब्रिटिश अधिकारियों ने उन्हें पाँच मिनट के भीतर

गाँव खाली करने का आदेश दिया। पासियों ने ऐसा करने से इनकार कर दिया तो ब्रिटिशों ने उनकी पट्टियों को तोपों से उड़ा देने का आदेश दिया। पूरे गाँव में खलबली मच गई। लोग अपनी और अपने परिजनों की जान बचाने के लिए इधर-उधर भागने लगे। इसके बावजूद बहुत से पासी तोप के गोलों के शिकार हो गए। ब्रिटिशों को यह क्षेत्र बहुत मनोरम प्रतीत हुआ। उन्होंने अपनी फौज के लिए यहाँ एक किला बनाने का फैसला किया, ताकि कानपुर छावनी से आने वाली फौजी टुकड़ियाँ यहाँ कुछ देर रुककर आराम कर सकें और अपनी खोई हुई शक्ति बटोर सकें। यह कथा इस क्षेत्र के पासियों की सामूहिक स्मृति और मौखिक परम्पराओं का हिस्सा है। इस कथा को लेकर कई नाटक और गीत भी रचे जाते हैं। एक गीत इस प्रकार है—

बनी बनी कटी बनी, बन के फिर बिगड़ी बनी
अंग्रेजों की तोप से उड़ी, फिर बनी रही बनी

कथा में आगे कहा गया है कि रेजिडेंसी में फँसे फौजियों को बचाने के लिए जनरल हेवलॉक अगले दिन एक बार फिर अपनी फौज के साथ आगे बढ़ा। एक बार फिर उसे भारतीय स्वतंत्रता सेनानियों के प्रकोप का सामना करना पड़ा। इस बार आलमबाग भव्य भवन में। इस लड़ाई में कई भारतीय और ब्रिटिश फौजी मारे गए। दिलखुश बाग पहुँचने पर जनरल हेवलॉक को एक बार फिर भारतीय स्वतंत्रता सेनानियों का सामना करना पड़ा। इस बार भारी संख्या में ब्रिटिश फौजी मारे गए और जनरल हेवलॉक के छक्के छूट गए। वह बीमार पड़ गया और 24 नवम्बर, 1857 को उसका निधन हो गया। उसे आलमबाग के ब्रिटिश कब्रिस्तान में दफना दिया गया। (पासी : 1998) यह कथा देश की स्वतंत्रता की लड़ाई में पासियों के योगदान के वृत्तान्तों का हिस्सा है, जहाँ से यह एक बार फिर मौखिक माध्यम से दलितों की सामूहिक स्मृति में रसती रहती है।

एक अन्य कथा मक्का पासी से जुड़ी हुई है और बड़े गर्व के साथ सुनाई जाती है। मक्का पासी ऊदा देवी का पति था, जिसने अपनी पत्नी की तरह देश के लिए अपना जीवन बलिदान कर दिया था। यह घटना 10 जून, 1857 को घटी थी, जब हेनरी लॉरेंस के नेतृत्व में एक ब्रिटिश टुकड़ी बाराबंकी से गुजर रही थी। यह फौजी टुकड़ी अवध से चिनहट जा रही थी। मक्का पासी 200 पासियों को इकट्ठा करके ब्रिटिश फौज पर टूट पड़ा। इस लड़ाई में बहुत से ब्रिटिश फौजी मारे गए। कैप्टन लॉरेंस ने मक्का पासी को खतरनाक ढंग से आगे बढ़ते देखा तो उसने उस पर गोलियाँ बरसानी शुरू कर दीं। इस गोलाबारी में मक्का पासी शहीद हो गया। पासी बड़े गर्व के साथ कहते हैं कि मक्का पासी और ऊदा देवी पूरी दुनिया के इतिहास में एकमात्र ऐसे पति-पत्नी हैं, जो अपने देश की खातिर लड़ते-लड़ते शहीद हो गए। इस दम्पती ने न सिर्फ

पासी समुदाय बल्कि पूरे देश का नाम ऊँचा किया है। हर भारतीय को इस दम्पती पर गर्व महसूस करना चाहिए, जिसने देश की खातिर अपने प्राण न्योछावर कर दिए। (पासी 2005 : 90–91)

दलितों ने 1857 के विद्रोह के अपने वृत्तान्तों के माध्यम से न सिर्फ अपने खुद के नायकों को स्थापित करने का प्रयास किया है, बल्कि मुख्यधारा के वृत्तान्तों से मौजूदा उच्चवर्ण नायकों को अपदस्थ करने का भी प्रयास किया है। अपने वृत्तान्तों में वे ऊँची जातियों को देशद्रोहियों और षड्यंत्रकारियों के रूप में और अपनी मातृभूमि के प्रति निष्ठाहीन समुदायों के रूप में प्रस्तुत करते हैं। इन वृत्तान्तों के माध्यम से वे यह भी दिखाना चाहते हैं कि यही देशद्रोही समुदाय अब सबसे ज्यादा राष्ट्रवादी होने का स्वाँग कर रहे हैं और स्वाधीनता के बाद सबसे प्रभावशाली वर्ग बन बैठे हैं।

झलकारीबाई की कथा में भी दलित रानी लक्ष्मीबाई के त्याग को स्वीकार करने की बजाय यह दिखाने की कोशिश करते हैं कि उसे सत्ता का मोह था। उनके अनुसार वह अंग्रेजों से टक्कर लेना नहीं चाहती थी। झलकारीबाई के उकसाने पर ही वह विद्रोह के लिए तैयार हुई थी। 1857 का संग्राम खत्म होने के बाद वह शहीद नहीं हुई थी, बल्कि प्रतापगढ़ में जा छिपी थी।[8]

इन वृत्तान्तों की ऐतिहासिकता पर प्रश्न-चिह्न लगाया जा सकता है। लेकिन इनके सृजन और वर्णन के पीछे मुख्यधारा के वृत्तान्तों के नायकों को पदस्थ करने की राजनीति है। इस लक्ष्य को प्राप्त करने के लिए त्रि-आयामी रणनीति अपनाई गई। पहला आयाम था 1857 के संग्राम को लेकर मुख्यधारा के वृत्तान्तों पर विकृतियों का आरोप लगाना। दूसरा था अपने खुद के नायकों को मातृभूमि के लिए लड़ने वाले स्वतंत्रता सेनानियों के रूप में चित्रित करना। और तीसरा आयाम था जमींदारों, सामन्तों और समाज के धनी वर्गों को अंग्रेजों के सहयोगियों के रूप में प्रस्तुत करना। देश के शिक्षित और बुद्धिजीवी वर्ग को भी अंग्रेजों के सहयोगियों के रूप में चित्रित करने का लक्ष्य था। पश्चिम बंगाल के एक दलित लेखक ए.के. बिश्वास, जो बाद में आईएएस अधिकारी भी बने, ने अपनी पुस्तक 'सिपोय म्यूटिनी (1857–58) : एन इंडियन परफिडी' के प्राक्कथन में लिखा है—

> भारतीय इतिहास शिक्षित भारतीयों के हाथों सोची-समझी विकृतियों का शिकार रहा है। जीवन के हर क्षेत्र में इसके असंख्य उदाहरण देखे जा सकते हैं। सिपाही विद्रोह (1857–58) हालाँकि दो सदियों पुराना भी नहीं है और समसामयिक साहित्य का भरपूर भंडार मौजूद है, फिर भी इसे ऐसी ही विकृतियों का शिकार होना पड़ा है। सच्चाई को दरी के नीचे ठेल दिया गया है। दूसरे शब्दों में कहें तो इसे सामने नहीं आने दिया गया है। सिपाही विद्रोह को आज सार्वभौमिक तौर पर भारत का

पहला स्वतंत्रता संग्राम कहा जा रहा है, जब विद्रोहियों ने सर्वशक्तिमान साम्राज्य के खिलाफ विद्रोह का झंडा फहरा दिया था। लेकिन उस समय का साहित्य इसकी बिल्कुल अलग बल्कि चौंकाने वाली तस्वीर पेश करता है, जिसमें सिपाहियों को राजद्रोही, विश्वासघाती, दुष्ट और दुष्कर्मी बताया गया है। पथ-प्रदर्शक समझे जाने वाले भारतीय पत्रकारों ने अत्यन्त कठोर शब्दों में उनकी भर्त्सना की थी। दूसरी तरफ, सामंतवर्ग ने इस विद्रोह को कुचलने में साम्राज्यवादी शक्तियों को भरपूर नैतिक और भौतिक मदद दी थी। इस घोर विरोधाभास का हमारे इतिहास की पुस्तकों में कोई उल्लेख नहीं मिलता, जिसके कारणों को समझना मुश्किल नहीं है, न ही हमारी आज की पीढ़ी को इसके बारे में कुछ पता है। (बिस्वास : 1997)

अतीत के इन वृत्तान्तों के माध्यम से दलित वर्तमान में जारी सामाजिक संघर्ष के लिए शक्ति बटोरना चाहते हैं। यह विखंडित और प्रतिस्पर्द्धात्मक अतीतों को एक नया स्वरूप देकर अपने और अन्य दलित समुदायों के सशक्तीकरण का प्रयास भी है। अतीत के इस पुनर्निर्माण की प्रक्रिया उनके आज के सामाजिक-राजनीतिक और सांस्कृतिक भेदभाव के अनुभवों पर आधारित है, जिनका उन्हें आए दिन सामना करना पड़ता है। वे अपने हाल के अनुभवों को अतीत से जोड़कर देखते हैं और उसकी ऐतिहासिकता को प्रमाणित करने की कोशिश करते हैं। इस तरह, दलितों द्वारा इतिहास की खोज अपनी पहचान को एक वैधता प्रदान करने का प्रयास है, जिसके लिए उन्हें राष्ट्र के अपने बलिदानों को रेखांकित करना और इसे अपने समुदाय की एक परम्परा के रूप में दिखाना जरूरी लगता है। इस दृष्टि से यह भी कहा जा सकता है कि इतिहास एक 'अथॉरिटी' है, लेकिन यह अथॉरिटी परिवर्तनशील, भेद्य और हस्तक्षेप के प्रति सहनशील है।

दलित गांधी और नेहरू युग के स्वतंत्रता सेनानियों का भी उल्लेख करते हैं। वे पुरुष और स्त्रियाँ, जो जलियाँवाला बाग, असहयोग आन्दोलन, भारत छोड़ो आन्दोलन, चौरी-चौरा कांड इत्यादि में शहीद हुए। लेकिन उनके लोकप्रिय व्याख्यानों में ऐसे नायक ढूँढ़ना मुश्किल है जो इन चरणों से जुड़े रहे हों। दलित स्वतंत्रता सेनानियों में 'अमर शहीद' राम चंद्र भंगी (रॉलट एक्ट के खिलाफ आन्दोलन में शामिल, 1918), 'अमर शहीद' नत्थू धोबी (जलियाँवाला बाग, गोली कांड, 1919), अमर शहीद दुली धोबी, मंगल मोची, रामपति चमार, छोटू पासी, अयोध्या चमार, सम्पति चमार, अल्घू पासी (चौरी-चौरा कांड, 1923), कल्लू चमार, श्री गरीब चमार, जगेसर चमार, नाहर चमार, फलई चमार, बिरिजा चमार, मेधई चमार, रघुनाथ पासी, रामजस पासी, रामशरण पासी इत्यादि नाम शामिल हैं, जो खासकर राष्ट्रवादी आन्दोलन के दूसरे चरण से जुड़े हुए थे। दलित इतिहासकारों ने 'अमर शहीद' बलदेव प्रसाद कुरील (डेरापुर, कानपुर,) 'अमर शहीद' सुचित राम जैसवाड़ (लाल कुआँ, लखनऊ) और 'क्रान्तिवीर' बिंदेश्वरी (गोरखपुर) की कथाएँ भी प्रस्तुत की हैं, जिन्होंने

सविनय अवज्ञा आन्दोलन में महत्त्वपूर्ण भूमिकाएँ निभाई थीं। इसी तरह दलितों का मानना है कि विनोबा भावे के सत्याग्रह आन्दोलन में भी बाबादीन कोरी (मोहनलाल गंज) और नारायणदास चमार ने महत्त्वपूर्ण भूमिका निभाई थी। उनके वृत्तान्तों में 1942 के भारत छोड़ो आन्दोलन से जुड़े 'अमर शहीद' मैकुलाल चमार (सीतापुर), 'अमर शहीद' शिवधन चमार (आजमगढ़) और 'अमर शहीद' हरि चमार (बलिया) का भी उल्लेख मिलता है। (दिनकर 1990 : 41) लेकिन ये इतने महत्त्वपूर्ण प्रतीत नहीं होते कि इन्हें प्रतीक-पुरुषों का दर्जा दिया जा सके। राष्ट्रवादी आन्दोलन से जुड़े दलित प्रतीक-पुरुष, नायक और मिथक 1857 की क्रान्ति से जुड़े हुए हैं।

दलितों के लिए अपने-आपको 1857 के स्वतंत्रता संग्राम से जोड़ना क्यों जरूरी है? इतिहास के इस चरण से जुड़े दलित नायकों को अन्य चरणों के दलित नायकों की तुलना में अधिक महत्त्व क्यों दिया जा रहा है? आखिर 1857 इतना महत्त्वपूर्ण क्यों है? इसका एक कारण यह भी हो सकता है कि इस काल-खंड की घटनाएँ इतिहास में ठीक से दर्ज नहीं हैं। इसलिए दलितों के लिए अपने इतिहास को खोजने और अपने नायकों को स्थापित करने की अधिक गुंजाइश है। 1857 के विद्रोह के साथ एक रोमानी छवि जुड़ी हुई है, जिसमें बहुत-से बहादुर नायकों ने सिर्फ देशी हथियारों के बल पर अंग्रेजों से लोहा लिया और अपने शौर्य का परिचय दिया। यह रोमानी छवि दलितों को भी अपने शूरवीर नायक गढ़ने और उन्हें इतिहास के इस काल-खंड में स्थापित करने का अवसर प्रदान करती है। इन नायकों की प्रामाणिकता पर भले ही प्रश्न-चिह्न लगाया जाए, लेकिन वे लोगों की कल्पनाओं को उद्वेलित करने का काम करते हैं और समुदाय इन नायकों के साथ अपनी पहचान स्थापित करके गर्व और गौरव महसूस करता है। दूसरी तरफ, बीसवीं सदी में घटी घटनाएँ इतिहास में अच्छी तरह से और स्पष्ट रूप से दर्ज हैं, क्योंकि इस युग के नेताओं ने भारत की स्वाधीनता की कथा को एक संगठित और समरस स्वरूप देने की कोशिश की। इसलिए इस युग में अपने नायक तलाशने की दलितों के पास बहुत कम गुंजाइश है। इस युग के आन्दोलनों पर ऊँची जाति के नायकों का वर्चस्व था और दलितों को सिर्फ उनका अनुसरण करना पड़ता था। यह सच है कि असहयोग आन्दोलन, भारत छोड़ो आन्दोलन इत्यादि के दौरान निचली जातियों के बहुत-से लोगों ने अपनी जान दी। लेकिन इन आन्दोलनों का श्रेय इनके आयोजकों को ही मिलता रहा, जो अधिकांशतः ऊँची जातियों के थे।

1857 का आन्दोलन मुख्य रूप से उत्तर भारत तक ही सीमित था। इससे भी दलितों को इस युग के अपने नायक तलाशने और उन्हें स्थानीय स्थलों अवध, बुन्देलखंड, भोजपुर इत्यादि से जोड़ने में आसानी हुई। इन सभी क्षेत्रों में दलितों की घनी आबादियाँ हैं। इन घटनाओं की स्मृति सिर्फ दलितों की सामूहिक स्मृतियों का ही अंग नहीं है, बल्कि वह इन क्षेत्रों की वृहत्तर सामूहिक स्मृतियों का भी अंग है।

यह बात इन क्षेत्रों के लोकगीतों, नाटकों और संस्कृति के अन्य माध्यमों में भी झलकती है। इन तथ्यों ने दलितों के लिए अपने इतिहास और नायकों की खोज को सुगम बना दिया। इन नायकों में स्थानीय नायक बनने के साथ-साथ समूचे दलित समुदाय के लिए प्रतीक-पुरुष बनने की क्षमता थी। वे गरिमा और आत्मसम्मान के लिए दिन-प्रति-दिन के संघर्ष के बीच दलितों के प्रेरणा-स्रोत बन सकते थे। दलित नेता इस बात को अच्छी तरह समझ चुके थे कि अपने-आपको राष्ट्रवादी वृत्तान्तों से जोड़ना और स्वतंत्रता की लड़ाई में अपने योगदान को रेखांकित करना उनके लिए अत्यन्त आवश्यक था। लेकिन उन्हें स्वतंत्रता आन्दोलन के मुख्य चरण में अपने लिए कोई जगह तलाशने की बहुत कम गुंजाइश दिखाई दे रही थी। दलित-उद्धार के संघर्ष के जोर पकड़ने के कारण डॉ. अम्बेडकर और महात्मा गांधी के बीच दूरियाँ पैदा हो गई थीं, जो इस चरण में दलितों के सबसे महत्त्वपूर्ण नेता थे। इसलिए 1857 की क्रान्ति में अपने नायक तलाशने के अलावा दलितों के सामने कोई विकल्प नहीं था। इससे राज्य के साथ भी किसी तरह के टकराव की सम्भावना नहीं थी, जिसने राष्ट्रवादी वृत्तान्त को वैधता प्रदान कर रखी थी। चूँकि राज्य के साथ संवाद दलित राष्ट्रवादी वृत्तान्त के उभरने में मदद करने वाले उत्प्रेरकों में शामिल था, इसलिए उसे नजरअंदाज नहीं किया जा सकता था। न तो वे अम्बेडकर और राष्ट्रवादी आन्दोलन के उनके वृत्तान्त को नकार सकते थे, और न वर्चस्वशील राष्ट्रवादी वृत्तान्त को, जिसे वर्तमान राज्य की आधारशिला के रूप में देखा जा रहा था। इन दोनों के बीच एक सन्तुलन बिठाने की जरूरत ने दलितों को राष्ट्रवादी वृत्तान्त के भीतर अपने नायक तलाशने के लिए प्रेरित किया। और जो घटना इसकी अधिक-से-अधिक गुंजाइश प्रदान कर सकती थी, वह थी 1857 की क्रान्ति।

1857 के विद्रोह के साथ अपने-आपको जोड़ने के पीछे एक अन्य कारण भी था। दलितों को लगता था कि भारतीय जनता पार्टी से जुड़े कुछ बुद्धिजीवियों के इन आरोपों को खंडित करना अत्यन्त आवश्यक है कि दलित राष्ट्र-विरोधी थे। इन बुद्धिजीवियों के अनुसार, अम्बेडकर महात्मा गांधी के नेतृत्व में चल रहे मुख्यधारा के राष्ट्रवादी आन्दोलन के खिलाफ थे और अकसर ब्रिटिशों का समर्थन करते रहते थे। इन विचारकों ने अछूतों को यह कहकर कलंकित करने की कोशिश की कि उन्होंने भारत को जीतने में अंग्रेजों की मदद की थी—कि 1757 के प्लासी के युद्ध में दुसाध और बहेलिया लॉर्ड क्लाइव की तरफ से लड़े थे।[9] दलितों द्वारा अपना खुद का इतिहास लिखने और मुख्यधारा के राष्ट्रवादी वृत्तान्त को ध्वस्त करने के प्रयासों के विरोध में राष्ट्रवादी स्वयंसेवक संघ द्वारा गठित अखिल भारतीय इतिहास संकलन परियोजना ने 17 और 19 जुलाई, 1999 को इलाहाबाद में एक अधिवेशन का आयोजन किया था। इस अधिवेशन के दौरान संस्था के प्रमुख मोरेश्वर नीलकंठ पिंगले ने कहा

कि शूद्रों, ग्वालों और जनजातियों का इतिहास लिखने से समाज के विभिन्न वर्गों में द्वेष की भावना पैदा हो रही थी और भारतीयकृत सामाजिक जीवन के लिए समस्याएँ खड़ी हो रही थीं।[10] इस तरह के वक्तव्यों की प्रतिक्रिया में दलितों को 1857 के विद्रोह में अपनी भूमिका को उजागर करना जरूरी लगने लगा। उनका कहना था कि भारत के प्रथम स्वतंत्रता संग्राम में उनके योगदान को देखते हुए उन्हें राष्ट्र-निर्माण के इतिहास में अत्यन्त सम्मानजनक दर्जा दिया जाना चाहिए।

इस अधिवेशन के दौरान भाजपा और संघ के सदस्यों के मतभेद भी खुलकर सामने आए। उत्तर प्रदेश के तत्कालीन गवर्नर सूरजभान ने इसी अधिवेशन में उन लोगों की कड़ी आलोचना की जो स्वतंत्रता संघर्ष में दलितों की भूमिका को नकारने की कोशिश कर रहे थे। उन्होंने कहा कि स्वतंत्रता आन्दोलन में दलितों ने भरपूर और अपनी पूरी क्षमता से योगदान दिया था। उन्होंने यह भी कहा कि अगर बाल्मीकि न होते—जिन्होंने 'रामायण' की रचना की थी और जो एक दलित समुदाय से सम्बन्धित थे—तो किसी को भी न तो राम का पता होता न सीता का। उन्होंने झलकारीबाई का भी उल्लेख किया, जो 1857 में रानी झाँसी के भेष में अंग्रेजों के खिलाफ बड़ी बहादुरी से लड़ी थी।[11]

दलित राजनीतिज्ञ और बुद्धिजीवी अपने व्याख्यानों में 1857 के इतिहास, स्मृतियों और नायक-नायिकाओं का कई तरह से उपयोग करते हैं। एक तो जब जातीय पहचान की स्थापना के लिए विभिन्न जाति सम्मेलन आयोजित किए जाते हैं तो इन नायक-नायिकाओं के चित्रों से युक्त पोस्टर और पर्चे छापे जाते हैं, जिनमें 1857 के स्वतंत्रता संग्राम में इनके योगदान का उल्लेख रहता है।[12] दूसरे, वे 1857 के आन्दोलन में अपनी भूमिका के लिए राज्य से सम्मान और पुरस्कार की माँग करते हैं।[13] तीसरे, चुनाव प्रचार के दौरान बसपा नेता 1857 के उन नायक-नायिकाओं के योगदान की बढ़-चढ़कर प्रशंसा करते हैं जो श्रोताओं के समुदाय से जुड़े होते हैं। चौथे, बहुत-सी जातियाँ राज्य के पूर्वाग्रहों के खिलाफ अपने सामूहिक संघर्ष में ऐसे पोस्टर और पैम्फलेट छपवाती और वितरित करती रहती हैं, जिनमें 1857 के स्वतंत्रता संग्राम में उनके नायक-नायिकाओं के योगदान का उल्लेख रहता है। कई जातियों को आज भी पुराने औपनिवेशिक कानूनों के तहत आपराधिक जातियाँ समझा जाता है। हालाँकि इन कानूनों का उन्मूलन किया जा चुका है, फिर भी पुलिस इन कबीलाई जातियों के पीछे पड़ी रहती है। इन जातियों का कहना है कि जब ऊँची जातियाँ 'राय बहादुर' का खिताब पाने या दलितों के पूर्वजों की जमीनें हड़पने के लिए अंग्रेजों के साथ सहयोग करने में जुटी हुई थीं तो ये दलित जातियाँ ही थीं, जो अंग्रेजों के खिलाफ लड़ रही थीं। इनके विद्रोही तेवरों को देखकर अंग्रेज इतने भड़क गए कि उन्होंने 1871, 1896, 1901-02, 1909, 1911, 1913-14, 1919 और 1924 के भिन्न-भिन्न

क्रिमिनल ट्राइब एक्ट्स के तहत इन जातियों/जनजातियों को अपराधी जातियाँ घोषित कर दिया। हालाँकि अब इन जातियों को इस विशेषण और परिभाषा से मुक्त किया जा चुका है, फिर भी जब भी कभी कोई आपराधिक घटना घटती है तो पुलिस सबसे पहले इन लोगों को पकड़ती है। (दिनकर 1990 : 46) राज्य की इन ज्यादतियों के विरोध में ये समुदाय विरोध-प्रदर्शनों का आयोजन करते हैं, और 1857 के आन्दोलन में अपनी भूमिका का उल्लेख करते हुए पोस्टर और पर्चे प्रकाशित करते हैं।

1857 के विद्रोह से जुड़े कई दलित नायक-नायिकाओं में से झलकारीबाई और ऊदा देवी जैसी योद्धा नायिकाओं पर ही उत्तर प्रदेश में इतना जोर क्यों दिया जा रहा है? इसका एक कारण यह है कि जब दलित राजनीतिज्ञों, खासकर कांशीराम ने मुख्यधारा के राष्ट्रवादी वृत्तान्त को ध्वस्त करने के लिए अपने वृत्तान्तों में उस युग के दलित नायकों को स्थापित करने का फैसला किया तो उन्होंने उन दलित वीरांगनाओं पर विशेष जोर दिया, जिनके इर्द-गिर्द बसपा की नेता मायावती की छवि निर्मित की जा सके। चूँकि एक स्त्री को एक करिश्माई जन-नेत्री के रूप में उभारना था, इसलिए ऐसी दलित नायिकाओं का चयन करना जरूरी था जिन्हें योद्धा और शक्तिशाली स्त्रियों के रूप में याद किया जाता हो, ताकि मायावती की छवि निर्मित करने के लिए उन्हें प्रतीकों के रूप में इस्तेमाल किया जा सके। इन नायिकाओं को 'वीरांगनाओं' के रूप में प्रस्तुत किया गया और इस बात का ध्यान रखा गया कि उनके स्त्रीसुलभ गुणों की बजाय उनके साहस और शौर्य पर ही ज्यादा जोर दिया जाए। आम बोलचाल की भाषा में उनके लिए 'वीरांगना' की बजाय 'वीर' शब्द का ही प्रयोग किया जाता है, ताकि उन्हें मायावती की पुरुषोचित छवि के साथ जोड़ा जा सके। मायावती के समर्थक उन्हें 'बहनजी' कहकर सम्बोधित करते हैं, लेकिन उनके लिए यह शब्द नारीत्व का प्रतीक न होकर आज एक सम्मानसूचक शब्द है। मायावती की भी यही रणनीति रही है कि उन्हें एक साहसी और बहादुर व्यक्ति के रूप में प्रस्तुत किया जाए। उनके बोलने की शैली, उनकी राजनीतिक भाषा और नौकरशाहों और राजनीतिज्ञों के साथ उनके दिन-प्रतिदिन के व्यवहार में उनके पुरुषसुलभ गुण ही झलकते हैं। वे आक्रामक और स्त्रियों की परम्परागत नजाकत से मुक्त प्रतीत होना चाहती हैं। उनका व्यवहार और रवैया स्त्रियों के बारे में प्रचलित परम्परागत धारणाओं को ध्वस्त करता है। इसके ठीक उलट, भारतीय जनता पार्टी स्त्रियों को माँओं और बहनों के रूप में ममता और त्याग की मूर्तियों के रूप में प्रस्तुत करती है। इन्हें स्त्रीसुलभ गुण कहकर धर्मग्रन्थों में भी महिमामंडित किया गया है और मैथिलीशरण गुप्त जैसे मुख्यधारा के साहित्यकारों के लेखन में भी *(अबला तेरी यही कहानी, आँचल में है दूध और आँखों में पानी)*।

कांशीराम और मायावती ने 1857 के आन्दोलन से ऐसी साहसी और योद्धा दलित नायिकाएँ चुनीं जो मायावती की छवि के अनुकूल हों। अपने-आपको इन

वीरांगनाओं से जोड़कर मायावती न सिर्फ राष्ट्रवादी वृत्तान्त में अपने लिए जगह बनाना चाहती थीं, बल्कि समाजवादी पार्टी और भाजपा के साथ अपनी राजनीतिक लड़ाई में अपने-आपको एक योद्धा के रूप में चित्रित करना चाहती थीं। पुरुषोचित्त गुणों वाली शक्तिशाली और पराक्रमी दलित नायिकाएँ चुनने का यह भी एक कारण हो सकता है। मायावती के कार्यकाल में उनकी उपलब्धियों को उजागर करने वाले सरकारी प्रकाशनों में इन दलित वीरांगनाओं को 'नायिकाओं' की बजाय 'नायकों' के रूप में प्रस्तुत किया गया।[14]

राजनीति, पहचान और वृत्तान्त

दलित विचारक और राजनेता अपने अधिकारों के दावे के लिए इन नायिकाओं के मिथकों और कथाओं को भिन्न-भिन्न तरह से इस्तेमाल कर रहे हैं। इन कथाओं का एक इस्तेमाल भारतीय राज्य पर दलितों को और सुविधाएँ देने के लिए दबाव डालना है। इस तरह के ऐतिहासिक प्रस्तुतीकरण के पीछे नीति-निर्माताओं में एक तरह का अपराध-बोध जगाना है, ताकि उनसे अधिक-से-अधिक सुविधाएँ प्राप्त की जा सकें। दलित नेताओं का कहना है कि हालाँकि मूल रूप से बहुजनों के प्रयासों से ही देश को स्वतंत्रता प्राप्त हुई है, लेकिन इसका अधिकांश लाभ अगड़ी जातियाँ उठाती रही हैं। औपनिवेशिक काल में दलितों को अंग्रेजों से न्याय मिला करता था। लेकिन अब वे अन्यायों के शिकार हो रहे थे। ब्राह्मणवादियों ने ऐसा षड्यंत्र रच रखा है कि दलित हमेशा पराधीन और दबे हुए रहें और ज्ञान, धन और आत्मसम्मान न अर्जित कर पाएँ। इन दलित विद्वानों का दावा है कि स्वाधीनता के बाद ही दलितों का पतन शुरू हुआ, जब अगड़ी जातियों ने स्वतंत्रता का दुरुपयोग करते हुए दलितों को और ज्यादा दबाना शुरू कर दिया। (देखें सिंह : 1994)

वृत्तान्त के साथ इस तरह के खेल के दो उपयोग हैं। एक तरफ तो दलित राष्ट्रीय आन्दोलन में अपनी भूमिका का डंका पीटते हैं, दूसरी तरफ वे राष्ट्रीय आन्दोलन के बाद सामने आए नवोदित राष्ट्र की आलोचना भी करते हैं। उनके वृत्तान्त का एक अन्य उपयोग दलितों और अन्य अल्पसंख्यक समुदायों को एकजुट करके और उन्हें एक साझे राजनीतिक छत्र तले लाकर, एक वोट बैंक की रचना करना और सत्ता में एक बड़ा हिस्सा हथियाना है। यह काफी दिलचस्पी का विषय हो सकता है कि ये वृत्तान्त पार्टी का जनाधार बढ़ाने में किस तरह मदद करते हैं। राष्ट्र-निर्माण के दलित वृत्तान्त एक द्विमुखी रणनीति पर आधारित हैं। पहली रणनीति के तहत ये वृत्तान्त उन सभी दलित और अन्य उपेक्षित समुदायों को अपने दायरे में समेटने की कोशिश करते हैं जिन्हें मुख्यधारा के राष्ट्रवादी वृत्तान्त में जगह नहीं मिल पाई है। दूसरी रणनीति के तहत ये वृत्तान्त अगड़े और वर्चस्वशाली समुदायों को अपने दायरे से बाहर रखते

हुए उन्हें स्वार्थी, अवसरवादी और राष्ट्र के शत्रु ठहराने की कोशिश करते हैं। इस प्रक्रिया में दलित मुसलमानों को भी अपने वृत्तान्त में शामिल करने लगे हैं। उनका कहना है कि अगड़ी जातियाँ और ब्राह्मणवादी व्यवस्था मुसलमानों की वर्तमान कमजोर स्थिति के लिए भी जिम्मेदार है। औपनिवेशिक काल में मुसलमान कहीं बेहतर स्थिति में थे, लेकिन आज दिन-प्रतिदिन उनकी हालत और खराब होती जा रही है। ब्राह्मणवादी शक्तियों के वर्चस्व वाली सरकार साम्प्रदायिक भावनाएँ और तनाव फैलाती रही है, ताकि मुसलमानों को इस देश से जाने के लिए मजबूर किया जा सके।

अधिक से अधिक समुदायों को अपने साथ जोड़ने के उद्देश्य से और अपने वृत्तान्त को अधिक संवादात्मक बनाने के उद्देश्य से भी, बहुजन समाज पार्टी मुसलमानों को दो वर्गों में बाँटकर देखती है, ऊपरी और निचला। कसाई, जुलाहे, रंगरेज जैसे कई समुदायों को निचली जातियों का माना जाता है, जबकि सैयदों को ऊपरी या ऊँची जाति का माना जाता है। कांशीराम ने मुस्लिम समाज में उनके कथित दर्जे पर जोर देते हुए निचली जाति के मुसलमानों को दलित वोट बैंक के साथ जोड़ने की कोशिश की। बसपा के अनुसार इस्लाम धर्म अपनाने से पहले ये मुस्लिम समुदाय निचली जातियों के हिन्दू थे। दलित राजनीतिक विश्लेषकों द्वारा तैयार किए गए आँकड़ों के अनुसार उत्तर प्रदेश के दस जिलों के पन्द्रह संसदीय चुनाव-क्षेत्रों में मुसलमान हार-जीत का फैसला करने की निर्णायक स्थिति में थे। कुछ चुनाव-क्षेत्रों में उनकी आबादी 21 से 47 प्रतिशत के बीच थी। (वही : 8)

लेकिन एक दलित मेटा-नरेटिव को लेकर सर्वसम्मति विकसित करना इतना आसान नहीं था, क्योंकि जाति समूह बहुत-से टुकड़ों में बँटे हुए थे और कई सामाजिक-आर्थिक कारणों से उनके बीच परस्पर कटुता की भावना भी मौजूद थी। कुछ ओबीसी और दलित समुदायों के बीच सामाजिक, आर्थिक और राजनीतिक तनावों की झलक उनके जाति-इतिहासों और अन्य वृत्तान्तों में भी देखी जा सकती है। उदाहरण के लिए मुसलमानों और भंगी, दुसाध और पासी जैसी कुछ जातियों के बीच। लेकिन दलितों के मौखिक वृत्तान्तों में मौजूद इन भिन्नताओं और द्वन्द्वों को लिखित इतिहास में उभरने से बचा लिया गया, जिनमें समरसता और एकरूपता दिखाई देती है। (नारायण और मिश्रा 2004 : 23-24) इसका एक कारण एक 'कृत्रिम स्मृति' का निर्माण भी हो सकता है, जहाँ इतिहास कही जाने वाली इस कृत्रिम स्मृति के लिए लेखन एक अनिवार्य शर्त होती है। लेवी-स्ट्रॉस की एक अभिकल्पना के अनुसार, लिखित संचार का प्रमुख कार्य दासता को विकसित करना होता है, इसलिए लेखन मानवीय दासता का औजार है। (केलिन द्वारा उद्धृत : 1995) आज दलित अपनी स्थिति में बदलाव लाने के लिए इतिहासकारों से उनकी कलम (वैधता) और अधिकार छीनकर खुद अपने इतिहास लिख रहे हैं और उन्हें दलित कार्यकर्ताओं और बुद्धिजीवियों को पकड़ा रहे हैं। इस

प्रक्रिया में वे निष्क्रिय विषय/तत्त्व न रहकर—जैसा कि इतिहासकार उन्हें मानते रहे हैं—सक्रिय और सचेत विषय/तत्त्व में बदल जाते हैं। लेकिन उनके खुद के इतिहासों के प्रस्तुतीकरण के साथ एक और भी समस्या है। मुद्रण माध्यम द्वारा प्रसारित इतिहास उनकी ऐतिहासिक स्थिति को 'फ्रीज' कर देते हैं, उसे गतिहीन बना देते हैं, और एक बार फिर उन्हें मूक और निष्क्रिय विषयों/तत्त्वों में बदल देते हैं। खुद को ऐतिहासिक प्रस्तुतीकरण के सक्रिय विषय/तत्त्व बनाए रखने के लिए दलितों के लिए यह बहुत जरूरी है कि वे अपनी पिछली स्थितियों में निरन्तर परिवर्तन करते रहें; और अपनी बदलती आकांक्षाओं के अनुसार और अस्तित्व और विकास के लिए अपने नए सामाजिक संघर्ष के अनुरूप अपने नए इतिहास लिखते रहें। यह चीज दलितों के इतिहास लेखन में देखी भी गई है, लेकिन बहुत सीमित रूप में। 1960 के दशक की पुस्तिकाओं के साथ मंडल आयोग की रिपोर्ट लागू होने के बाद 1988 में प्रकाशित पुस्तिकाओं की तुलना करने पर हम उनके ऐतिहासिक प्रस्तुतीकरण में काफी अन्तर देखते हैं।[15] 1960 के दशक में लिखी गई पुस्तिकाएँ मुख्यत: मुख्यधारा के वृत्तान्त में अपने लिए जगह बनाने पर केन्द्रित थीं और इनमें उनके जाति-नायकों और जाति-इतिहास की गौरव-गाथा का वर्णन था। इन पुस्तिकाओं की तुलना में मंडल आयोग के बाद लिखी गई पुस्तिकाएँ कहीं अधिक आक्रामक थीं और ऊँची जातियों द्वारा उन्हें अशिक्षित और दबाए रखने के ऐतिहासिक अन्यायों की क्षतिपूर्ति के रूप में उन्हें आरक्षण जैसी सुविधाएँ दिए जाने को न्यायपूर्ण सिद्ध करती थीं। जैसा कि हम दूसरे अध्याय में देख चुके हैं, इन पुस्तिकाओं में यह भी तर्क दिया गया था कि अतीत में ये समुदाय शासक समुदाय थे, लेकिन ऊँची जातियों के षड्यंत्रों के कारण समाज में उनका प्रतिष्ठित दर्जा छिन गया था। (पवन 1997 : 14) इस तरह, इन दोनों काल-खंडों में दलितों द्वारा लिखी गई पुस्तिकाओं के ऐतिहासिक प्रस्तुतीकरण की 'ट्रेजेक्ट्री' में इसके दिशा-मार्ग और लक्ष्य में हम काफी अन्तर देखते हैं।

दलित राजनीतिक शक्तियों द्वारा विकसित लिखित वृत्तान्तों में इन जातियों के भिन्न-भिन्न स्थानीय वृत्तान्तों में समरसता लाने का प्रयास दिखाई देता है। वे भारतीय समाज के निर्माण की कथा का सिर्फ एक इकलौते कोण से वर्णन करते हैं, जो 'मूल निवासी' की अवधारणा के इर्द-गिर्द केन्द्रित है। उनका दावा है कि दलित, ओबीसी, मुसलमान और कबीलाई जनजातियाँ इस भूमि के मूल निवासी हैं, जबकि ब्राह्मणवादी और अगड़ी जातियाँ बाहर से आए हुए आक्रमणकारी हैं। ये सब दुनिया के दूसरे हिस्सों से आए और यहाँ के मूल निवासियों को उजाड़कर खुद यहाँ बस गए। दलित वृत्तान्तों के अनुसार, यहाँ के मूल निवासी अनार्य (गैर-आर्य) थे, जिन्हें आर्यों ने आकर छिन्न-भिन्न कर दिया था। परिणामस्वरूप, एक गौरवशाली भारतीय सभ्यता का पतन होता चला गया। (सिंह 1994 : 115)

इन वृत्तान्तों में मूल निवासियों की पहचान को उच्च सभ्यता से जोड़ दिया गया। यह किसी एक खास जाति की पहचान न होकर 'बहुजन' के नाम से जानी जाने वाली बहुत-सी जातियों और समुदायों की पहचान थी। यह इन जातियों और समुदायों की भिन्नता में समरसता लाने का प्रयास था। दलित राजनेता एक नया इतिहास लिखने का प्रयास कर रहे थे, जो आर्य और अनार्य की नस्लवादी अवधारणा पर आधारित था। इसमें दलितों की अतीत की उपलब्धियों को गौरवमंडित करके इस प्रचलित ब्राह्मणवादी धारणा को ध्वस्त करने का प्रयास किया गया था कि निचली जातियाँ सिर्फ छोटे और निचले स्तर के काम करने के योग्य थीं। ये वृत्तान्त यह स्थापित करने की कोशिश करते हैं कि निचली जातियाँ कभी राज किया करती थीं और एक ऊँची सभ्यता की संस्थापक थीं, जबकि आज ब्राह्मणवादी शक्तियाँ उन पर राज कर रही हैं। इस तरह, दलित राजनीतिक शक्तियाँ यह कहने की कोशिश करती हैं कि देश के पुराने शासकों को उनका शासन वापस मिलना चाहिए। ये वृत्तान्त दलितों को एक भावनात्मक सूत्र में पिरोने और एक साझी पहचान के तहत उन्हें एकजुट करने की भी कोशिश करते हैं। मुसलमानों को अपने साथ जोड़ने के लिए दलित राजनीतिज्ञ यह दावा करते हैं कि अधिकांश मुसलमान, लगभग 80 प्रतिशत, भारत के मूल निवासी थे और ब्राह्मणवादी व्यवस्था और अत्याचारों से दुखी होकर मुसलमान बन गए थे। इसलिए उन्हें भी बहुजन समाज से हाथ मिलाकर अपने अधिकारों और अस्मिता के लिए लड़ना चाहिए। (वही : 65)

ये दलित ऐतिहासिक वृत्तान्त, जो स्पष्ट रूप से राजनीति से प्रेरित हैं, पश्चिमी उपनिवेशीय इतिहासकारों और मिशनरी कार्यकर्ता एवं जातीय इतिहासकारों के लेखन से बहुत ज्यादा प्रभावित प्रतीत होते हैं। दरअसल, उपनिवेशीय काल में बहुत-से आधुनिकतावादियों और उपनिवेशीय राज्य के मध्यस्थों ने दलितों में अपनी पहचान की आकांक्षा की जमीन तैयार कर दी थी। अपनी इस पहचान की तलाश में दलित उस छवि की तरफ बढ़ने लगे, जो इन्हीं पश्चिमी उपनिवेशवादियों और मिशनरियों की देन थी। 'मूल निवासी' की अवधारणा, जो उनके वृत्तान्तों में दिखाई देती है, भारतीय समाज में निचली जातियों के इतिहास की मिशनरी और उपनिवेशीय प्रस्तुति से बहुत ज्यादा मेल खाती है। यहाँ यह उल्लेख करना उचित होगा कि उत्तर भारत के दलित समुदायों की मौखिक परम्परा में 'मूल निवासी' की अवधारणा को ढूँढ़ पाना बहुत मुश्किल है। (सिंह : 1994)

दलित राजनीतिक शक्तियों द्वारा प्रस्तावित एक समरस मेटा-नरेटिव भले ही विभिन्न दलित जातियों, समुदायों और समूहों में मौजूद भिन्नताओं को नजरअंदाज कर रहा हो, लेकिन भारतीय समाज पर हावी ब्राह्मणवादी शक्तियों से लड़ने के लिए यह एक राजनीतिक आवश्यकता है। पिछले कुछ वर्षों से भारतीय समाज के विभिन्न

समूहों के बीच मौजूद सत्ता-संघर्ष चुनावी मैदान में उतर आया हैं, जहाँ अंकों का गणित चलता है। यही कारण है कि दलित राजनीतिक शक्तियों को अपना जनाधार बढ़ाना जरूरी लग रहा है। इसके लिए इतिहास का एक ऐसा मेटा-नरेटिव तैयार करने की जरूरत है, जिसमें सभी दलित समुदायों और समूहों को शामिल किया जा सके। एक तरह से वृत्तान्तों का यह गठबन्धन एक राजनीतिक गठबन्धन है। अन्य मेटा-नरेटिवों की तरह यह भी संस्थाकरण और विधीकरण का एक प्रयास है, और एक तरह की बौद्धिक कलाकारी है। लेकिन दलितों द्वारा प्रस्ताविक यह मेटा-नरेटिव समाज के सम्भ्रान्त, वर्चस्वशील और शक्तिशाली ब्राह्मणवादी वर्ग की नीवें हिलाने का एक औजार भी है। (वही)

इतिहास और राजनीतिक कार्रवाई

दलितों द्वारा प्रस्तावित इतिहास निष्क्रिय और लोगों से कटे हुए नहीं हैं। अकादमिक इतिहासकारों द्वारा लिखे जाने वाले इतिहासों के विपरीत वे लोगों की स्मृतियों में जिन्दा हैं और उनमें दलितों को प्रभावित और मॉबिलाइज करने की शक्ति है। वर्चस्वशील ब्राह्मणवादी शक्तियों के खिलाफ दलित संघर्ष का नेतृत्व करने वाली दलित राजनीतिक शक्तियाँ विभिन्न दलित समुदायों को मॉबिलाइज करने के लिए और उन्हें एक राजनीतिक छत्र के नीचे लाने के लिए दलित इतिहास और इसके प्रतीकों का सफलतापूर्वक इस्तेमाल कर रही हैं। बुन्देलखंड क्षेत्र में झलकारीबाई और मध्य उत्तर प्रदेश में ऊदा देवी के मिथकों का प्रयोग इन ऐतिहासिक प्रतीकों के सफल प्रयोग के उदाहरण हैं। वृन्दावन लाल वर्मा ने अपने उपन्याय 'झाँसी की रानी' (1951) में झलकारीबाई को रानी लक्ष्मीबाई की सेविका के रूप में चित्रित किया था। दलितों ने इसे उठाकर एक 'लार्जर-दैन-लाइफ' महिमामंडित छवि दे दी। उन्होंने झलकारीबाई को 1857 के विद्रोह की अपनी नायिका के रूप में नए सिरे से स्थापित किया और उसे स्वतंत्रता संग्राम में अपनी सक्रिय भूमिका का प्रतीक बना डाला। (विद्रोही 2004 : 79) बहुजन समाज पार्टी बुन्देलखंड क्षेत्र में अपने चुनावी व्याख्यान में झलकारीबाई के इतिहास, मिथक और स्मृति का प्रयोग करके दलितों के राजनीतिक सशक्तीकरण की बात करती रही है। इसी तरह की घटना लखनऊ क्षेत्र में भी देखी जा सकती है, जहाँ पासी वीरांगना ऊदा देवी के इतिहास और स्मृति का प्रयोग करके पासियों को मॉबिलाइज करने की कोशिश की गई। ऊदा देवी 1857 के विद्रोह के दौरान बेगम हजरत महल की निकट सहयोगी थी। बसपा के अलावा लोकशक्ति पार्टी (राम विलास पासवान के नेतृत्व वाली एक दलित पार्टी) भी ऊदा देवी के इतिहास और मिथक का सफलतापूर्वक प्रयोग करती रही है। यही चीज उत्तर बिहार के मोकामा क्षेत्र में भी देखी जा सकती है, जहाँ दुसाधों की पहचान की

स्थापना और उनके राजनीतिक मॉबिलाइजेशन के लिए चुहड़मल के मिथक का प्रयोग किया जा रहा है। (नारायण : 2001b)

ये सभी उदाहरण दर्शाते हैं कि इतिहास कितना महत्त्वपूर्ण हो सकता है, और दलितों का भविष्य निर्मित करने के लिए इस इतिहास का किस तरह प्रयोग किया जा रहा है। देश में प्रजातंत्र के विकास और सत्ता में हिस्सेदारी के लिए बढ़ती होड़ को देखते हुए इतिहास के माध्यम से दलितों के सशक्तीकरण के ऐसे बहुत-से उदाहरण ढूँढ़े जा सकते हैं। ये नए इतिहास अपने-आपको भविष्य का इतिहास सिद्ध कर सकते हैं, और दक्षिण एशियाई समाजों के दलित, उपेक्षित और दबे-कुचले वर्गों के भविष्य के इतिहास भी।

अगले कुछ अध्यायों में हम देखेंगे कि इस पुस्तक के अध्ययन में शामिल कुछ दलित नायिकाओं—झलकारीबाई, ऊदा देवी और महावीरी देवी—का बहुजन समाज पार्टी किस तरह प्रयोग कर रही है, न सिर्फ इन नायिकाओं से जुड़ी दलित जातियों को मॉबिलाइज करने के लिए बल्कि समूचे दलित समुदाय को मॉबिलाइज करने के लिए भी। इस प्रक्रिया में हम यह भी विश्लेषण करेंगे कि इन नायिकाओं से जुड़े और 1857 के विद्रोह पर केन्द्रित मिथकों और किंवदंतियों को किस तरह दलित पहचान को सुदृढ़ करने के लिए और साथ ही इन नायिकाओं की उत्तराधिकारी के रूप में मायावती की छवि निर्मित करने के लिए भी, प्रयोग किया जा रहा है।

टिप्पणियाँ

1. गोदामपट्टी, शहाबपुर के भुल्लर के साथ मौखिक भेंटवार्त्ता, 23 जनवरी, 2003
2. पसियापुर, शहाबपुर के रामलखन पासी के साथ मौखिक भेंटवार्त्ता, 26 जनवरी, 2003
3. गोदामपट्टी, शहाबपुर के भुल्लर के साथ मौखिक भेंटवार्त्ता, 23 जनवरी, 2003
4. कीडगंज, इलाहाबाद के अविनाश चौधरी के साथ मौखिक भेंटवार्त्ता, 15 मई, 2004
5. बनिया सम्मेलन, इलाहाबाद में रिकॉर्डबद्ध, 6 अक्तूबर, 2005
6. 'दलित केसरी', इलाहाबाद, 14-30 जून, 1990
7. सुमनशंकर, 'हिमायती', मई, 1996 का अंक
8. एस.एल. बौद्ध, 'माझी जनता', 1-8 नवम्बर, 2001, कानुपर, पृ. 3-4
9. 'एशियन एज', कोलकाता, 24 एवं 31 दिसम्बर, 1995, 7 जनवरी, 1996
10. 'हिन्दुस्तान', लखनऊ, 18 जुलाई, 1999
11. 'हिन्दुस्तान', लखनऊ, 18 जुलाई, 1999
12. निषाद, बिंद, कश्यप, लोढ़ एकता सम्मेलन के अवसर पर प्रकाशित पैम्फलेट, इलाहाबाद, 23 फरवरी, 1997
13. निषाद समुदाय द्वारा पानी और रेत पर अपने परम्परागत अधिकारों की माँग करने के लिए आयोजित किए गए अधिवेशन के दौरान प्रकाशित पैम्फलेट, 10-11 नवम्बर, 1979
14. अखबारों से संकलित मायावती के चुनावी भाषणों के अंश
15. दलित संसाधन केन्द्र, इलाहाबाद में संग्रहीत लोकप्रिय दलित पुस्तिकाओं का विश्लेषण

5

झलकारीबाई और बुन्देलखंड के कोरी

झाँसी के नजदीक एक गाँव में झलकारीबाई के जीवन पर एक नाटक खेला जा रहा था। जैसे ही झलकारीबाई ने एक ब्रिटिश सैनिक का सिर काटा, दर्शक तालियाँ बजाने लगे और 'झलकारीबाई की जय' के नारे लगाने लगे। दलितों के इस गाँव में कोरियों का बाहुल्य है और झलकारीबाई इसी जाति की थी।

—फील्ड डायरी, नारायण, 2003

उत्तर प्रदेश के दलितों के लिए नायकों और प्रतीकों की तलाश में झलकारीबाई एक महत्त्वपूर्ण नायिका के रूप में उभरी है। बहुजन समाज पार्टी अपने मॉबिलाइजेशन अभियान में उसे बहुत महत्त्व दे रही है, क्योंकि 1857 के विद्रोह की वीरांगना के रूप में वह बुन्देलखंड क्षेत्र में खूब लोकप्रिय है। पार्टी झलकारीबाई की स्मृति में कई कार्यक्रमों और महोत्सवों का आयोजन करती रही है। ऐसा ही एक कार्यक्रम भारत की स्वाधीनता की 50वीं वर्षगाँठ पर 1997 में आयोजित किया गया था। एक दिलचस्प तथ्य यह है कि जब बुन्देलखंड और इलाहाबाद में झलकारीबाई का स्मरणोत्सव मनाया जा रहा था तो उसी दिन कुछ जगह 1857 के शहीदों के रूप में रानी लक्ष्मीबाई को सम्मानित किया गया। कुछ जगह इस दिन को 'गौरव दिवस' के रूप में मनाया गया तो कहीं 'इतिहास दिवस' के रूप में। कहीं-कहीं इसे वृक्षारोपण के अवसर के रूप में भी मनाया गया।[1] जिन कार्यक्रमों में रानी लक्ष्मीबाई को सम्मानित किया गया उनमें झलकारीबाई का कोई उल्लेख नहीं किया गया। इसी तरह, जिन कार्यक्रमों में झलकारीबाई को सम्मानित किया गया उनमें या तो लक्ष्मीबाई का उल्लेख नहीं किया गया या अपमानजनक ढंग से किया गया। ये दोनों नायिकाएँ एक ही कथा की पात्र हैं, लेकिन इनका स्मरण और सम्मान अलग-अलग किया जाता है और अलग-अलग रूपों में भी, उन अलग-अलग समुदायों द्वारा जिनसे ये दोनों सम्बन्धित थीं। रानी लक्ष्मीबाई के स्मरणोत्सव अधिकांशतः भारतीय जनता पार्टी और आरएसएस द्वारा आयोजित किए गए थे और इन समारोहों में भाग लेने

वाले लोग भी अधिकांशतः ऊँची जातियों से थे। दूसरी तरफ झलकारीबाई के सम्मान में आयोजित कार्यक्रम बहुजन समाज पार्टी द्वारा आयोजित किए गए थे और इनमें अधिकांशतः निचले समुदायों के लोग शामिल थे।

एक दिलचस्प तथ्य यह भी है कि रानी लक्ष्मीबाई पर आयोजित कार्यक्रमों में उनके नारीसुलभ गुणों पर जोर दिया गया, जिन्हें उच्च वर्ग प्रशंसा की दृष्टि से देखते हैं—त्याग, स्वार्थहीनता, मान-सम्मान की रक्षा की भावना और सौन्दर्य। आज भी उच्चवर्ण स्त्रियाँ इन नारीसुलभ गुणों को अपने आदर्श के रूप में देखती हैं। दूसरी तरफ, झलकारीबाई पर आयोजित बसपा के कार्यक्रमों में झलकारीबाई के पुरुषोचित गुणों वीरता, शौर्य और पराक्रम पर जोर दिया गया। ऐसा माना जाता है कि रानी लक्ष्मीबाई में ये पुरुषोचित गुण भी थे। सुभद्रा कुमारी चौहान ने अपनी प्रसिद्ध कविता 'झाँसी की रानी' में लिखा था—'खूब लड़ी मर्दानी वह तो झाँसी वाली रानी थी'। लेकिन भाजपा और संघ ने अपने चुनाव-प्रचार के दौरान इन पुरुषोचित गुणों को हटाकर त्याग और ममता जैसे उच्चवर्णीय नारीसुलभ गुणों पर अधिक जोर दिया। दूसरी तरफ, इससे ठीक उल्टी नीति अपनाते हुए बसपा ने झलकारीबाई के नारीसुलभ गुणों को नजरअंदाज करते हुए उसे एक बहादुर, आक्रामक और योद्धा स्त्री के रूप—शक्ति के प्रतीक के रूप में—चित्रित किया। दलितों के मॉबिलाइजेशन के लिए यह एक महत्त्वपूर्ण प्रतीक बन गया और इस तरह पार्टी के लिए झलकारीबाई के मिथक की उपयोगिता भी सिद्ध हो गई। इसके पीछे 1857 के विद्रोह की ऐसी स्मृतियों की रचना करने का प्रयास था, जो राजनीतिक शक्तियों के तर्कों और उनके लक्षित समूहों की आकांक्षाओं से मेल खाती हों।

इतिहास, स्मृति और उत्सव

1857 के विद्रोह से जुड़ा कोई स्मरणोत्सव पहली बार 1907 में आयोजित किया गया था। इसे लंदन में रहने वाले कुछ राष्ट्रवादी भारतीय नौजवानों ने आयोजित किया था। 10 मई, 1907 को उन्होंने इस युद्ध की स्मृति में एक समारोह किया, जिसे उन्होंने 'यादगारी दिवस' का नाम दिया। स्मरणोत्सव का यह विचार ब्रिटिशों की एक योजना की प्रतिक्रिया के रूप में उत्पन्न हुआ था। इस ब्रिटिश योजना के अनुसार 1857 में क्रान्तिकारियों पर ब्रिटिशों की विजय की 50वीं वर्षगाँठ मनाई जा रही थी। सरकार ने कई विशेष स्मारिकाएँ प्रकाशित करके इस विद्रोह को कुचलने वाले ब्रिटिश सैनिकों और प्रशासनिक अधिकारियों को सम्मानित किया था। दूसरी तरफ, इस अवसर पर प्रस्तुत नाटकों और व्याख्यानों में क्रान्तिकारियों की कड़ी आलोचना की गई थी।

वीर सावरकर 'अभिनव भारत क्रान्तिकारी सभा' नामक एक युवा संस्था के

नेता थे और 'यादगारी दिवस' के आयोजन के पीछे उन्हीं का हाथ था। उन्होंने 1857 के विद्रोह से जुड़े कई प्रमुख भारतीयों नाना साहब, महारानी झाँसी, तांत्या टोपे, कुंवर सिंह और मौलवी अहमद साहिब इत्यादि को राष्ट्रीय नायक-नायिकाओं की छवियों में ढालकर इस विद्रोह को एक राष्ट्रवादी स्वरूप दिया। 1908 में उन्होंने मराठी में 'भारतीय स्वतंत्रता संग्राम' नामक पुस्तक की रचना की, जो 1857 के विद्रोह पर केन्द्रित थी और जिसमें इस विद्रोह की ब्रिटिश व्याख्या का खंडन किया गया था। सावरकर ने अपने एक निबन्ध में यह पुस्तक लिखने का कारण भी बताया है। उन्होंने लिखा है, "यह पुस्तक लिखने का उद्देश्य लोगों में अपनी मातृभूमि को मुक्त करवाने के लिए एक और सफल संग्राम के लिए गहरी चाह पैदा करना और उन्हें प्रेरणा देना था।" (सावरकर 1909 : 5) उन्हें यह भी अपेक्षा थी कि यह इतिहास लोगों के सामने संगठित होने और कार्रवाई करने का कार्यक्रम रखेगा और उन्हें भविष्य के मुक्ति संग्राम के लिए तैयार करेगा। यह क्रान्तिकारी मंत्र पूरे भारत तक पहुँचाने के लिए और इसके प्रति लोगों के मन में निष्ठा जगाने के लिए उन्होंने 1857 के योद्धाओं की स्मृतियों का सहारा लिया। यह इतिहास प्रस्तुत करने के पीछे उनका उद्देश्य विदेशी सत्ता के खिलाफ एक सशस्त्र राष्ट्रीय विद्रोह को वैधता और प्रतीकात्मक शक्ति प्रदान करना था। उस समय राष्ट्रवादियों के चरमपन्थी वर्ग को नरमपन्थियों द्वारा अपराधी ठहराकर उनकी भर्त्सना की जाती थी। भारतीय राष्ट्रीय कांग्रेस भी सशस्त्र संघर्ष के खिलाफ थी और मौजूदा समस्याओं के सुधारवादी और शान्तिपूर्ण हल की बात करती थी। 1857 के इतिहास की नए सिरे से खोज क्रान्तिकारी स्वतंत्रता सेनानियों का एक राजनीतिक कदम था, ताकि राष्ट्रवादियों के सामने एक आदर्श स्थापित किया जा सके और उन्हें अपनी क्रान्तिकारी राजनीतिक कार्रवाइयों को वैध ठहराने की प्रेरणा दी जा सके।

एक क्रान्तिकारी समूह द्वारा प्रकाशित किए जाने वाले 'कीर्ति' नामक अखबार ने 1928 में अपने अप्रैल अंक को 1857 के विद्रोह पर केन्द्रित किया। इस अंक में भगवती चरण वोहरा ने '10 मई का शुभ दिन' शीर्षक से एक लेख लिखा। इस लेख में उन्होंने इस बात पर जोर दिया कि यह दिन भारतीय स्वतंत्रता आन्दोलन की शुरुआत का प्रतीक था। (सिंह, जगमोहन और लाल, चमन : 1991 में उद्धृत, पृ. 145) राष्ट्रवादी इतिहासकारों ने इस विचार को विकसित करते हुए 1857 के विद्रोह को भारत के प्रथम स्वतंत्रता संग्राम के रूप में परिभाषित करना शुरू किया। इस तरह, ब्रिटिशों के खिलाफ अपने संघर्ष में सामाजिक-राजनीतिक शक्तियाँ इतिहास को एक अतीत-कथा के रूप में रचती और प्रयोग करती हुई प्रतीत होती थीं। इस प्रक्रिया में इतिहास को बढ़ा-चढ़ाकर वर्णित करने का प्रयास किया गया था, जिसके कारण इतिहास ने एक मिथक-इतिहास (माइथो-हिस्ट्री) का रूप ले लिया

था।[2] यहाँ इतिहास अतीत में कही और की गई चीजों की स्मृति प्रतीत होता था। इतिहास के वर्णन में अतीत और वर्तमान में समानताएँ ढूँढ़ने का प्रयास दिखाई देता था। अतीत को ऐसी जीवन्त छवियों के साथ चित्रित किया गया था जो वर्तमान की कल्पना को आसानी से झकझोर सकें और परिणामस्वरूप लोगों की भावनाओं को उद्वेलित कर सकें। इस तरह, इतिहास की वर्तमान सन्दर्भों में पुनर्रचना की गई थी।

इतिहासों की खोज और छवि निर्माण

राष्ट्रवादी इतिहासकारों और राजनीतिज्ञों ने लक्ष्मीबाई को 1857 के विद्रोह की एक भव्य और पराक्रमी योद्धा नायिका के रूप में चित्रित किया। यह छवि इस विद्रोह से जुड़े नायक-नायिकाओं के वीर सावरकर के वर्णन से मेल खाती थी। राष्ट्रीय नायक-नायिकाओं के छवि-निर्माण का यह ऐसा साँचा था, जिसमें उन्हें देशभक्ति की प्रबल भावना से ओत-प्रोत वीर और पराक्रमी योद्धाओं के रूप में चित्रित किया जाता था। भारतीय समाज के हिन्दू और मुसलमान दोनों वर्गों ने उनके इस रूप को स्वीकार कर लिया था। जवाहरलाल नेहरू ने अपनी पुस्तक 'द डिस्कवरी ऑफ इंडिया' में रानी लक्ष्मीबाई की ऐसी ही छवि विकसित की। वृन्दावन लाल वर्मा और सुभद्रा कुमारी चौहान जैसे साहित्यकारों ने अपने उपन्यासों और काव्य में इस साँचे को और विस्तार दिया। पंडित सुन्दरलाल ने भी अपनी पुस्तक 'भारत का स्वतंत्रता संग्राम' में 1857 के विद्रोह के नायक-नायिकाओं की ऐसी ही छवियाँ विकसित कीं। यह पुस्तक स्वतंत्रता सेनानियों और देश के अन्य शिक्षित राष्ट्रवादियों में खूब लोकप्रिय हुई थी। राष्ट्रीय नायकों के छवि-निर्माण के इस साँचे का प्रिंट मीडिया, 'अमर चित्र कथा' जैसे सरकारी प्रकाशनों, कैलेंडरों और उपनिवेश काल के दौरान और उसके बाद प्रकाशित होने वाली नाट्य/नौटंकी पुस्तिकाओं में भी अनुसरण किया गया। देश की स्वाधीनता के बाद स्कूलों के लिए जो पाठ्य-पुस्तकें निर्धारित की गईं, उनमें भी 1857 के ऐतिहासिक वृत्तान्त के लिए इसी परम्परा का अनुसरण किया गया।

उस जमाने में नौटंकियाँ बहुत लोकप्रिय थीं। आम लोगों को उनका शोर-शराबे भरा गीत-संगीत, तड़क-भड़क भरी पोशाकें और अतिनाटकीय दृश्य खूब भाते थे। औपनिवेशिक काल में और उसके बाद इन नौटंकियों ने राष्ट्रवादी नायक-नायिकाओं पर आधारित कथाओं के माध्यम से राष्ट्रवाद का संदेश जन-जन तक पहुँचाने में महत्त्वपूर्ण भूमिका निभाई। इनमें से बहुत-सी नौटंकियाँ हिन्दीभाषी ग्रामीण क्षेत्रों में रची और मंचित की गईं। इससे न सिर्फ लोगों को 1857 की क्रान्ति के बारे में पता चला, बल्कि प्रचलित सामाजिक बुराइयों को लेकर उनमें एक तरह की जागरूकता भी पैदा हुई। कानपुर में उन दिनों 'बलिया का शेर' और 'वीर बालक' सबसे मशहूर

नौटंकियाँ थीं, जिनका नायक चिट्टू पांडे था। ये नौटंकियाँ कृष्णा पहलवान ने रची थीं और बलिया में घटित घटनाओं पर आधारित थीं। लखनऊ में कुक्कुजी नामक एक नाटककार ने भी बलिया की घटनाओं पर एक नाटक लिखा। उन दिनों लखनऊ, अलीगढ़ और हाथरस में 'झाँसी की रानी', 'जुल्म की आग', 'सुभाष चन्द्र बोस', 'वीर जवाहर' और 'नेताजी उर्फ बंगाल का शेर' जैसे नाटक खूब लोकप्रिय थे। इसी तरह, जलियाँवाला बाग नरसंहार जैसी तत्कालीन घटनाओं और रानी लक्ष्मीबाई और शहीद भगत सिंह जैसे राष्ट्रवादी नायकों के जीवन पर आधारित नौटंकियों ने जन-जन और गाँव-गाँव तक राष्ट्रवादी वृत्तान्त पहुँचाने में बहुत महत्त्वपूर्ण भूमिका निभाई।[3]

लेकिन इन राष्ट्रवादी मिथकीय वृत्तान्तों की तरह 1857 के विद्रोह के गम्भीर समालोचनात्मक इतिहासों में रानी लक्ष्मीबाई के इस तरह के मिथकीय और किंवदंतीय वृत्तान्त ढूँढ़ना बहुत मुश्किल है। (स्टॉक्स 1978 : मुखर्जी, 2001) राष्ट्रवादी वृत्तान्तों में नायकों के महिमामंडन पर केन्द्रित मेटा-हिस्ट्री दिखाई देती है। लेकिन इन वृत्तान्तों में दलितों की भूमिका का कोई उल्लेख नहीं था। इतिहास के पृष्ठों में इस भयंकर चूक को देखते हुए 1960 के बाद से दलित 1857 के विद्रोह को लेकर खुद अपने इतिहास लिखने लगे। जैसा कि हम चौथे अध्याय में देख चुके हैं, इतिहास-रचना की इस प्रक्रिया में झलकारीबाई, ऊदा देवी, मातादीन भंगी, चेतराम जाटव, बल्लुराम मेहतर, बाँके चमार और मक्का पासी जैसे कई दलित नायक-नायिकाएँ ढूँढ़ निकाले गए और उन्हें लक्ष्मीबाई और कुंवर सिंह जैसे स्थापित नायकों से कहीं ज्यादा समर्पित और देशभक्त दिखाकर प्रस्तुत किया जाने लगा। लेकिन जहाँ तक छवि-निर्माण और नायक-नायिकाओं के वर्णन की शैली का प्रश्न है, तो एक दिलचस्प तथ्य यह है कि ये दलित वृत्तान्त राष्ट्रवादी वृत्तान्तों से कुछ खास अलग नहीं हैं।

मिथक, स्मृति और कथा

झलकारीबाई का मिथक 1857 के 'भारतीय स्वतंत्रता संग्राम' के वृत्तान्त का हिस्सा है। दलित इस मिथक को इस तरह सुनाते हैं—

> झाँसी की रानी लक्ष्मीबाई के महल में झलकारीबाई नामक एक दासी थी। वह छोटी जाति की थी। जब अंग्रेजों ने झाँसी के किले को घेर लिया और हर तरफ से तोपें दागने लगे तो झलकारीबाई ने रानी को सलाह दी कि वह अपने बच्चे (जो राज्य का वारिस था) को अपनी पीठ से बाँधकर महल से निकल जाए और इस बीच वह खुद रानी के भेष में अंग्रेजों को धोखा देती रहेगी। रानी ने उसकी सलाह मान ली और अपने बच्चे के साथ महल से निकलने में सफल हो गई। अंग्रेजों को बहुत देर तक यह बात पता न चली, क्योंकि वे झलकारीबाई को ही रानी समझते रहे। जब तक उन्हें झलकारीबाई की असलियत मालूम पड़ती, रानी बहुत दूर निकल चुकी थी और अंग्रेजों की पहुँच से सुरक्षित हो चुकी थी। (विद्रोही 2004 : 56)

यह मिथक बुन्देलखंड के लोगों की मौखिक स्मृति का हिस्सा है और कई रूपों में सुनने में आता है। यह मिथक लोगों की स्मृति में आज भी जीवन्त है और लोक-गीतों, लोक-कथाओं और गाँवों की चौपालों की चर्चाओं के माध्यम से अकसर प्रकट होता रहता है। अधिकांश दलित समुदायों का मानना है कि झलकारीबाई देवी का अवतार थी और देश की सेवा करने के लिए ही इस धरती पर आई थी। 'जबाबी कीर्तन मंडली' से जुड़े एक गायक राजकुमार कोरी के शब्दों में कहें तो 'ऊ तो दुर्गा रहिन' (वे तो दुर्गा थीं)। 'जबाबी कीर्तन मंडली' इस क्षेत्र की एक लोकप्रिय सांस्कृतिक शैली है। अधिकांश कीर्तन मंडलियाँ झलकारीबाई की कथा और उसके साहसिक कारनामों पर आधारित संगीत-कार्यक्रम पेश करती रहती हैं। इसी तरह का एक लोकप्रिय कीर्तन है—

जय झलकारी दुर्गा, काली
जय-जय माँ
अंग्रेजों का गरबा तूने
चूर-चूर किया

राजकुमार कोरी ने एक भेंटवार्त्ता में बताया कि यह कीर्तन हाल ही में रचा गया था और 'सुरेश सिंह बुन्देला कीर्तन पार्टी' द्वारा लक्ष्मीबाई पर आयोजित कीर्तन का जवाब था।[4]

झलकारीबाई एक सचमुच की ऐतिहासिक पात्र थीं, न कि सिर्फ एक मिथक। लेकिन अलग-अलग समुदायों में उसके बारे में अलग-अलंग स्मृतियाँ पाई जाती हैं। ये स्मृतियाँ निरन्तर पुनर्सृजन और संशोधन की प्रक्रिया में भी हैं, खासकर निचली जातियों में। ऐसा इसलिए है क्योंकि इससे इन समुदायों को अपनी पहचान में संशोधन करने और अन्य समुदायों के साथ उसका संतुलन बिठाने में मदद मिलती है। बुन्देलखंड क्षेत्र में आज भी झलकारीबाई की कथा के भिन्न-भिन्न और परस्पर विरोधी रूप देखने में आते हैं। यह एक राजनीतिक और सामाजिक वाद-विवाद का भी विषय बन गया है। इसका अंदाजा इस तथ्य से लगाया जा सकता है कि बुन्देलखंड के हमीरपुर जिले में कछनारा गाँव के एक वृद्ध और अशिक्षित निवासी रामनारायण शुकुल, जो एक ब्राह्मण हैं, राजकुमार कोरी के दावे का जोरदार खंडन करते हुए कहते हैं, "झलकारीबाई कोई खास नहीं थी।" उनके अनुसार, झलकारीबाई सिर्फ एक कोरिन थी और रानी लक्ष्मीबाई की दासी थी। दोनों की शक्ल एक-दूसरे से मिलती-जुलती थी। जब रानी अंग्रेजों का मुकाबला करने के लिए अपनी सेना के साथ किले से बाहर आई तो झलकारीबाई ने रानी का भेस बनाकर अंग्रेजों को धोखे में डाले रखा।[5]

झलकारीबाई को 'कोरिन' कहकर सम्बोधित करना ऊँची जातियों के तिरस्कार

और उपेक्षा को दर्शाता है। बुन्देलखंड में चमारों, डोमों, भंगियों और कोरियों को समाज में सबसे निचले दर्जे का माना जाता है और अक्सर अपमानजनक ढंग से सम्बोधित किया जाता है। कोरी एक अछूत जाति है, जिसका जातिगत पेशा बुनाई है। हालाँकि इस जाति के लोग पूरे प्रान्त में बँटे हुए हैं, लेकिन बुन्देलखंड, रुहेलखंड और मध्य उत्तर प्रदेश के अन्य हिस्सों में उनकी आबादी ज्यादा घनी है। 1981 की जनगणना के अनुसार उनकी आबादी 13,81,588 थी। ऐसा प्रतीत होता है कि कोरी पूरी तरह से एक पेशेगत जाति है, जिसमें अन्य जातियों से बहिष्कृत या खुद निकले हुए लोग शामिल हैं। 'कोरी' शब्द 'कोरा' से बना है, जिसका अर्थ होता है मोटा कपड़ा। इस तरह यह शब्द बुनाई के पेशे से जुड़ा हुआ है। हालाँकि बुनाई इस समुदाय का परम्परागत पेशा रहा है, लेकिन इसके सदस्य खेतीबाड़ी से भी जुड़े हुए हैं। इसके अलावा ये लोग दक्ष और अदक्ष श्रमिकों के रूप में विभिन्न सरकारी और गैर-सरकारी सेवाओं से भी जुड़े हुए हैं। ये लोग अपने-आपको कोरी, कमाल, कमालवंशी, धीमन, अटारवार और संखावार इत्यादि कई नामों से पुकारते हैं। रुहेलखंड के कुछ भागों में वे अपने-आपको गुप्ता भी कहते हैं। (प्रसाद 1995 : 23) आज कोरी, अन्य दलित जातियों की तरह, झलकारीबाई के मिथक को अपनी जाति को गौरवमंडित करने के लिए इस्तेमाल कर रहे हैं। वे हर वर्ष झलकारीबाई जयन्ती भी मनाते हैं, जिससे उनके मन में अपनी जाति को लेकर आत्मसम्मान और गौरव की भावना पैदा होती है। उनके लिए यह अत्यन्त गर्व का विषय है कि यह दलित वीरांगना कोरी जाति में पैदा हुई थी। वे उसकी वीरता को याद करते हुए इस बात पर विशेष जोर देते हैं।

कथा-रचना का इतिहास

उस काल के लिखित ऐतिहासिक दस्तावेजों में, जिनमें झाँसी के किले पर हमला करने वाली ब्रिटिश फौज के जनरल रोज़ की डायरी और उस काल का गजेटियर इत्यादि शामिल है, झलकारबाई का कोई उल्लेख नहीं मिलता। लेकिन विष्णुराव गोडसे लिखित 'माझा प्रवास' में उसका वर्णन अवश्य मिलता है; जिसमें गोडसे ने 'झलकारी कोरिन' के रूप में उसका उल्लेख किया है। 'माझा प्रवास' एक यात्रा-डायरी है, जिसमें लेखक ने 1857 के विद्रोह के दौरान मध्य भारत की अपनी यात्राओं का वर्णन किया है। इस पुस्तक में लेखक ने उसे रानी लक्ष्मीबाई की सेविका बताया है। (गोडसे : 1907)

झलकारीबाई के मिथक का एक अन्य उल्लेख हिन्दी के प्रमुख साहित्यकार वृन्दावन लाल वर्मा की कृति 'झाँसी की रानी' में मौजूद है। अपने इस उपन्यास में उन्होंने झलकारीबाई की कथा को एक उप-कथा के रूप में शामिल किया है,

जिसके लिए उन्होंने झलकारीबाई के पोते से भेंटवार्त्ता भी की थी। वर्मा खुद भी बुन्देलखंड क्षेत्र के थे। झलकारीबाई का वर्णन करते हुए वर्मा ने भी उसे एक 'कोरिन' के रूप में सम्बोधित किया है, जिसकी शक्ल लक्ष्मीबाई से मिलती-जुलती थी। उन्होंने यह कथा कुछ इस तरह सुनाई है—

> एक झलकारी कोरिन थी। उसके नयन-नक्श, उसकी नासिका की उठान, उसकी आँखों की रंगत, उसकी चमड़ी का रंग और उसकी कद-काठी रानी से बिल्कुल मिलती-जुलती थी। रानी उसे बहुत पसन्द करती थी। उसके पति का नाम पूरन कोरी था। वह लक्ष्मीबाई की सेविका न होकर उसकी अन्तरंग सखी की तरह थी। उसने रानी से धनुष-विद्या, मल्ल-युद्ध और निशाना लगाना सीखा। बाद में वह रानी द्वारा गठित नारी-सेना में शामिल हो गई। झलकारी ने अपने पति को रानी और देश के लिए लड़ने-मरने के लिए प्रेरित किया। बाद में वह एक तोपची बन गया और किले के मुख्य फाटक पर तैनात कर दिया गया। जब रानी लक्ष्मीबाई ब्रितानियों का मुकाबला करने निकली तो ब्रितानी उसका पीछा करके उसे घेरने की कोशिश करने लगे। यह देखकर झलकारी रानी का भेष बनाकर ब्रितानी सेनापति जनरल रोज़ की तरफ झपटी। जनरल रोज़ ने झलकारी को ही रानी समझ लिया और उसे गिरफ्तार कर लिया। इस तरह रानी लक्ष्मीबाई ब्रितानियों का घेरा तोड़कर बच निकलने में सफल हो गई। एक सप्ताह तक धोखे में रहने के बाद आखिर ब्रितानियों को अहसास हुआ कि झलकारीबाई असली रानी नहीं थी, इसलिए उसे छोड़ दिया गया। (वर्मा: 1951)

उपन्यास में हर जगह झलकारी को 'कोरिन' कहकर सम्बोधित किया गया है और उसे रानी की सेना की एक साधारण सैनिक बताया गया है। उसके नाम के साथ 'बाई' नहीं जोड़ा गया है। सेना की कुछ अन्य स्त्री सैनिकों मोतीबाई, मुन्दरी और सुन्दरी को उससे ज्यादा महत्त्व दिया गया है, हालाँकि सेना में उनका दर्जा झलकारीबाई के समान ही था। 1951 में बुन्देलखंड के एक प्रगतिशील लेखक रामचन्द्र हेरन ने बुन्देली भाषा में 'माटी' नामक उपन्यास लिखा। यह उपन्यास झलकारीबाई पर केन्द्रित नहीं था, लेकिन इसमें उसका हल्का-फुल्का उल्लेख था। उसे एक शूरवीर और पराक्रमी स्त्री के रूप में चित्रित किया गया था। (हेरन : 1951)

1964 में एक दलित बुद्धिजीवी भवानी शंकर विशारद ने झलकारीबाई की पहली जीवनी लिखी। उन्होंने वर्मा के उपन्यास से इस उपकथा को उठाते हुए झाँसी के किले के नजदीक स्थित एक गाँव नयापुरवा के निचली जातियों के लोगों से बात की और उनसे प्राप्त मौखिक वृत्तान्तों के आधार पर झलकारीबाई की जीवन-कथा की पुनर्रचना की। उन्होंने लिखा है—

> जब मैं कानपुर में बी.ए. का छात्र था तो मैंने झलकारी के बारे में सुना। मेरे मन में उसके बारे में कुछ लिखने की चाह पैदा हो गई। 1961 में मेरा तबादला झाँसी में हो गया, जिसके बाद मैं बड़ी लगन से अपनी इस महत्त्वाकांक्षी परियोजना पर काम

करने लगा। पहले मैंने बहुत सारी किताबें खँगालीं। लेकिन ये किताबें मुझे सन्तुष्ट न कर पाईं। मैंने इस विषय पर खुद खोजबीन करने का फैसला किया। मैं कई बार नयापुरवा गया। लेकिन एक बाहरी आदमी होने के कारण मुझे गली-गली भटकते रहना पड़ा और कुछ भी हाथ न लगा। फिर भी मैंने हिम्मत नहीं हारी। बल्कि झलकारीबाई के बारे में छिपे हुए तत्त्वों को सामने लाने का मेरा इरादा और मजबूत हो गया।

इस बीच संयोग से नत्थुराम आर्य नामक एक सामाजिक कार्यकर्ता से मेरी भेंट हुई। मेरे संकल्प और लगन ने उनके मन को छू लिया और वे मेरी मदद करने के लिए तैयार हो गए। सबसे पहले उन्होंने मुझे वह सब बताया, जो वे अपनी नानी से झलकारीबाई के बारे में सुन चुके थे। इसके बाद मैं उनके साथ एक बार फिर नयापुरवा गया और उस क्षेत्र के निवासियों से मिला। हम लोग वह जगह ढूँढ़ने में सफल हो गए, जहाँ पूरन और उसकी पत्नी झलकारी रहा करते थे। हम उस जगह भी गए, जिसे आज झलकारी बुर्ज के नाम से जाना जाता है और जहाँ उन्हें तोपचियों के रूप में तैनात किया गया था। हमने आस-पास की कई और जगहें भी देखीं।

इसके बाद हम मोहन से मिले, जो दर्जी का काम करते हैं। हमारे प्रयासों के बारे में सुनकर वे हमें वीरांगना झलकारीबाई समिति के दफ्तर में ले गए, जो झाँसी के माणिक चौक पर स्थित था। श्री दमोदर नामक एक वकील की कृपा और सहयोग से हम वहाँ से कुछ सामग्री इकट्ठी करने में सफल हो गए। लेकिन मैं झलकारीबाई के इतिहास के बारे में और गहराई से जानने को उत्सुक था। इस बीच मानसून का मौसम शुरू हो गया। आर्यजी नामक एक व्यक्ति के साथ हम अनजानी तोरिया गए, जहाँ झलकारीबाई निशानेबाजी का अभ्यास किया करती थी। शाम को वहाँ से लौटते समय हमें एक वयोवृद्ध व्यक्ति मिला, जिसने झलकारीबाई के बारे में हमें कुछ और बातें बताईं। इसके बाद मैं एक बार फिर नयापुरवा गया। इस बार, सौभाग्यवश, मुझे वहाँ एक ऐसी वयोवृद्ध स्त्री मिल गई जो झलकारीबाई के ही गोत्र की थी। उसका नाम मन्नोबाई था। उसने मुझे वे सभी बातें बताईं, जो वह झलकारीबाई के बारे में अपनी सास से सुन चुकी थी। मन्नोबाई की मदद से हम जुगतरीबाई से भी मिले, जो गाँव की सबसे वृद्ध स्त्री थी। उसने बड़े विस्तार से हमें बताया कि विद्रोह के दौरान पूरन को कैसी-कैसी मुश्किलों का सामना करना पड़ा था। इसके बाद वीरांगना स्मृति ट्रस्ट के भूतपूर्व चेयरमैन श्री अर्जुन लाल रिछाड़िया से हमें कई और जानकारियाँ प्राप्त हुईं। उन्होंने और सूरज भान ने झलकारीबाई के बारे में हमें बहुत-सी बातें बताईं। (विशारद 1964 : 3)

भवानी शंकर विशारद ने झलकारीबाई की जो छवि प्रस्तुत की है, वह इस प्रकार है—

झलकारी एक नि:सन्तान स्त्री थी। उसने जो कुछ भी किया, आने वाली पीढ़ियों और समाज के लिए किया, और गीता के इस उपदेश का पालन करते हुए कि 'कर्म करो, फल की चिन्ता न करो'। उसने अपने कर्म को ही ध्यान में रखा और

किसी पुरस्कार की चाह किए बिना अपने कर्तव्य का पालन किया। वह एक स्त्री के दूसरी स्त्री के प्रति कर्तव्य की श्रेष्ठतम उदाहरण है। अपनी चिन्ता किए बिना और अपने आपको मौत के मुँह में धकेलते हुए वह रानी को सुरक्षित किले से बाहर निकालने में सफल हो गई। इस तरह उसने रानी को 1857 के विद्रोह में अपनी भूमिका निभाने का एक और अवसर प्रदान कर दिया। उसने स्त्रियों के सामने चारदीवारी और पर्दे से निकलकर इतिहास और समाज में एक बड़ी भूमिका निभाने का उदाहरण रखा।

इसके अलावा, झलकारी ने उन सभी का सिर गर्व से ऊँचा कर दिया, जो घोर निर्धनता में जीने के बावजूद देश की स्वतंत्रता की नींव बिछाने के लिए अपना रक्त देने से नहीं झिझके थे। एक ऐसी स्त्री ने जिसके पास न तो आजीविका का कोई सम्मानजनक साधन था और न ही कोई दुख-दर्द बाँटने वाला, सोई हुई भूमि को जगा दिया था, अपने साथियों का हौसला बढ़ाया था, और स्त्रियों के समुदाय को एक ऊँचे पायदान पर ला खड़ा किया था। (वही : 33)

1990 के बाद से दलित कार्यकर्ताओं, राजनीतिज्ञों और लेखकों ने झलकारीबाई की कथा पर बहुत-सी पुस्तिकाओं, नाटकों और गीतों की रचना की है। इस बात का प्रयास किया गया है कि झलकारीबाई की कथा को इस तरह प्रस्तुत किया जाए कि उसे लक्ष्मीबाई के समकक्ष खड़ा किया जा सके। यह बात अर्चना वर्मा (1997) द्वारा रचित इन पंक्तियों में भी झलकती है—

मचा झाँसी में घमासान, चहुँ ओर मची किलकारी थी
अंग्रेजों से लोहा लेने, रण में कूदी झलकारी थी

ये पंक्तियाँ रानी लक्ष्मीबाई पर सुभद्रा कुमारी चौहान की प्रसिद्ध कविता से प्रेरित भी हैं और उसे चुनौती भी देती हैं। इसी तरह शामलाल बौद्ध (2001) ने भी अपनी कविता 'झलकारीबाई व पूरन कोरी' में स्वतंत्रता संग्राम की अनकही कथा सुनाते हुए सुभद्रा कुमारी चौहान द्वारा लक्ष्मीबाई के महिमामंडन को ध्वस्त करने का प्रयास किया है। सुभद्रा कुमारी चौहान ने 'झाँसी की रानी' नामक अपनी खूब लोकप्रिय और अकसर उद्धृत की जाने वाली कविता में लिखा था—

खूब लड़ी मर्दानी वो तो झाँसी वाली रानी थी
बुन्देले हरबोलों के मुँह हमने सुनी कहानी थी

इन पंक्तियों में कहा गया है कि रानी झाँसी की गौरव-गाथा बुन्देलखंड के लोगों के गीतों में वर्णित है, जिनके अनुसार वह अंग्रेजों के खिलाफ एक मर्द की तरह लड़ी थी। लेकिन बौद्ध का कहना है कि अंग्रेजों के खिलाफ जो सचमुच लड़ी थी, वह रानी लक्ष्मीबाई न होकर झलकारीबाई थी जो एक दलित वीरांगना के रूप में लोगों की स्मृति और इतिहास में हमेशा अमर रहेगी। (वही)

कई अन्य दलित लेखकों और गीतकारों ने भी झलकारीबाई के मिथक और

उसके साहसिक कृत्यों का वर्णन किया है। 1995 में बिहारी लाल हरित ने 'वीरांगना झलकारी' नाम से एक विरहा की रचना की। उससे पहले 1990 में, माता प्रसाद (जो तब अरुणाचल प्रदेश के राज्यपाल थे) ने 'झलकारीबाई नाटक' के नाम से एक नाटक की रचना की थी। इस तरह हम देखते हैं कि ये लेखन इस तथ्य की पुष्टि करते हैं कि इतिहास का पुनर्सृजन उपेक्षित जातियों की प्रेरणा-शक्ति है। इस प्रक्रिया में दो महत्त्वपूर्ण बातें सामने आती हैं। पहली यह कि उपेक्षित जातियों की पहचान को नए सिरे से गढ़ने के लिए साहित्य की पुनर्व्याख्या और पुनर्रचना की जा रही है; दूसरी यह कि साहित्य भव्य इतिहास में प्रवेश करने का एक द्वार मात्र है, जिसे निचली जातियाँ फिर से लिखना चाहती हैं। इस तरह जातियाँ, समुदाय और समूह अपनी पहचान की तलाश में मिथकों, स्मृतियों और अतीत की पुनर्खोज और पुनर्कल्पना करते हैं। विभिन्न राजनीतिक पार्टियाँ इसी स्थिति का लाभ उठाकर अतीत की पुनर्व्याख्या की होड़ में शामिल हो जाती हैं।

झलकारीबाई पर माता प्रसाद के नाटक (1990) की कथा इस प्रकार थी—

> झलकारीबाई पूरन कोरी की पत्नी थी। कोरी जात अंग्रेजों के खिलाफ लक्ष्मीबाई के साथ कन्धे से कन्धा मिलाकर लड़ी थी। महल का मुख्य फाटक, जहाँ झलकारीबाई का पति तैनात था, कोरी जात के सैनिकों के पहरे में था। झलकारीबाई लक्ष्मीबाई की तरह ही साहसी और बहादुर थी और उसकी अन्तरंग सखी थी। रानी के साथ उसकी इस निकटता से महल के ऊँची जातियों के कर्मचारी जलते थे और उसके खिलाफ चालें चलते रहते थे। झलकारीबाई मल्ल-युद्ध और अन्य शारीरिक करतबों में सिद्धहस्त थी। रानी ने खुद उसे घुड़सवारी और निशानेबाजी सिखाई थी। वह रानी की स्त्री सेना 'दुर्गा वाहिनी' की प्रमुख थी। झलकारीबाई ने ही रानी को अपने गोदक पुत्र दामोदर के साथ महल से खिसक जाने की सलाह दी। उसी ने अंग्रेजों को धोखे में रखने के लिए खुद रानी का भेष धारण करने की योजना भी बनाई। अपने प्राणों की चिन्ता किए बिना वह दांतिया तक गई और बड़ी बहादुरी से अंग्रेज सेना से लड़ी। लेकिन आखिर में उसे पकड़ लिया गया और जेल में डाल दिया गया। उसे काफी समय बाद रिहा किया गया।

इस वृत्तान्त में झलकारीबाई को रानी लक्ष्मीबाई के समकक्ष रखने की कोशिश की गई है। दोनों ही युद्ध-विद्याओं में सिद्धहस्त थीं। अन्तर सिर्फ इतना था कि लक्ष्मीबाई एक रानी थी और झलकारीबाई एक कोरिन। इस व्याख्या के अनुसार, रानी लक्ष्मीबाई झलकारीबाई को अपनी बहन की तरह मानती थी और रानी की सैन्य रणनीतियाँ झलकारीबाई ही बनाती थी। झलकारीबाई के साथ रानी की घनिष्ठ मित्रता के कारण ही उसके खिलाफ ऊँची जातियों की चालें सफल नहीं हो पाईं। बाद में ठाकुर दूल्हाजू के छल-कपट के कारण ही वह गिरफ्तार कर ली गई। इस वृत्तान्त में उसे ऊँची जातियों से भी ज्यादा सच्ची देशभक्त दिखाया गया है। (वही)

समाज का ऊँचा तबका इस तरह की व्याख्याओं को स्वीकार नहीं करता। इसका कारण यह है कि एक तो झलकारीबाई को लक्ष्मीबाई के समान महत्त्व देते हुए उसे एक कुशल रणनीतिज्ञ दिखाया गया है, दूसरे एक ठाकुर को एक गद्दार के रूप में प्रस्तुत किया गया है। यहाँ एक उपेक्षित जाति को दूसरी जातियों से ज्यादा देशभक्त दिखाया गया है। जाति के एक भी सदस्य को गद्दारी करते नहीं दिखाया गया है।

अधिकांश दलित लेखकों ने लगभग भुला दी गई और लगभग गुमनामी के अँधेरों में लुप्त हो चुकी झलकारीबाई की कथा वृन्दावन लाल वर्मा के उपन्यास से ही ली है, जो एक गैर-दलित लेखक थे। उनके उपन्यास के माध्यम से ही साक्षर और शिक्षित लोगों को झलकारीबाई के बारे में पता चला। भवानी शंकर विशारद ने झलकारीबाई की जीवनी लिखते समय बार-बार वर्मा के वर्णन का सन्दर्भ दिया है।

यह नई जानकारी दलित लेखकों द्वारा रचित जीवनी, नाटक और कविताओं के माध्यम से आम लोगों तक पहुँची। झलकारीबाई की कथा के प्रसार के साथ एक शक्तिशाली सैद्धान्तिक मंतव्य जुड़ा हुआ है—एक नई तरह की जागरूकता पैदा करने और जातीय पहचान और आकांक्षाओं को नए सिरे से परिभाषित करने का उद्देश्य/ अतीत की इस तरह की खोज का आधारभूत लक्ष्य नए सामाजिक-राजनीतिक और सांस्कृतिक सन्दर्भों में वैधता प्राप्त करना और जातीय पहचान को फिर से गढ़ना है।

बलिदान और दलित वृत्तान्त

परम्परागत समूहों द्वारा रचित भव्य वृत्तान्त जहाँ नायक-नायिकाओं और उनकी उपलब्धियों को महिमामंडित करते हैं, वहीं समुदाय का मनोबल बढ़ाने और उसमें गर्व और गौरव की भावना पैदा करने का काम भी करते हैं। इन वृत्तान्तों का ऐतिहासिक होना जरूरी नहीं है; ये पौराणिक धार्मिक या विशुद्ध काल्पनिक भी हो सकते हैं। वीररस से ओत-प्रोत ये वृत्तान्त समूह की साझी स्मृति का हिस्सा होते हैं और सदस्यों में अपने समूह के प्रति निष्ठा-भावना पैदा करने के साथ-साथ उन्हें अपनी नई पहचान के संघर्ष के लिए भी तैयार करते हैं। आधुनिक शिक्षित समाजों में ऐसे वीररस-युक्त वृत्तान्त द्वितीय वृत्तान्तों के रूप में उभरते रहते हैं, और कहीं अधिक परिष्कृत, साहित्यिक और कलात्मक होते हैं।

डी.सी. दिनकर (1990, 24-25) ने झलकारीबाई का काफी दिलचस्प वृत्तान्त प्रस्तुत किया है। उनके अनुसार, 'रानी लक्ष्मीबाई' को राज-पाट का मोह था। वह अंग्रेजों के खिलाफ बगावत करने के लिए राजी नहीं थी। झलकारीबाई ने उसे अंग्रेजों के साथ समझौता करने से रोका। बल्कि उसी ने रानी को आजादी के लिए लड़ने-मरने की प्रेरणा दी। दिनकर ने आगे लिखा है—

रानी लक्ष्मीबाई को स्वतंत्रता आन्दोलन की शहीद के रूप में याद करना अनैतिहासिक होगा। बहुत-से इतिहासकार यह स्थापित करने की कोशिश करते हैं कि रानी लक्ष्मीबाई 16 जून, 1958 को अंग्रेजों के खिलाफ लड़ते हुए मारी गई थी। लेकिन सच्चाई यह है कि रानी प्रतापगढ़ के महाराजा की मदद से उपनिवेशीय सेना से बच निकली थी और नेपाल तराई के घने जंगलों में जाकर भूमिगत हो गई थी। वास्तव में, वह लम्बे समय तक जीवित रही और उसकी मृत्यु 80 वर्ष की उम्र में हुई।

दिनकर ने रानी लक्ष्मीबाई का एक चित्र भी प्रस्तुत किया है, जो मई 1941 में 'सुधा' (एक प्रसिद्ध हिन्दी पत्र) में छपा था। इससे पता चलता है कि झलकारीबाई की छवि निर्मित करने की प्रक्रिया में लक्ष्मीबाई की पूर्व-निर्मित छवि को बिगाड़ने की कोशिश की जा रही है, जिसमें उसे देश के लिए बलिदान होने वाली साहसी और योद्धा स्त्री के रूप में चित्रित किया गया है। इसी प्रवृत्ति के तहत लक्ष्मीबाई की वीरतापूर्ण मृत्यु पर भी प्रश्नचिह्न लगाने की कोशिश की जा रही है, जो भारत के स्वतंत्रता आन्दोलन के मुख्यधारा के वृत्तान्त का हिस्सा है।

इस तरह, जहाँ एक तरफ बलिदान के वृत्तान्त को नकारने की कोशिश हो रही है, जो रानी लक्ष्मीबाई की छवि का अभिन्न अंग है, वहीं दूसरी तरफ झलकारीबाई के बलिदान को महिमामंडित करने की भी कोशिशें जारी हैं। हाल ही में, इलाहाबाद की भारतरत्न डॉ. भीमराव अम्बेडकर जन्मदिवस मेला आयोजन समिति ने झलकारीबाई का 143वाँ 'शहीद दिवस' मनाया। इस अवसर पर अधिकांश वक्ताओं की तीन सूत्रीय नीति रही—

1. राष्ट्रवादी समर्पण-भावना और वीरता का चित्रण
2. झलकारीबाई की वीरगति के इर्द-गिर्द वृत्तान्त की बुनावट
3. उसके बलिदान का महिमामंडन

दलित लेखक 1857 की क्रान्ति के दलित स्वतंत्रता सेनानियों की बलिदान-गाथा प्रस्तुत करते हैं। इस बलिदान-गाथा में झलकारीबाई और ऊदा देवी को दलितों की देशभक्ति और त्याग-भावना की परम्परा के उत्कृष्ट उदाहरणों के रूप में चित्रित किया जाता है। इन वृत्तान्तों के माध्यम से दलित स्वतंत्रता आन्दोलन में अपनी भूमिका को रेखांकित करते हैं। इन बलिदान-गाथाओं का एक अन्य उद्देश्य समुदाय के सदस्यों की संघर्ष-शक्ति बढ़ाना और उनमें साहस और आत्मविश्वास पैदा करना है। अपने जीवन के बलिदान को राष्ट्र के लिए सर्वोच्च समर्पण माना गया है। यह देशभक्ति का प्रतीक है, जो भावनात्मक राष्ट्रवाद का आधार है। उपनिवेशीय और उत्तर-उपनिवेशीय काल के साहित्य में अपने जीवन के उत्सर्ग को राष्ट्र के लिए सर्वोच्च त्याग के रूप में महिमामंडित किया गया है। रामधारी सिंह दिनकर ने अपनी प्रसिद्ध कविता 'प्रणति' में लिखा है—

कलम आज उनकी जय बोल
जला अस्थियाँ बारी-बारी
चिटकाई जिनने चिंगारी
जो चढ़ गए पुण्य-वेदी पर
लिये बिन गर्दन का मोल
कलम आज उनकी जय बोल

—कुमार द्वारा उद्धृत 1994 : 5-15

आत्मबलिदान या शहादत को राष्ट्र के लिए सर्वोच्च त्याग के रूप में चित्रित और महिमामंडित करने की भावना धीरे-धीरे जनमानस की कल्पना का हिस्सा बन जाती है। खरे (1984) का मानना है कि अछूत समाज के कुछ खास हिस्सों में जागरूकता की काफी विकसित भावना मौजूद है, और वे अपने सशक्तीकरण के लिए जरूरी कार्रवाई के लिए नई विचारधाराएँ गढ़ने की प्रक्रिया में हैं।

तालिका 5.1 में झलकारीबाई की कथा से जुड़ी पुस्तकों की सूची दी गई है।

तालिका 5.1

झलकारीबाई के इतिहास पर प्रकाशित पुस्तकें

लेखक	*पुस्तक का नाम*	*प्रकाशन वर्ष*
विष्णुराव गोडसे	माझा प्रवास	1907
वृन्दावन लाल वर्मा	झाँसी की रानी	1951
रामचन्द्र हेरन	माटी	1951
भवानी शंकर विशारद	वीरांगना झलकारीबाई	1964
पियूष	झाँसी की रानी नाटक	1972
डी.सी. दिनकर	स्वतंत्रता संग्राम में अछूतों का योगदान	1990
चोखेलाल वर्मा	झलकारीबाई नाटक	1990
माता प्रसाद	वीरांगना झलकारीबाई काव्य	1993
बिहारी लाल हरित	वीरांगना झलकारी	1995

यह पता लगाना आसान नहीं है कि झलकारीबाई की कथा मौखिक संस्कृति की उपज है या मुद्रण संस्कृति की। बल्कि मौखिक और साहित्यिक संस्कृतियाँ साथ-साथ अस्तित्व में हैं और एक-दूसरे को प्रभावित करती हैं। हॉफमेयर (1993) के अनुसार, उपनिवेशीय और उत्तर-उपनिवेशीय समाजों में मौखिक और साहित्यिक संस्कृतियाँ समवेत सामाजिक स्थितियों के भीतर साथ-साथ अस्तित्व में रही हैं और एक-दूसरे से प्रभावित होती रही हैं। आज उपेक्षित जातियों में झलकारीबाई की जो स्मृति मौजूद है, वह काफी संशोधन और फेर-बदल के बाद पुनर्जीवित की गई है। वृन्दावन लाल वर्मा ने अपने उपन्यास में झलकारीबाई का जो चित्रण किया था, वह

1950 से पहले इन जातियों में मौजूद झलकारीबाई की स्मृतियों पर आधारित था। इसमें कितने बदलाव आए हैं, यह 1950 और 1960 के बीच रामचन्द्र हेरन के लेखन से जाना जा सकता है। वर्मा ने झलकारीबाई को साहसी, पराक्रमी और रानी की चहेती के रूप में चित्रित किया था, लेकिन कूटनीतिक और सैन्य मामलों में उसे रानी से अधिक कुशल नहीं दिखाया था। 1950 के साहित्य में रानी के साथ झलकारीबाई की निकटता का श्रेय उसकी योग्यताओं और क्षमताओं को दिया गया था। ऊँची जातियों की ईर्ष्या को भी कलात्मक लेकिन कटुतापूर्ण ढंग से बढ़ा-चढ़ाकर चित्रित किया गया है। 1960 के बाद नाट्यकारों, लेखकों और नृत्य-टोलियों की अभिव्यक्तियों ने एक नया आयाम ले लिया। निचली जातियों के कलाकारों से भरी नौटंकियाँ झलकारीबाई को लक्ष्मीबाई के समकक्ष चित्रित करने लगीं। इसका एक कारण यह भी हो सकता है कि वे सब उपेक्षित जातियों की एक रणनीति के तहत इतिहास की पुनर्रचना की दिशा में काम कर रहे थे, ताकि निचली जातियों के नायकों को ऊँची जातियों के नायकों के बराबर स्थापित किया जा सके।

एक दलित पहचान गढ़ने और उनमें एक नई जागरूकता पैदा करने में कई अन्य कारकों ने भी महत्त्वपूर्ण भूमिका निभाई। 1950 और 1960 के दशकों में साम्यवादी पार्टियाँ पूर्वी उत्तर प्रदेश के बुन्देलखंड क्षेत्र में काफी शक्तिशाली थीं। और समाज में एक क्रान्तिकारी बदलाव लाने के लिए इस क्षेत्र की निचली जातियों में काफी सम्भावनाएँ देख रही थीं। उन्होंने इन जातियों में आत्मविश्वास पैदा करने के लिए सांस्कृतिक उपकरणों का सहारा लिया। राष्ट्र और समाज के निर्माण में उनकी भूमिका को गौरवान्वित किया। इन कम्युनिस्ट पार्टियों के अधिकांश नेता स्थानीय थिएटर ग्रुपों, नौटंकियों और गीत मंडलियों से जुड़े हुए थे। ये लोग अपने नाटकों में कुछ उप-कथाएँ (सब-प्लॉट) रखते थे, जो निचली जातियों के नायकों पर आधरित होती थीं। उनकी कथा मुख्यधारा के राष्ट्रीय नाटकों की कथा के समानान्तर चलती रहती थी। इस चलन के कारण दलितों के लिए आगे चलकर इन उप-कथाओं को मुख्यकथाओं में बदलना आसान हो गया। राजनीतिक शक्तियों के समर्थन ने उन्हें और ज्यादा प्रोत्साहन दिया और वे बड़े मनोवेग से अपनी पहचान की स्थापना में जुट गए।

1970 के दशक में कोलकाता में लक्ष्मीबाई पर कई सस्ती दरों की नाट्य-पुस्तकें प्रकाशित हुई थीं। इन नाटकों को और ज्यादा लुभावनी, रोमानी और दिलचस्प बनाने के लिए इनमें कई झूठ-मूठ के पात्र भी जोड़ दिए गए थे। इन नाटकों के बार-बार मंचन से दलितों में इतिहास की एक नई स्मृति गढ़ने में काफी मदद मिली। दर्शकों की प्रतिक्रिया जानने के बाद इन नाटकों में कई फेर-बदल भी कर दिए जाते थे। इससे भी इन नाटकों को दलितों के साथ जोड़ने और उनकी पहचान को नए सन्दर्भ देने में काफी मदद मिली।

स्मृतियों और मिथकों से जुड़े उत्सव

बुन्देलखंड के दलितों में झलकारीबाई की कथा से जुड़े मेलों, व्रत-उपवासों, समारोहों और स्मरणोत्सवों का चलन भी चल पड़ा। वे झलकारीबाई की स्मृति में हर वर्ष रानी लक्ष्मीबाई के झाँसी के किले के सामने एक स्मरणोत्सव का आयोजन करने लगे। उन्नाव गेट के नजदीक एक गुम्बद का नाम भी झलकारीबाई के नाम पर रख दिया गया। उसके नाम पर झाँसी में एक पोलीटेक्निक संस्थान की भी स्थापना की गई है। साथ ही एक 'वीरांगना स्मृति ट्रस्ट' की भी स्थापना की गई है, ताकि झलकारीबाई की कथा को जन-जन तक पहुँचाया जा सके। बहुजन समाज पार्टी भी हर वर्ष बुन्देलखंड में ब्लॉक और जिला स्तर पर वीरांगना झलकारीबाई महोत्सवों का आयोजन करती है। दलित समुदाय ने झाँसी के किले के नजदीक झलकारीबाई की एक विशाल प्रतिमा की स्थापना की है, जिसका अनावरण उत्तर प्रदेश की तत्कालीन मुख्यमंत्री मायावती के हाथों हुआ था।

ऐतिहासिक नायकों के स्मरणोत्सवों के पीछे छिपी राजनीति का अन्दाजा इस तथ्य से लगाया जा सकता है कि जहाँ बसपा झलकारीबाई का स्मरणोत्सव मनाती है, वहीं भाजपा अपने जनाधार को दृढ़ करने के लिए लक्ष्मीबाई की स्मृति में तरह-तरह के आयोजन करती रहती है। भाजपा की महिला शाखा की एक उपशाखा का नाम 'लक्ष्मीबाई शाखा' है। भाजपा हर वर्ष लक्ष्मीबाई जयन्ती का आयोजन करती है जिसमें झाँसी की रानी के साहसिक कारनामों का उल्लेख करते हुए गीतों, कविताओं और कथाओं के माध्यम से उसे महिमामंडित किया जाता है। पार्टी रानी लक्ष्मीबाई को स्त्रियों के लिए एक आदर्श के रूप में चित्रित करती है और उसके देशभक्ति, स्त्रीत्व, पतिव्रतता और धर्मपरायणता जैसे गुणों पर जोर देती है। यह सब पार्टी की विचारधारा के साथ मेल खाता है। भाजपा के शासन-काल में मानव संसाधन विकास मंत्रालय ने लक्ष्मीबाई और सती अनुसुइया (एक अन्य आदर्श हिन्दू विवाहिता स्त्री) की स्मृति में एक पुरस्कार की स्थापना भी की थी। भाजपा पूर्वी और मध्य उत्तर प्रदेश में हर वर्ष महारानी लक्ष्मीबाई जयन्ती का आयोजन करती है। काशी की 'राष्ट्रीय सेविका समिति' (आरएसएस से प्रभावित महिलाओं की एक गैर-राजनीतिक संस्था) भी हर वर्ष जीजाबाई, लक्ष्मीबाई और अहिल्याबाई जैसी ऐतिहासिक नायिकाओं की जयन्तियाँ मनाती है। इन समारोहों में झलकारीबाई का कोई उल्लेख नहीं किया जाता। इससे दलितों में यह भावना पनपती है कि इतिहास में उनकी भूमिका को जान-बूझकर नजरअंदाज किया जा रहा है।

झलकारीबाई के मिथक का इस्तेमाल सिर्फ दलितों द्वारा ही नहीं किया जा रहा है। हाल ही में एक अलग बुन्देलखंड राज्य की स्थापना को लेकर जो आन्दोलन शुरू हुआ है, उसमें भी झलकारीबाई के मिथक का प्रयोग किया जा रहा है। इसके पीछे

इस आन्दोलन की राजनीतिक भाषा को एक रंग देने और उसे प्रतिष्ठा प्रदान करने का उद्देश्य है। बुन्देली पहचान, जो इस आन्दोलन का सार-तत्त्व है, क्षेत्र के दलितों और स्त्रियों का समर्थन जुटाने के लिए अपने-आपको राजनीतिक स्तर पर झलकारीबाई के मिथक के साथ जोड़कर देख रही है। इस कदम को व्यापक स्तर पर मॉबिलाइजेशन की एक राजनीतिक अनिवार्यता के रूप में देखा जा सकता है। भारत सरकार के डाक एवं तार विभाग ने झलकारीबाई पर एक डाक टिकट भी जारी किया है (चित्र 5.1)। हम देख सकते हैं कि यहाँ भी झलकारीबाई के मिथक ने एक राजनीतिक आयाम ले लिया है और सामाजिक स्थितियों की माँग के अनुरूप उसकी छवि की पुनर्रचना की जा रही है।

चित्र 5.1

झलकारीबाई के चित्र वाला डाक टिकट

मिथक की राजनीति

जब बहुजन समाज पार्टी की स्थापना हुई थी तो कांशीराम को दलितों में जातीय चेतना को लेकर ऐतिहासिक पिछड़ेपन का पूरा अहसास था। इसलिए उन्होंने शुरू में दलित पहचान की स्थापना के लिए अम्बेडकर, शाहूजी महाराज और पेरियार जैसी हस्तियों का इस्तेमाल किया। लेकिन इसमें उन्हें कोई खास सफलता नहीं मिली।

शायद इसलिए कि बसपा के मध्यवर्गीय बुद्धिजीवियों और समाज के हाशियों में सिमटे उपेक्षित समुदायों के बीच कोई सूत्र स्थापित नहीं हो पा रहा था। इन समुदायों में अपने इतिहास को लेकर किसी तरह के बोध का सर्वथा अभाव था। इसलिए बसपा ने फैसला किया कि दलित पहचान को इन हस्तियों के साथ जोड़ना काफी नहीं था, क्योंकि स्थानीय स्तर पर इन प्रयासों को ज्यादा सफलता मिलने की उम्मीद नहीं थी। इसके बाद उसने बुन्देलखंड जैसे क्षेत्रों में, जहाँ जनसंख्या का सन्तुलन उपेक्षित जातियों के पक्ष में था, दलितों को ऐतिहासिक और मिथकीय पात्रों का इस्तेमाल करने की रणनीति अपनाई। इसके लिए झलकारीबाई जैसे चरित्रों का चयन किया गया, जो स्थानीय लोगों की सामूहिक स्मृति का हिस्सा थे। इस तरह के ऐतिहासिक और मिथकीय चरित्रों के प्रयोग से जहाँ एक तरफ विभिन्न दलित समुदायों में ग्रास-रूट स्तर पर एकता स्थापित की जा सकती थी, वहीं दूसरी तरफ इन समुदायों के शिक्षित और सम्भ्रान्त वर्गों को भी एक-दूसरे के नजदीक लाया जा सकता था। इस रणनीति को फलीभूत करने की जिम्मेदारी 1996 के चुनावों से ठीक पहले बसपा के प्रत्याशी शिवचरण प्रजापति को सौंपी गई थी।

मिथक के परम्परागत सिद्धान्तों के अनुसार, एक मिथकीय नायक एक ऐतिहासिक नायक के समानान्तर होता है। (इलियाद 1989 : 55) यहाँ भी एक समानान्तरवाद अपनाते हुए प्रजापति और अतीत की एक वीरांगना अर्थात् झलकारीबाई के बीच एक सूत्र स्थापित करने की कोशिश की गई, जैसा कि तालिका 5.2 में दर्शाया गया है।

तालिका 5.2
झलकारीबाई और शिवचरण प्रजापति की तुलना

झलकारीबाई	*शिवचरण प्रजापति*
1. दासी	निर्धन
2. उपेक्षित जाति की सदस्य (कोरी)	उपेक्षित जाति का सदस्य (कुम्हार)
3. अंग्रेजों के खिलाफ लड़ी	दमनकारी और वर्चस्वशील ब्राह्मण-वादी व्यवस्था के खिलाफ संघर्ष

बसपा ने झलकारीबाई में कई ऐसे मिथकीय पहलू जोड़ दिए, जिनका उद्देश्य उपेक्षित जातियों के ऐतिहासिक बोध को फिर से जाग्रत करना था। प्रश्न उठता है कि दलितों को मॉबिलाइज करने के लिए बसपा को यह नई रणनीति कैसे सूझी और समाज के सम्बन्धित वर्गों से उसे इतनी सकारात्मक प्रतिक्रिया कैसे मिली। इस तरह की कार्रवाई की जमीन दरअसल उपनिवेशीय काल के इतिहास-लेखन ने तैयार कर दी थी। इतिहास-लेखन को एक अनुलम्ब (वर्टिकल) ढाँचा दिया

गया था, जिसके कारण यह आम समाज से कट गया था। एक समस्तर (हॉरिजॉन्टल) ढाँचे के अभाव के कारण भारतीय इतिहास-लेखन में बहुत सारे महत्त्वपूर्ण तथ्यों की कमी दिखाई देती है। 1857 के बाद तीन प्रमुख विचारधाराएँ उभरी थीं— औपनिवेशिक विचारधारा, राष्ट्रवादी विचारधारा और कम्युनिस्ट विचारधारा। उपनिवेशीय इतिहास-लेखन 'हिस्ट्री ऑफ द सिपॉय वॉर इन इंडिया' (मेलसन तथा के) और 'फ्रॉम न्यू यूरोप टु डेल्ही' (पी.बी. मिनटर्न) जैसी पुस्तकों के माध्यम से प्रकट हुआ। मेलसन के अनुसार, 1857 के विद्रोह की विफलता एक तरफ भारतीयों की नैतिक दुर्बलता और दूसरी तरफ ब्रिटिशों की नैतिक दृढ़ता का परिणाम थी। अपनी श्रेष्ठतर नैतिक मर्यादाओं के कारण ही ब्रिटिश विद्रोह को कुचलने में सफल रहे। राष्ट्रवादी इतिहासकारों के लेखनों में 1857 के विद्रोह का एक बिल्कुल अलग चित्र देखने को मिला। आर.सी. मजुमदार और एरिक स्टोक्स जैसे इतिहासकारों के लेखन में जमींदारों, राजाओं और ताल्लुकदारों के इतिहास के साथ-साथ विद्रोह में सिपाहियों की भूमिका को प्रशंसा भरी भाषा में वर्णित किया गया है। आर.पी. दत्त जैसे मार्क्सवादी विचारधारा के लोगों ने इस विद्रोह को एक अपरिपक्व विद्रोह के रूप में देखा, क्योंकि औद्योगीकरण और इससे पैदा होने वाले वर्गीय ढाँचे के अभाव के कारण अभी भारतीय समाज में वर्ग चेतना का अभाव था। खुद मार्क्स ने भी इस विद्रोह को फौज की वर्दी में किसानों के विद्रोह के रूप में देखा। इस तरह आम लोगों की आवाज इस पिरामिड के नीचे दबकर रह गई, या उसे सुनकर भी अनसुना कर दिया गया। (गुहा : 1993)

लोक या जन इतिहास के विकास के साथ सतह के नीचे की तहों को कुरेदने की कोशिशें की जाने लगीं। लेकिन भारत जैसे विविधतापूर्ण समाज में ये तहें इतनी ज्यादा थीं कि इन सभी को उजागर कर पाना लगभग असम्भव था। उपेक्षित जातियों के अलग-थलग पड़ जाने का यह एक बड़ा कारण था, क्योंकि इतिहास में जगह पाने की उनकी आकांक्षा को नजरअंदाज कर दिया गया था। ज्योतिबा फुले, अम्बेडकर और अन्य दलित नेताओं को इस बात का अहसास था, लेकिन उन्हें इसके समाधान का कोई तरीका नज़र नहीं आ रहा था। बहुजन समाज पार्टी ने यह काम कर दिखाया। हालाँकि यह कहना बहुत मुश्किल है कि आगे का रास्ता कितना सुगम या दुर्गम है, क्योंकि भारतीय समाज में मौजूद कई लुके-छिपे तत्त्व तरह-तरह की बाधाएँ पैदा कर सकते हैं। इतिहास की अनुपस्थिति के कारण ऐतिहासिक पात्रों का मिथकीयकरण करना, एक वैकल्पिक इतिहास की रचना करना और स्मृति पर अधिक से अधिक निर्भर रहना आसान हो गया। ये प्रयास कितने असरदार रहे, इसका अनुमान 1996 में और उसके बाद बहुजन समाज पार्टी की चुनावी सफलताओं से लगाया जा सकता है।

उत्तर प्रदेश के पाँच योजना खंडों में से बुन्देलखंड क्षेत्र में अनुसूचित जातियों

की आबादी सबसे ज्यादा (80.6 प्रतिशत) है; जबकि उत्तराखंड में यह मात्र 18 प्रतिशत है। (प्रसाद : 1995) 1996 से पहले बसपा का समाजवादी पार्टी के साथ गठबन्धन था, जिसकी यादव समुदाय (12 प्रतिशत) और मुसलमानों (20 प्रतिशत) में अच्छी पैठ है। तब बसपा की विधानसभा में 67 सीटें थीं। समाजवादी पार्टी से अलग होने के बाद बसपा ने कांग्रेस से गठजोड़ किया, जो उत्तर प्रदेश में अपना आधार खो चुकी थी। समाजवादी पार्टी से अलग होने के बावजूद बसपा 1996 में अपनी सभी सीटें फिर से जीतने में सफल रही। एक दिलचस्प तथ्य यह है कि जहाँ बुन्देलखंड क्षेत्र में वह 47.61 प्रतिशत सीटें जीतने में सफल रही, वहीं उत्तराखंड में उसके हाथ एक भी सीट नहीं लगी। अन्य क्षेत्रों में उसका प्रदर्शन अनुसूचित जातियों की आबादी के प्रतिशत के अनुरूप अच्छा या बुरा रहा। एक अन्य उल्लेखनीय तथ्य यह है कि जहाँ भाजपा, समाजवादी पार्टी और कांग्रेस ने पोस्टरों, बैनरों और चुनाव प्रचार के अन्य माध्यमों के रूप में खूब भारी-भरकम खर्च किया, वहीं बसपा कम से कम खर्च करके भी वोटों का बहुमत प्राप्त करने में सफल रही। इस तरह हम यह निष्कर्ष निकाल सकते हैं कि इसमें झलकारीबाई की स्मृति ने काफी महत्त्वपूर्ण भूमिका निभाई। बसपा द्वारा झलकारीबाई के नए सिरे से मिथकीयकरण और महिमामंडन को हम पहले से ही मौजूद स्मृति के राजनीतिकरण के रूप में देख सकते हैं। झलकारीबाई के मिथक के सफल प्रयोग के लिए बसपा ने तीन महत्त्वपूर्ण माध्यम अपनाए—

(1) मौखिकी : राजनीतिक उद्देश्यों की मौखिक अभिव्यक्ति, जो इन क्षेत्रों में एक बहुत पुराना और लोकप्रिय तरीका है। (2) दृश्यकरण : जातीय पहचान से जुड़े नाटकों, पैम्फलेटों और अन्य साहित्यिक सामग्री का जन-जन में संचार। मायावती के शासन-काल में और बसपा के तत्त्वावधान में झाँसी में स्थापित झलकारीबाई की प्रतिमा, जो रानी लक्ष्मीबाई की प्रतिमा से मिलती-जुलती है लेकिन आकार में उससे कहीं बड़ी है। (3) रीतिकरण : झलकारीबाई की स्मृति में उत्सवों और समारोहों का आयोजन एक रीति या रस्म में बदलता जा रहा है। इस तरह की स्मरणोत्सव परम्पराएँ अतीत में भी स्थापित होती रही हैं।

यह एक उल्लेखनीय तथ्य है कि झलकारीबाई को ऐतिहासिक स्मृतियों का अंग बनाने का श्रेय एक ऊँची जाति के साहित्यकार वृन्दावन लाल वर्मा को जाता है, लेकिन उसके मिथक का समसामयिक ढाँचा पहले की प्रस्तुतियों से भिन्न और उनसे विरोध जताता हुआ प्रतीत होता है। अब ये नई प्रस्तुतियाँ ही लोगों की स्मृति में अधिक मौजूद हैं, हालाँकि ये राजनीतिक उद्देश्यों की माँग को ध्यान में रखकर गढ़ी गई हैं। झलकारीबाई की स्मृति को चिरस्थायी बनाने के लिए उसके व्यक्तित्व में कई मोहक पहलू जोड़ दिए गए हैं। अधिकृतता वैधता पर निर्भर करती है और खुद वैधता

जनसमूह के समर्थन पर निर्भर करती है। यह समर्थन अतीत को झकझोर कर और उसे पुनर्निमित करके जुटाया जाता है। किसी भी बात को बार-बार दोहराने से वह स्मृति में जड़ जमाने लगती है। इस उद्देश्य के लिए नए और पुराने संचार माध्यमों का खुलकर प्रयोग किया जा रहा है।

टिप्पणियाँ

1. 'हिन्दुस्तान', सितम्बर, 1998
2. माइथो-हिस्ट्री पर और विस्तार से जानकारी के लिए देखें लेविस, 1967
3. देखें यू.के. थपलियाल (2005)
4. राजकुमार कोरी के साथ भेंटवार्त्ता, झाँसी में रिकॉर्डबद्ध, 25 अक्तूबर, 1998
5. कचनारा गाँव, जिला हमीरपुर, उत्तर प्रदेश में रिकॉर्डबद्ध। यह ऊँची जातियों द्वारा निचली जातियों की भूमिका को नकारने का उदाहरण है।

6

पासी, दलित और ऊदा देवी

बहुत पुरानी बात है। पाँच पासी थे। वे सब-के-सब बड़े बहादुर थे, लेकिन हमेशा एक-दूसरे से लड़ते-झगड़ते रहते थे। जब वे इकट्ठे हो जाते थे तो इन्द्र का सिंहासन हिलाने की ताकत रखते थे। इसलिए पासियों की सामूहिक स्मृतियों को झकझोरना और उन्हें एकजुट करना बहुत जरूरी है। पासियों के संघर्ष का अपना इतिहास है और उनके अपने वीर पुरुष हैं। हमें इन वीर पुरुषों और उनके इतिहास को अपने राजनीतिक विमर्श का अंग बनाने की जरूरत है, ताकि हम समुदाय को सक्रिय करने के अपने उद्देश्य को पूरा कर सकें।

—इन्द्रजीत सरोज

महासचिव, बहुजन समाज पार्टी; इलाहाबाद में बसपा की स्थानीय इकाई के सम्मेलन में दिए गए भाषण का अंश, 5 अगस्त, 2005

जैसा कि हम पिछले अध्यायों में चर्चा कर चुके हैं, 1857 के विद्रोह से जुड़ी दलित वीरांगनाएँ दलित स्वाभिमान और गौरव की प्रतीक बन चुकी हैं। वे अपनी-अपनी जाति की प्रतीक-नायिकाएँ बन चुकी हैं। विभिन्न राजनीतिक पार्टियाँ, खासकर बहुजन समाज पार्टी के लिए इन मिथकों का प्रयोग करना एक राजनीतिक बाध्यता बन चुकी है। भिन्न-भिन्न दलित जातियों को मॉबिलाइज करने का यह एक असरदार और रामबाण नुस्खा है। दलित राजनीतिक व्याख्यानों में भिन्न-भिन्न जातियों के मिथकों को समूचे दलित समुदाय को एकजुट करने और एक समरस दलित मेटा-नरेटिव (महावृत्तान्त) तैयार करने के लिए भी प्रयोग किया जा रहा है। इसी तरह की एक मिथकीय-ऐतिहासिक दलित नायिका ऊदा देवी है। ऐसा माना जाता है कि 1857 के विद्रोह में उसने लखनऊ में बेगम हज़रत महल के साथ बहुत महत्त्वपूर्ण भूमिका निभाई थी। ऊदा देवी न सिर्फ पासी जाति की प्रतीक-नायिका बन चुकी है, बल्कि वह समूचे दलित समुदाय के गौरव की प्रतीक बन चुकी है। 1857 के

विद्रोह से जुड़े बहुत-से दलित नायक-नायिकाओं में ऊदा देवी ही वह नायिका है, जिस पर बहुजन समाज पार्टी ने विशेष जोर देने का फैसला किया है। पार्टी अपनी नेता मायावती को ऊदा देवी का अवतार बताते हुए उसी के इर्द-गिर्द मायावती की छवि निर्मित करने का प्रयास कर रही है। पार्टी के इस सन्देश को जन-जन तक पहुँचाने के लिए बसपा ने 2004 के संसदीय चुनावों से ठीक पहले जगह-जगह ऐसे कट-आउट, होर्डिंग और पोस्टर लगाए, जिनमें ऊदा देवी और मायावती को साथ-साथ खड़े दिखाया गया था।[1] लखनऊ और उसके आस-पास के क्षेत्रों में, जहाँ यह मिथक अधिक लोकप्रिय है, बसपा नेताओं ने अपनी चुनावी रैलियों में 1857 के विद्रोह में ऊदा देवी की भूमिका और उसके साहसिक कृत्यों का बढ़-चढ़कर महिमागान किया। हालाँकि ऊदा देवी के मिथक को उन रैलियों में ही ज्यादा उछाला गया, जो पासी-बहुल क्षेत्रों में आयोजित की गई थी, लेकिन बसपा ने समूचे दलित समुदाय के लिए आयोजित आमसभाओं में भी ऊदा देवी की कथा का बड़े गर्व के साथ उल्लेख किया, खासकर लखनऊ के आस-पास के क्षेत्रों में।[2] इस अध्याय में हम ऊदा देवी की कथा का विवेचन करेंगे और साथ ही यह भी अध्ययन करेंगे कि उसे किस तरह दलित स्वाभिमान की एक प्रतीक-नायिका में बदल दिया गया, जिसका इस्तेमाल अब बसपा द्वारा दलितों के राजनीतिक मॉबिलाइजेशन के लिए किया जा रहा है।

ऊदा देवी के मिथक का वर्णन और पुनर्वर्णन

कोई नहीं जानता कि ऊदा देवी की कथा में कितनी सच्चाई है। समसामयिक स्रोतों में उसके बारे में कोई खास जानकारी उपलब्ध नहीं है। उस काल-खंड के अकादमिक इतिहास में न तो ऊदा देवी का पर्याप्त उल्लेख है और न वर्णन। फिर भी दलित उसकी स्मृति में समारोहों का आयोजन करते हैं; उत्तर प्रदेश में कई जगह उसकी मूर्तियाँ स्थापित की गई हैं; और उसकी स्मृति में सिकंदरबाग, लखनऊ में हर वर्ष एक मेला भी लगता है। उसके नाम पर बहुत-सी संस्थाएँ भी गठित हो चुकी हैं। फिर भी कोई भी व्यक्ति निश्चित तौर पर यह नहीं बता सकता कि ऊदा देवी का विवरण दलितों के वास्तविक अतीत का हिस्सा है या तर्कमूलक अतीत का। क्या वह (या उसकी कथा) दलितों के रोजमर्रा के वर्तमान का अंग बन चुकी है या वह सिर्फ एक राजनीतिक प्रस्तुति है? क्या वह एक राष्ट्रवादी अतीत की रचना करके वर्तमान में सत्ता प्राप्त करने के प्रयासों का अंग मात्र है? दलित ऊदा देवी और उसकी कथा का तरह-तरह से प्रयोग कर रहे हैं, लेकिन सबसे महत्त्वपूर्ण बात यह है कि उसकी कथा का बार-बार वर्णन, लेखन और स्मरण किया जा रहा है। यह समुदाय की वर्तमान जरूरतों को देखते हुए अतीत के एक मिथकीय चित्रण का प्रयास भी हो

सकता है। ये जरूरतें काल्पनिक भी हो सकती हैं और वास्तविक भी, राष्ट्रवादी भी हो सकती हैं और नहीं भी, लेकिन यह कथा एक ऐसा ऐतिहासिक वृत्तान्त है, जो दलितों की आकांक्षाओं और अपेक्षाओं पर खरा उतरता है। ये अपेक्षाएँ अपने आत्मसम्मान और अपनी पहचान की स्थापना को लेकर उनकी उभरती हुई आकांक्षाओं से भी जुड़ी हो सकती हैं।

सिर्फ ऐसा ही नहीं होता है कि कहानियाँ पुरानी पीढ़ी के दादाओं-नानाओं से युवा पीढ़ी तक पहुँचती हों। इसका उल्टा भी हो सकता है। कुछ कहानियाँ जवानों से बूढ़ों तक भी पहुँचती हैं। यहाँ हम इसी पैरामीटर का, 'गौरव-गाथा' के संचार का विश्लेषण करेंगे—एक ऐसा पैरामीटर, जो आज निचली जातियों में बहुत आम और लोकप्रिय हो चुका है। 1998 में मेरे एक फील्ड दौरे के दौरान, बरेली के पास दल्मोह नामक एक गाँव के बाइस वर्षीय नवयुवक राकेश चौधरी ने मुझे 'पासी गौरव-गाथा' सुनाई।[3] उसने मुझे बताया कि पासी जाति महान् ऋषि परशुराम के पसीने से पैदा हुई थी। मध्य युग में मध्य उत्तर प्रदेश के बहुत-से राजघराने पासी जाति से थे। 1857 के विद्रोह के दौरान भी बहुत से पासियों ने देश के लिए बलिदान दिया था। उसने मुझे वीरांगना ऊदा देवी की कथा भी सुनाई, जो 1857 के विद्रोह के दौरान अंग्रेजों की गोलियों की शिकार हो गई थी। दूसरी तरफ, राकेश चौधरी के अस्सी वर्षीय दादा शकुनी चौधरी पासियों की गौरव-गाथा सुनाते हुए परशुराम के साथ समुदाय के सम्बन्धों पर जोर देते रहे, जो पासियों की वंशावली की कथा का हिस्सा है। न तो उन्हें ऊदा देवी का कुछ पता था और न उन्हें 1857 के स्वतंत्रता संग्राम में पासियों के योगदान की कोई जानकारी थी।[4] यहाँ एक ही जाति की अलग-अलग पीढ़ियों के दो ऐसे लोग थे, जिनके पास अपनी जाति को गौरवमंडित करने के लिए अलग-अलग वृत्तान्त थे। लेकिन इन अन्तरों के बावजूद सभी पासी ऋषि परशुराम के साथ अपनी जाति के सम्बन्धों का वर्णन करते हैं और अपनी राजसी वंशावली पर गर्व करते हैं।

प्रश्न यह उठता है कि जाति को गौरवमंडित करने वाली ये कथाएँ दादा से पोते तक पहुँच रही हैं या कि पोते से दादा तक? हालाँकि निश्चित रूप से कुछ भी कहना बहुत मुश्किल है, फिर भी औपनिवेश जाति इतिहासकारों (उदाहरण के लिए क्रुक, 1896, जिन्होंने पासियों की उत्पत्ति को लेकर बहुत-सी कथाएँ एकत्रित की थीं और उन्हें एक योद्धा और शासक समुदाय के रूप में चित्रित किया था) के वर्णनों से ऐसा लगता है कि यह संचार दादा से पोते तक ही होता रहा है। जो कथाएँ दादा से पोते तक पहुँचीं और इस तरह समुदाय की मौखिक परम्परा और संस्कृति का हिस्सा बनी रहीं, उन्हीं को उपनिवेशीय जाति-इतिहासकारों ने एकत्रित किया और सरकारी गजेटियरों, प्रकाशनों और जनगणना दस्तावेजों में दर्ज किया। ये कथाएँ लिखित रूप

लेने से पहले बहुत लचीली अवस्था में थीं और सुनाने वालों और व्याख्या करने वालों द्वारा इनमें बहुत कुछ जोड़ा या घटाया जाता रहता था। जनगणना दस्तावेजों, गजेटियरों और औपनिवेशिक सरकारी प्रकाशनों का हिस्सा बनने के बाद इन कथाओं ने एक 'ठोस' आकार ले लिया और इन्हें 'ऐतिहासिक तथ्यों' की तरह देखा जाने लगा। इस तरह मौखिक परम्परा से लिखित रूप में ढलने के बाद इन्हें एक बार फिर खुद दलितों द्वारा 'ऐतिहासिक तथ्यों' के रूप में मौखिक परम्परा में संचारित किया जाने लगा। अपने मौखिक रूप में इन कथाओं का ढाँचा लोक-सांस्कृतिक और अलंकारों से भरपूर रहा होगा, लेकिन लिखित दस्तावेजों का हिस्सा बन जाने के बाद ये कथाएँ प्रामाणिक तथ्यों की तरह प्रतीत होने लगीं। इनमें से कुछ कथाएँ अब दलित पहचान से जुड़े वृत्तान्तों के महत्त्वपूर्ण सांस्कृतिक स्रोत हैं। दस्तावेजों में दर्ज और प्रकाशित इन कथाओं को अब एक बार फिर मौखिक और लिखित इतिहासों और दलित जातियों की गौरव-गाथाओं में ढाला जा रहा है।

पासी समुदाय

पासी उत्तर भारत की एक प्रमुख और सभी जगह फैली हुई जाति है। यह उत्तर प्रदेश की एक महत्त्वपूर्ण दलित जाति मानी जाती है। बिहार, हरियाणा, ओडिशा, उत्तर प्रदेश, पश्चिम बंगाल, हिमाचल प्रदेश, दिल्ली और चंडीगढ़ में और गुजरात, मध्य प्रदेश और महाराष्ट्र के कुछ हिस्सों के साथ-साथ दूर-दराज दक्षिण मैसूर में भी पासी जाति 1956 के निर्देश के अन्तर्गत अनुसूचित जातियों की सूची में शामिल है। उत्तर प्रदेश में पासी मुख्यत: भारत के मध्य क्षेत्र अर्थात् लखनऊ, इलाहाबाद और फैजाबाद में केन्द्रित है। बल्कि वे 305 पासी-बहुल तहसीलों में बसे हुए हैं। महत्त्वपूर्ण पासी समुदायों में बदायूँ के बहेलिया और भील, मुरादाबाद के अहेरिया और भील, फतेहपुर और इलाहाबाद के परशुरामी, फतेहपुर के बोरिया, बाँदा के रेवा, मिर्जापुर के बहेलिया और भाड़, गाजीपुर के मनवा और त्रामाली, बस्ती, सुल्तानपुर और बाराबंकी के चौरसी, तरई के भदौरिया, लखनऊ के बानिया, उन्नाव के बोरिया भरतिया और पारसमणि, राय बरेली के बोरिया, सीतापुर के बेहर धानुक और खटिक, गोंडा के बानिया, बहराइच के चुनाड़ धानुक और खटिक और लखनऊ और फैजाबाद के गुजुर पासी शामिल हैं। ये सभी एक ही स्रोत के वंशज होने का दावा करते हैं। (भारतीय जनगणना, 1971)

पासी शब्द की दो अलग-अलग व्याख्याएँ देखने में आती हैं। क्रूक (1896) ने 'पासी' शब्द की उत्पत्ति को लेकर दो लोकप्रिय मान्यताओं का उल्लेख किया है। पासी शब्द संस्कृत के 'पाशिक' शब्द से बना है, जिसका अर्थ होता है 'फंदे का प्रयोग करने वाला'। पासी ताड़ी निकालने के लिए ताड़ के पेड़ों पर चढ़ते समय रस्सी के फंदे का इस्तेमाल करते हैं। हिन्दी में भी 'पास' या 'पासा' का मतलब फन्दा होता

है। यह तो हुई एक व्याख्या। दूसरी व्याख्या के अनुसार, जो छानबीन के दौरान पासियों में अधिक प्रचलित पाई गई, 'पासी' शब्द हिन्दी के 'पसीना' शब्द से बना है। अलग-अलग क्षेत्रों में इस व्याख्या के समर्थन में अलग-अलग बातें कही जाती हैं। लेकिन इन सभी का सार-तत्त्व यह है कि पासी समुदाय परशुराम के पसीने से उत्पन्न हुआ था, जो विष्णु के छठे अवतार माने जाते हैं। (भारतीय जनगणना, 1971)

इस तरह 'पासी' शब्द की उत्पत्ति के दो अलग-अलग स्रोत हैं। एक का सम्बन्ध ताड़ी निकालने के उनके परम्परागत पेशे से है तो दूसरे का ऋषि परशुराम के साथ उनके मिथकीय और गौरवशाली सूत्रों से। यह तथ्य कि आज पासी दूसरी व्याख्या को अधिक महत्त्व दे रहे हैं, यह दर्शाता है कि अपनी क्षत्रिय उत्पत्ति को सही ठहराने के लिए वे पौराणिक कथाओं का सहारा लेना चाहते हैं। यह समाज में ऊँचे दर्जे का दावा करने में उनकी मदद कर सकता है। यह बात अपनी जाति के नाम की उत्पत्ति से जुड़ी उनकी दूसरी व्याख्याओं में भी देखी जा सकती है, जो पुराणों की बजाय इतिहास का सहारा लेकर अपने गौरवशाली अतीत को सही ठहराने की कोशिश करती है। इस अध्ययन के लिए विभिन्न क्षेत्रों में जाकर छानबीन करने के दौरान हमारी भेंट लखनऊ के कुछ सम्भ्रान्त पासियों से हुई, जो 'पासी जागृति मंडल' नामक एक समाज सुधार संस्था से जुड़े हुए थे। उन्होंने 'पासी' शब्द की उत्पत्ति की व्याख्या करते हुए कहा कि यह शब्द 'पा' और 'असी' से मिलकर बना है, 'पा' यानी पकड़ और 'असी' यानी तलवार, इसलिए 'पासी' शब्द का अर्थ हुआ, तलवार पकड़ने वाला, अर्थात् योद्धा या सैनिक। उनका कहना था कि पासी एक योद्धा समुदाय था और पुराने जमाने में रियासतों के राजा-महाराजा उन्हें अपने सुरक्षाकर्मियों या सैनिकों के रूप में नियुक्त किया करते थे।[5]

जहाँ तक पासियों के पेशे का सम्बन्ध है, वे ताड़ी निकालने के अलावा परम्परागत रूप से विविध काम-धन्धों से जुड़े रहे हैं। वे चौकीदारी करते हैं, सूअर पालते हैं, और खेतों में काम करते हैं। रोज़ ने उनका उल्लेख सूअर पालने वालों, पेशेवर चौकीदारों और ताड़ी बनाने वालों के रूप में किया है। (रोज़ 1991 : 20) तत्कालीन संयुक्त प्रान्तों और बेरार की 1931 की जनगणना रिपोर्ट के अनुसार, पासियों का पुश्तैनी काम ताड़ी निकालना था, लेकिन कुछ पासी पहरेदारों का काम भी करते थे। उसी वर्ष की जनगणना रिपोर्ट में मयूरभंज (अब ओडिशा राज्य) के पासियों को बिहार के प्रवासी बताया गया था, जो ताड़ी निकालने, धुस्सारी, शिकार और पक्षी पकड़ने का काम करते थे। (वही) समय के साथ कुछ क्षेत्रों के पासी अपराधों में भी लिप्त होने लगे, जिसके परिणामस्वरूप उत्तर प्रदेश और भूतपूर्व विंध्य प्रदेश (अब मध्य प्रदेश में सम्मिलित) में पासियों को अपराधी जाति घोषित कर दिया गया। (अय्यंगर 1951 : 33)

पासी मूलतः एक ग्रामीण समुदाय है, लेकिन धीरे-धीरे उन्हें शिक्षा के महत्त्व का अहसास होने लगा है। उनमें भी विकास की आकांक्षा दिखाई देने लगी है। वे सूअर पालन की अपनी पुरानी छवि से चिपके रहना नहीं चाहते, जो समाज में उनके निचले दर्जे का कारण मानी जाती है। दूसरे, अपनी आपराधिक छवि के कारण भी उन्हें सामाजिक तिरस्कार का शिकार होना पड़ा है। पासी अपनी वर्तमान स्थिति को लेकर बहुत ज्यादा असन्तुष्ट दिखाई देते हैं, खासकर यह देखते हुए कि अतीत में वे जमींदार और शासक रह चुके हैं। वे समाज में अपनी खोई हुई प्रतिष्ठा को फिर से प्राप्त करना चाहते हैं। इस लक्ष्य को ध्यान में रखकर और अपनी छवि सुधारने के लिए वे अकसर कोई-न-कोई कदम भी उठाते रहते हैं। कुछ क्षेत्रों में उन्होंने सूअर-पालन का काम छोड़ने का फैसला किया है, ताकि उनकी सामाजिक प्रतिष्ठा में कुछ सुधार हो सके।[6]

पासियों ने अपनी धार्मिक रस्मों का संस्कृतकरण करने का भी फैसला किया है। इस दिशा में उनकी कुछ पंचायतों ने पहल की है। इनमें से कुछ ने सतनामी पंथ के बाबा जगजीवन दास की शिक्षाओं को अपना लिया है। लखनऊ के कुछ सम्भ्रान्त पासियों ने पहल करते हुए एक राज्य स्तर की संस्था की स्थापना की है। इस संस्था का नाम 'पासी जागृति मंडल' है। यह संस्था समुदाय की शिक्षा, विकास और कल्याण के लिए सरकार और अन्य स्थानीय निकायों की तरफ से पर्याप्त मदद दिए जाने पर जोर दे रही है।[7] पासी समुदाय का मानना है कि एक प्रभावशाली सामाजिक-राजनीतिक मंच बनने के लिए समुदाय को अपने पुराने जातिगत पूर्वाग्रहों से मुक्त होना होगा और समुदाय के भीतर एकता स्थापित करनी होगी। इस उद्देश्य को ध्यान में रखकर पासियों की जाति-नायिका ऊदा देवी के नाम पर 'वीरांगना ऊदा देवी स्मारक समिति' नामक एक संस्था की स्थापना की गई है, जिसका काम पासियों की नई पहचान स्थापित करके उन्हें एकजुट करना है। पासियों की जाति पंचायत को पूर्वी उत्तर प्रदेश में 'बिरादरी', पश्चिमी उत्तर प्रदेश में 'जवारी' और प्रान्त के मध्य भागों में 'पंचायत' के नाम से जाना जाता है। इन पंचायतों ने 'छोटा राउत' या 'चौधरी' और 'बड़ा राउत' जैसे कुछ जाति-अगुवाओं या मुखियाओं को जन्म दिया है, जो अपनी जाति की पहचान के प्रचार में जुटे हुए हैं।[8]

पासियों द्वारा इतिहास की खोज

उत्तर प्रदेश के पासी समुदाय में इतिहास की खोज का एक अच्छा-खासा अभियान छिड़ा हुआ है। समुदाय में इसके चर्चे हो रहे हैं और सामाजिक कार्यकर्ताओं और सम्भ्रान्त वर्ग द्वारा इसे मौखिक और लिखित रूप में समुदाय के शिक्षित और अर्द्ध-शिक्षित वर्ग तक पहुँचाया जा रहा है। सत्ता में हिस्सेदारी को लेकर बढ़ती आकांक्षाओं,

अपनी पहचान की स्थापना की तीव्र चाह और साथ ही अपने वैयक्तिक और सामूहिक आत्मसम्मान की जरूरत के अहसास के कारण समुदाय के मध्य और निचले वर्गों में इस तरह के गढ़े हुए इतिहासों का संचार करने की गुंजाइश बढ़ गई है। मंडल आयोग की रिपोर्ट के क्रियान्वयन, आरक्षण को लेकर बढ़ते वाद-विवाद और दलित-बहुजन राजनीति के उद्‌भव और विकास ने उत्तर प्रदेश के पासियों और अन्य पिछड़े समुदायों में सत्ता में अपनी हिस्सेदारी को लेकर जागरूकता पैदा कर दी है। वे अपना आत्मसम्मान अर्जित करने के लिए इतिहास और सत्ता में भागीदारी का रास्ता अपना रहे हैं। इस तरह के इतिहास छोटी-छोटी पुस्तिकाओं के रूप में प्रकाशित किए जाते हैं और समुदाय के बुद्धिजीवियों, सामाजिक कार्यकर्ताओं और नेताओं द्वारा लिखे जाते हैं। आमतौर से ये इतिहास मुद्रित/लिखित माध्यम से मौखिक माध्यमों में रूपान्तरित होते रहते हैं।[9] इन पुस्तिकाओं के लेखक यह दावा करते हैं कि ये इतिहास उनके द्वारा किए गए सर्वेक्षणों और खोजबीनों का परिणाम हैं, जिनके लिए उन्होंने पुरानी पासी बस्तियों के पास मौजूद टीलों, खंडहरों, पुराने राजा-महाराजाओं के महलों, बड़े-बूढ़ों की सामूहिक स्मृतियों, पुरानी कहावतों, किस्से-कहानियों, लोक-कथाओं और लोकगीतों इत्यादि का गहराई से अध्ययन और विश्लेषण किया है। पासियों द्वारा अपनी जाति के सम्बन्ध में वर्णित कुछ प्रसंग राजभर जाति के जाति-इतिहास से लिये गए प्रतीत होते हैं। लेकिन बहुत-सी खोजें, व्याख्याएँ और प्रसंग बिल्कुल नए हैं और उत्तर भारत की एक दलित जाति के रूप में पासियों में पैदा हुई नई जातीय चेतना का परिणाम हैं।

पासी समुदाय अपने अतीत को एक सुनहरे युग के रूप में देखता है। उसका मानना है कि किसी समय अवध के एक बड़े क्षेत्र में पासियों का राज था। प्राचीन टीलों, उजाड़ बस्तियों और खंडहरों के नीचे पासियों का गौरवशाली इतिहास दबा पड़ा है। अन्य दलित समुदायों की तरह पासियों का भी मानना है कि राष्ट्र के इतिहास-लेखन में उनकी घोर उपेक्षा की गई है। एक प्रमुख पासी नेता और मायावती सरकार में मंत्री रह चुके आर.के. चौधरी ने लिखा है—

> इतिहासकारों ने पासी-साम्राज्य पर कोई पुस्तक नहीं लिखी। विद्वानों ने इस पराक्रमी समुदाय के इतिहास पर कभी भी शोध करने की जरूरत नहीं समझी। सांस्कृतिक धरोहरों के संरक्षण के लिए गठित सरकारी विभागों ने भी कभी पासी साम्राज्य के बारे में जानकारी इकट्ठी करने की जरूरत नहीं समझी। पुस्तकालयों में एक भी ऐसी पुस्तक मौजूद नहीं है जिसमें पासी साम्राज्य का विस्तार से उल्लेख किया गया हो। (चौधरी 1997 : 3)

कुछ शिक्षित पासियों ने ध्यान दिलाया है कि ब्रिटिश लेखकों ने विभिन्न गजेटियरों और अन्य पुस्तकों में पासी शासकों का उल्लेख किया है। परन्तु भारतीय

लेखकों ने उन्हें लगभग पूरी तरह से इतिहास के पृष्ठों से लुप्त कर दिया है।[10]

इतिहास में जगह न दिए जाने की इस भावना ने ही पासियों को अपना खुद का इतिहास गढ़ने के लिए प्रेरित किया। उत्तर प्रदेश की राजनीति में दलित स्वाभिमान और पहचान के मुद्दों के जोर पकड़ने के साथ-साथ ऐतिहासिक उपेक्षा की यह भावना और गहरी होती चली गई। इतिहास पहचान की स्थापना का एक बहुत महत्त्वपूर्ण और आवश्यक अंग प्रतीत होता है। 1980 के बाद पासी राजाओं, नायकों और इतिहासों के बहुत-से अवतार प्रकट होने लगे। यह मात्र संयोग नहीं था कि लगभग इन्हीं दिनों दलित बुद्धिजीवियों और नेताओं ने पासी साम्राज्य की अवधारणा पर जोर देना शुरू कर दिया। मायावती ने लिखा था—

> पासी शासकों में महाराजा बिजली पासी, महाराजा सातन पासी, महाराजा लाखन पासी, महाराजा सुहेलदेव, महाराजा छेता पासी और महाराजा दलदेव का नाम सुनहरे अक्षरों में लिखा जाना चाहिए। लेकिन, दुर्भाग्यवश, इन शूरवीर और भव्य राजाओं का सिर्फ कुछ पुस्तकों में नाममात्र उल्लेख किया गया है।[11]

पासी समुदाय के एक प्रमुख नेता और मुलायम सिंह के नेतृत्व वाली सरकार में मंत्री रह चुके अवधेश प्रसाद ने इतिहास में इस समुदाय की उपेक्षा के नकारात्मक प्रभाव पर जोर दिया। उन्होंने कहा कि इतिहास और साहित्य के बिना कोई समुदाय समाज की मुख्यधारा का अंग नहीं बन सकता और न ही उसे समाज में सम्मानजनक स्थान मिल सकता है। चूँकि साहित्य भविष्य का प्रवेश-द्वार खोलता है, इसलिए बिना साहित्य वाला समुदाय अपनी भविष्य की पीढ़ियों के रास्ते बन्द कर देता है। साहित्य के बिना न तो दृष्टि सम्भव है और न विचार-चिन्तन। (प्रसाद : 1997) इस भावना ने और साथ ही, एक सकारात्मक पहचान की स्थापना की तीव्र चाह ने पासियों को इतिहास में अपने समुदाय की उपेक्षा का विरोध करते हुए खुद अपना इतिहास, अपने मिथक और अपने नायक गढ़ने और उन्हें मुद्रित पुस्तिकाओं का रूप देने के लिए बाध्य किया।

यह भी एक उल्लेखनीय तथ्य है कि विभिन्न राजनीतिक दलों में बँटे होने के बावजूद पासियों की जातीय पहचान की स्थापना से जुड़े बुद्धिजीवियों और नेताओं ने इतिहास की खोज, प्रयोग और पुनर्प्रयोग के लगभग एक जैसे तरीके अपनाए। उनके भाषणों, लेखों और कथाओं में एक जैसी सामग्री दिखाई देती है और उनके वृत्तान्तों में अपनी राजनीतिक प्रतिबद्धता के अनुरूप हल्का-फुल्का अन्तर दिखाई देता है। भाजपा से जुड़े पासी बुद्धिजीवी यह मानते हैं कि राष्ट्रीय इतिहास में पासियों की उपेक्षा का कारण अकादमिक इतिहास-लेखन से जुड़ी एक मिथ्या धर्मनिरपेक्ष सोच है। दूसरी तरफ, बसपा और समाजवादी पार्टी से जुड़े पासी नेता अपने समुदाय की सामाजिक, आर्थिक और बौद्धिक उपेक्षा के लिए ऊँची जातियों

को दोषी मानते हैं।

पहचान की स्थापना में मिथक और इतिहास के महत्त्व का विचार कोई नया विचार नहीं है। बदलते समय, स्थितियों और सन्दर्भों के साथ अतीत के विवरण का पुनर्सृजन एक निरन्तर प्रक्रिया है। पासियों ने 1939 में ही सभी जातियों को एकजुट करके उन्हें एक छत्र के नीचे लाने की कोशिशें शुरू कर दी थीं। उन्होंने विभिन्न संस्थाएँ बनाकर और सभी पासियों की गौरव-भावना को झकझोरने वाला जाति-इतिहास रचकर इस उद्देश्य को पूरा करने की दिशा में महत्त्वपूर्ण कदम भी उठाए थे। अपने मिथकों और इतिहास की खोज इस अभियान का एक अनिवार्य अंग था। इस खोज का मुख्य आधार था, ब्राह्मणवादी मिथकों की खोजबीन और शोध। अपने-आपको ऋषि परशुराम से जोड़ने के प्रयासों में पासियों की अपने समुदाय के संस्कृतकरण की आकांक्षा दिखाई देती है, ताकि वे ब्राह्मणवादी वर्ण-व्यवस्था में ऊँचा सामाजिक दर्जा प्राप्त कर सकें।

ऊदा देवी की रचना

ऊदा देवी की कथा और 1857 के विद्रोह में उसकी भूमिका का वर्णन इस तरह किया गया है—

> *लखनऊ के सिकंदर बाग़ के बीचोबीच पीपल का एक बड़ा और घना पेड़ था। इसके नीचे मिट्टी के कई मटके रखे रहते थे, जिनमें ठंडा पानी भरा रहता था। जब लड़ाई की मार-काट खत्म हुई तो बहुत-से अंग्रेज सैनिक अपनी प्यास बुझाने और अपनी थकान मिटाने के लिए इस पेड़ के पास पहुँचे। उन्होंने देखा कि पेड़ के आस-पास उनकी 53वीं और 59वीं रेजिमेंट के बहुत-से सैनिक मरे पड़े थे। कैप्टन डाउसन को मृतकों के घाव देखकर यह समझने में देर न लगी कि उन पर किसी ऊँची जगह से गोलियाँ चलाई गई थीं। कैप्टन डाउसन पेड़ से दूर हट गया और अपने सहयोगी वैलेस से बोला कि हमें पता लगाना चाहिए कि क्या पेड़ पर कोई है। उसने कहा कि मरे हुए सैनिकों को देखकर ऐसा लगता था कि उन पर सामने से गोली नहीं चलाई गई थी बल्कि पेड़ के ऊपर से चलाई गई थी। वैलेस के पास एक भरी हुई बन्दूक थी। उसने बड़ी सतर्कता से पेड़ के आस-पास एक चक्कर लगाया और कुछ ही देर में पेड़ पर छिपे व्यक्ति को ढूँढ़ निकाला। उसने कैप्टन डाउसन को चुपके से इसकी सूचना दी और फिर अपनी बंदूक का मुँह ऊपर उठाकर निशाना लगाया। देखते-ही-देखते उस छिपे हुए व्यक्ति का शव जमीन पर आ गिरा। उस व्यक्ति ने लाल रंग की जैकेट और गुलाबी रंग की चुस्त पतलून पहन रखी थी। उसकी जैकेट हटाने पर पता चला कि वह कोई पुरुष न होकर स्त्री थी। उसकी जेबों में पुराने मॉडल की दो पिस्तौलें थीं। एक भरी हुई और दूसरी खाली। उसकी जेबों में कुछ कारतूस भी थे, जो बड़ी होशियारी से बनाए गए थे। वैलेस ने दुख से अपना माथा ठोंकते हुए कहा कि अगर उसे पता होता कि वह एक*

स्त्री है तो उसे मारने से पहले वह हजार बार खुद मरना पसन्द करता। वह स्त्री कोई और नहीं बल्कि ऊदा देवी थी।

यह कहानी पासियों द्वारा सुनाई जाती है। उनका मानना है कि यह घटना 16 नवम्बर, 1857 को घटी थी।[12]

चित्र 6.1

सिकंदर बाग़, लखनऊ में ऊदा देवी की मूर्ति

इस क्षेत्र के पासियों के अनुसार, स्वतंत्रता संग्राम के दौरान अपने पति की गिरफ्तारी के बाद लखनऊ की बेगम हजरत महल ने स्त्रियों की एक सेना बनाई थी। प्रचलित मान्यता यह है कि ऊदा देवी इस सेना की सेनापति थी। वह लखनऊ के उजरियों नामक गाँव की रहने वाली थी। उसका पति मक्का पासी भी हजरत महल की सेना में शामिल था। वह चिनहट में अंग्रेजों के खिलाफ लड़ते हुए शहीद हो गया था। इस लड़ाई में ऊदा देवी के साथ-साथ खुद बेगम हजरत महल ने भी हिस्सा लिया था। कहा जाता है कि बेगम खुद घायल सैनिकों की देखभाल करती थी और मृत सैनिकों को खुद कफन ओढ़ाती थी। ऊदा देवी अपने पति के शव को देखकर चीख पड़ी थी और फूट-फूटकर रोने लगी थी। उसने उसी समय इसका बदला लेने

की प्रतिज्ञा कर ली थी। इस प्रतिज्ञा का ही परिणाम था कि उसने उस पेड़ पर छिप-कर पूरे 36 अंग्रेज सैनिक मार गिराए थे और बाद में खुद भी शहीद हो गई थी। (दिनकर 1990 : 35) ईस्ट इंडिया कम्पनी ने जनरल कैम्पवेल को कमांडर बनाकर अवध भेजा था। यह वही कैम्पवेल था, जिसे कानपुर से लखनऊ जाने वाले रास्ते में अमेठी-बंथरा के पासी तीन बार हरा चुके थे। चौथी बार जब वह आगे बढ़ने में सफल रहा तो उसने महाराजा बिजली पासी के दुर्ग को एक सैनिक छावनी में बदल दिया। 10 नवम्बर, 1857 को कैम्पवेल इसी छावनी से दिलकुश पहुँचा। योजना के अनुसार उसे लखनऊ के मोती महल में जनरल ओटरम और हेनरी हेवलॉक से मिलना था। लेकिन उसकी फौज बहादुर भारतीयों से इतनी डरी हुई थी कि उसने अपना रास्ता बदल लिया। इस नए रूट पर ही ऊदा देवी और उसकी स्त्री सेना से उसका सामना हुआ। (वही)

औपनिवेशिक जाति-इतिहासकारों द्वारा संग्रहीत कथाओं में 1857 के विद्रोह में ऊदा देवी के बलिदान का कोई उल्लेख नहीं मिलता। ऐसा लगता है कि यह कथा बाद में अस्तित्व में आई। 1971 की जनगणना के दस्तावेजों में यह उल्लेख मिलता है कि पासी नागरिकों के अनुसार, 1857 के विद्रोह के दौरान एक पासी पलटन ने बेगम हज़रत महल को अंग्रेजों द्वारा गिरफ्तार किए जाने से बचाया था। (भारतीय जनगणना 1971 : 2) 1980 के बाद बेगम हज़रत महल की कथा से ऊदा देवी की कथा उभरने लगी। 1990 के बाद 'वीरांगना ऊदा देवी स्मारक संस्थान' के गठन के साथ इस कथा के संचार और इससे जुड़े उत्सव-मेलों के लिए संस्थागत मदद मिलने लगी। यह कथा मध्य उत्तर प्रदेश के लखनऊ क्षेत्र में अधिक प्रचलित है, जहाँ पासियों की बहुलता है। इन वृत्तान्तों से ऊदा देवी की एक छवि भी निर्मित होने लगी है। वह एक मुस्लिम स्त्री, बेगम हजरत महल से जुड़ी हुई थी। उसे लम्बा कुर्ता और सिर पर पटका पहने और हाथ में पिस्तौल पकड़े दिखाया जाता है। इसी कथा के प्रभाव के कारण वह अपनी मूर्तियों में छोटी बाँहों का ब्लाउज पहने दिखाई देती है (जिसे उच्चवर्ण हिन्दू स्त्रियाँ नहीं पहनती थीं)। उसे एक आम पासी स्त्री की तरह दिखाया जाता है। (चित्र 6.1)

1990 के बाद उत्तर प्रदेश सरकार ने लखनऊ में हुए 1857 के विद्रोह का स्मरणोत्सव मनाने और इस सम्बन्ध में 'स्वतंत्रता संग्राम स्मारक समिति' नामक एक समिति का गठन करने का फैसला किया। लखनऊ के मेयर को इसका अध्यक्ष चुना गया। इस समिति के तत्त्वावधान में सिकंदरा बाग़ में 1857 की एक अज्ञात वीरांगना की प्रतिमा की स्थापना की गई। 1995 के आस-पास पासी समुदाय के कुछ प्रमुख सदस्यों, राजनीतिक नेताओं और कुछ अन्य प्रतिष्ठित व्यक्तियों ने मिलकर 'वीरांगना ऊदा देवी स्मारक समिति' नामक एक समिति की स्थापना की। रामविलास पासवान

ने उसी मूर्ति का एक बार फिर अनावरण किया, लेकिन इस बार इस मूर्ति पर 'अज्ञात वीरांगना' की बजाय 'ऊदा देवी पासी' का नाम लिखा हुआ था। इसी मूर्ति का तीसरी बार फिर अनावरण हुआ, इस बार उत्तर प्रदेश के तत्कालीन मुख्यमंत्री कल्याण सिंह के हाथों। इस बार मूर्ति पर 'ऊदा देवी पासी' की जगह सिर्फ 'ऊदा देवी' नाम अंकित था। अब हर वर्ष 16 नवम्बर का दिन 'ऊदा देवी बलिदान दिवस' के रूप में मनाया जाता है। इस अवसर पर पासी समुदाय का एक अधिवेशन आयोजित किया जाता है, एक स्मारिका निकाली जाती है और 'वीरांगना ऊदा देवी' की स्मृति में पासी एकता रैलियाँ आयोजित की जाती हैं।

पासियों द्वारा अपने इतिहास की खोज और रचना की घटना का उल्लेख करते हुए 'वीरांगना ऊदा देवी स्मारक समिति' के संयुक्त सचिव जगजीवन प्रसाद ने लिखा है कि बच्चा हो या बूढ़ा, किसान हो या मजदूर, चपरासी हो या अफसर या फिर व्यापारी, आज हर पासी अपना खोया हुआ गौरव प्राप्त करने के लिए उत्सुक है। और तो और, काजी, मुल्ला, पंडित, राजनीतिज्ञ और नेता सभी पासियों के गौरव की बात कर रहे हैं। ये सभी या तो पासी जाति के इतिहास की किताबें छापकर या उन्हें वितरित करके पासियों के खोए हुए इतिहास के बारे में जान चुके हैं। कुछ लोग कैसेट या फिल्म बना रहे हैं। कुछ आल्हा, गीत या बिरहा रच रहे हैं तो कुछ नाटक लिख रहे हैं या उसका निर्देशन कर रहे हैं। कुछ पासी राजाओं या वीरांगनाओं की मूर्तियाँ लगा रहे हैं तो कुछ पासी राजाओं के महलों के पुनरोद्धार के काम में जुटे हुए हैं। (प्रसाद 1997 : 18–19) प्रसाद ने डाक-तार विभाग द्वारा बिजली पासी पर एक डाक टिकट जारी करने का भी उल्लेख किया। साथ ही उन्होंने यह भी बताया कि वीरांगना ऊदा देवी स्मारक संस्थान के कार्यालय की स्थापना के लिए स्थानीय विधायक श्री कमला प्रसाद रावत ने लखनऊ का अपना आधिकारिक निवास दान कर दिया था। पासियों का मानना था कि सिर्फ उनकी जाति के लोग ही नहीं बल्कि सभी लोग समाज की भलाई के लिए किए जाने वाले इन कृत्यों के लिए कृतज्ञ महसूस करेंगे। (वही)

ऊदा देवी की प्रतिमाओं की स्थापना और उसकी कथा और इतिहास की रचना, पुनर्रचना और प्रसार के कारण ऊदा देवी का मिथक आम लोगों में काफी लोकप्रिय हो चुका है। भारतीय स्वतंत्रता संग्राम में उसके ऐतिहासिक योगदान को लेकर तरह-तरह की कविताएँ भी लिखी जा रही हैं। रावत (1997) द्वारा रचित ऐसी ही एक कविता है—

देश की खातिर ऊदा देवी लड़ी थी लड़ाई
सैकड़ों अंग्रेजों को ऊदा दिन गिराई
सीने पे गोली खाई, नहीं हार मानी
रहे दूध का दूध, पानी का पानी

ऊदा देवी से जुड़े वृत्तान्तों का रूप और शिल्प बिल्कुल वैसा ही है जैसा वीर सावरकर और पं. सुन्दर लाल जैसे राष्ट्रवादी इतिहासकारों द्वारा रचित राष्ट्रवादी वृत्तान्तों का। दोनों तरह के वृत्तान्तों में मिलते-जुलते मुहावरों, अलंकारों, विशेषणों, प्रतीकों, विडम्बनाओं इत्यादि का प्रयोग किया गया है। सावरकर (1909) ने अपनी पुस्तक 'द इंडियन वार ऑफ इंडिपेंडेंस' में 1857 के विद्रोह से जुड़ी पराक्रमी स्त्रियों की वर्णन-शैली का नमूना तय कर दिया था। उन्होंने रानी लक्ष्मीबाई की तुलना देवी दुर्गा से की थी, जिसे शत्रुओं का विनाश करने वाली देवी के रूप में देखा जाता है। इसके अलावा अपने कथानक के गठन में उन्होंने नाटकीय संवादों, आश्चर्य-बोध इत्यादि का भी प्रयोग किया था। 1946 में अपनी पुस्तक 'द डिस्कवरी ऑफ इंडिया' में जवाहरलाल नेहरू ने थोड़ी तर्कशीलता बरतते हुए लगभग यही वृत्तान्त-शैली अपनाई। लक्ष्मीबाई के व्यक्तित्व के अपने संक्षिप्त विवरण में उन्होंने लिखा है—

> एक नाम सबसे ऊपर है और लोगों की स्मृतियों में आज भी श्रद्धा का पात्र है, झाँसी की रानी का नाम, बीस वर्ष की एक लड़की जो लड़ते-लड़ते शहीद हो गई। उसका सामना करने वाले अंग्रेज जनरल ने उसके बारे में कहा था, 'बगावत के अगुवाओं में सबसे बेहतरीन और बहादुर'। (नेहरू : 1946)

प्रख्यात साहित्यकार एस.सी. सरकार ने भी रानी लक्ष्मीबाई की शौर्यपूर्ण छवि गढ़ने के लिए इसी तरह की वर्णनशैली का प्रयोग किया है। उन्होंने लिखा है—रानी एक लड़ाई (17 जून, 1958) में पुरुषों की पोशाक में बहादुरी से लड़ते-लड़ते मर गई। सर ह्यूम ने उसे सबसे योग्य और बहादुर सेनापति बताया। (सरकार : 1951)

ये सभी वृत्तान्त शैलियाँ, शिल्प और कथा-वर्णन के ताने-बाने दलित लेखकों तक भी पहुँचे, जो मुख्यधारा के राष्ट्रवादी इतिहास के समानान्तर एक वैकल्पिक इतिहास गढ़ने के प्रयास में जुटे हुए थे। 1997 में एक दलित कार्यकर्ता और विचारक सुशील सरोज ने अपने एक निबन्ध में ऊदा देवी का वर्णन करने के लिए इसी तरह की वृत्तान्त और चित्रण शैली का प्रयोग किया। (सरोज 1997 : 7)

इन वृत्तान्तों के कथानक या 'प्लॉट' कुछ इस तरह होते हैं—

(1) वे एक स्त्री में पुरुषों जैसी वीरता का चित्रण करते हैं।

(2) वे ब्रिटिश कमांडरों द्वारा अपनी जीत को भी हार मानते हुए दिखाते हैं।

(3) वे नायिका के पात्र को बड़े नाटकीय अंदाज में उद्घाटित करते हैं।

(4) वे एक अकादमिक शोध प्रस्तुत करने की बजाय कथा-वर्णन पर अधिक जोर देते हैं।

(5) नायक-नायिका की वीरता का वर्णन करने के साथ-साथ वे राष्ट्र के लिए बलिदान होने वालों का स्तुतिगान भी करते हैं।

राष्ट्रवादी और दलित दोनों तरह के वृत्तान्तों की प्रस्तुति और शैली में कोई अन्तर

दिखाई नहीं देता। दोनों में कथा-वर्णन की एक जैसी तकनीकों और कथ्य की बनावट और सजावट के एक जैसे तौर-तरीकों का प्रयोग किया जाता है। दोनों में ही विभिन्न ऐतिहासिक समूहों के बीच एक क्रम-व्यवस्था दिखाने का प्रयास किया जाता है, हालाँकि कथा-लेखक की सामाजिक स्थिति को देखते हुए कथा की घटनाओं का स्वरूप और चित्रण अलग-अलग हो सकता है।

अतीत की शक्ति

कई अन्य मिथकों की तरह ऊदा देवी का मिथक गढ़ने के पीछे भी पहचान की स्थापना और विरोध की अभिव्यक्ति का उद्देश्य था। इसलिए इसे विशुद्ध रूप से और सीधे-सीधे इतिहास की खोज नहीं कहा जा सकता। ऐतिहासिक घटनाओं पर आधारित कथाओं की खोज के पीछे सामाजिक और राजनीतिक कारण होते हैं। इन्हीं कारणों से ये मिथक लोगों को मॉबिलाइज करने में इतने असरदार साबित होते हैं, क्योंकि लोग अपने-आपको इन कथाओं से जोड़कर देखने लगते हैं। ऊदा देवी के मिथक को भी पासियों के राजनीतिक मॉबिलाइजेशन के लिए इस्तेमाल किया जा रहा है। इसलिए समुदाय की पहचान की स्थापना, सामूहिक स्मृति और इतिहास की दृष्टि से मिथक का महत्त्व बहुत बढ़ जाता है।

पासी समुदाय की सामाजिक-राजनीतिक एकजुटता से जुड़ी संस्था 'वीरांगना ऊदा देवी स्मारक संस्थान' ने 13 मार्च, 1997 को हसनपुर और हरदोई के नजदीक खेतनी में दो बड़ी रैलियाँ आयोजित कीं। (प्रसाद : 1997) इससे पहले, 7 फरवरी, 1997 को इस संस्था ने हैदरगढ़ में एक विशाल पासी सम्मेलन आयोजित किया, जिसकी अध्यक्षता बसपा नेता श्री आर.के. चौधरी ने की। इस सम्मेलन में समुदाय की विधवाओं को सफेद धोतियाँ बाँटी गईं और स्कूल की परीक्षाओं में अच्छे अंक लेने वाले छात्रों को पुरस्कृत किया गया। (वही) उसी वर्ष ऊदा देवी स्मृति दिवस (15 जून) पर पासी समुदाय के लोगों ने भीटी में एक विशाल पासी सम्मेलन का आयोजन किया। इसके कुछ महीने बाद, 28 सितम्बर, 1997 को लखनऊ के अर्जुन गंज में ऊदा देवी गौरव दिवस मनाया गया। यहीं पहली बार पासी जाति का अपना विशिष्ट झंडा भी फहराया गया। गुलाबी रंग के इस झंडे में तलवार और बरछे का प्रतीक-चिह्न अंकित है।

सिर्फ पासी समुदाय का सम्भ्रान्त वर्ग ही नहीं बल्कि बसपा, भाजपा, समाजवादी पार्टी, लोकशक्ति पार्टी इत्यादि विभिन्न राजनीतिक पार्टियाँ भी दलितों और खासकर पासियों के मॉबिलाइजेशन के लिए ऊदा देवी के मिथक का प्रयोग कर रही हैं। 1997 में समाजवादी पार्टी के अध्यक्ष मुलायम सिंह यादव के नेतृत्व में वीरांगना ऊदा देवी स्मृति दिवस के अवसर पर मोहनलाल गंज में एक विशाल जनसभा

आयोजित की गई थी। (प्रसाद : 1997) इसी तरह, मायावती, आर.के. चौधरी, और लोकशक्ति पार्टी के अध्यक्ष राम विलास पासवान के नेतृत्व में भी उत्तर प्रदेश के अवध क्षेत्र में कई दलित और पासी जनसभाएँ आयोजित की गईं।[13] मायावती के साथ अपने राजनीतिक मतभेदों के कारण बहुजन समाज पार्टी से निष्कासित किए जाने के तुरन्त बाद आर.के. चौधरी ने 'लोक परिवर्तन पार्टी' के नाम से एक नई क्षेत्रीय पार्टी की स्थापना की। उन्होंने 'ऊदा देवी फोर्स' (यूडीएफ) के नाम से दलित स्त्रियों की एक संस्था का भी गठन किया, जिसका लक्ष्य दलित स्त्रियों के साथ होने वाले रोजमर्रा के अन्यायों के खिलाफ संघर्ष करना था। 'यूडीएफ' के कार्यकर्ताओं के लिए एक विशेष वर्दी भी तैयार की गई। (चौधरी : 2001) चौधरी ने पासी जाति के इतिहास पर 'पासी साम्राज्य' के नाम से एक पुस्तक भी लिखी है, जिसमें उन्होंने ऊदा देवी के इतिहास का बहुत रोमांचक वर्णन किया है। (चौधरी : 1997) आर.के. चौधरी की तरह रामविलास पासवान (लोक शक्ति पार्टी), मायावती (बहुजन समाज पार्टी), मुलायम सिंह यादव (समाजवादी पार्टी) और भारतीय जनता पार्टी ने भी पासी जाति से जुड़े अपने नेताओं के माध्यम से ऊदा देवी के मिथक की अपनी-अपनी विचारधारा के अनुरूप व्याख्या करने और उसका प्रयोग करने का प्रयास किया है। कल्याण सिंह के नेतृत्व वाली भाजपा सरकार के एक तत्कालीन मंत्री रामपाल राजवंशी ने ऊदा देवी को सभी हिन्दू स्त्रियों के शौर्य की प्रतीक के रूप में चित्रित किया।[14] लेकिन मायावती और आर.के. चौधरी ने ऊदा देवी की कथा को पासी और दलित गौरव से जोड़कर ही चित्रित किया। (वही) ऊदा देवी के मिथक को लेकर सभी की लगभग एक जैसी व्याख्याएँ हैं, लेकिन सब-के-सब इसके राजनीतिक इस्तेमाल को सिर्फ अपना अधिकार मानते हैं और इससे जुड़े उत्सव-समारोह आयोजित करते रहते हैं। दरअसल, पासियों के वोटों की अभिलाषी हर पार्टी इस मिथक से जुड़ी वह प्रतीकात्मक शक्ति प्राप्त करना चाहती है, जो इन वोटों को उसकी तरफ आकर्षित कर सके। यह सब इस पर निर्भर करता है कि कौन-सी पार्टी अखबारों, लेखनों, प्रकाशनों, समारोहों, उत्सव-मेलों और संचार के अन्य आधुनिक साधनों के माध्यम से इस मिथक का सबसे सही और प्रभावी इस्तेमाल कर पाती है। लेकिन इस मिथक की प्रतीकात्मक शक्ति के राजनीतिक प्रभाव की परीक्षा अभी बाकी है।

चुनावी बाजार और इतिहास का प्रयोग

यहाँ 'चुनावी बाजार' शब्दावली को चुनावी राजनीति के आर्थिक पहलुओं के सन्दर्भ में इस्तेमाल नहीं किया जा रहा है। हम सिर्फ विभिन्न जातियों और समुदायों को मॉबिलाइज करके उनके वोट से जुड़ी रणनीतियों की बात कर रहे हैं, जो विभिन्न

राजनीतिक पार्टियों द्वारा इस प्रान्त की प्रजातांत्रिक चुनावी राजनीति में निरन्तर आजमाई जा रही है। यह एक उल्लेखनीय तथ्य है कि मंडल आयोग की रिपोर्ट को लागू किए जाने के बाद भारतीय राजनीति के चुनावी बाजार में एक नया दृश्य उभरने लगा। बहुत-सी निचली जातियाँ और दलित समूह अपनी राजनीतिक पहचान को लेकर अधिक जागरूक होने लगे और राष्ट्र राज्य की सत्ता में अपनी हिस्सेदारी को लेकर उनमें एक नई तरह की चेतना दिखाई देने लगी। उन्हें इस बात का अहसास हो गया कि उनकी शक्ति उनके वोटों में निहित थी, साथ ही एक बहुजन-दलित पहचान के अन्तर्गत अपनी जातियों को एकजुट करने से जुड़े राजनीतिक प्रभाव में भी। यही कारण था कि उन्हें एक दोहरी पहचान की जरूरत थी—एक विशेष जाति के रूप में, और एक दलित राजनीतिक समुदाय के अंग के रूप में।

यह दोहरी पहचान एक नए इतिहास की माँग करती थी, जो न सिर्फ औपनिवेशिक काल के दौरान ब्राह्मणवादी साँचे में लिखे गए जाति-इतिहासों से अलग हो बल्कि उन्हें ध्वस्त भी करता हो। दलितों को ऐसे इतिहास गढ़ने की जरूरत थी, जो जातियों की गौरव-गाथाओं के रूप में उनमें आत्मसम्मान की भावना जगा सकें—ब्राह्मणवादी प्रतीकों के माध्यम से नहीं बल्कि उनके अपने दलित प्रतीकों और समाज में उनकी अपनी सामाजिक-सांस्कृतिक जगह के माध्यम से। यूँ उनके जाति-इतिहासों में भी ब्राह्मणवादी प्रभाव की थोड़ी-बहुत झलक दिखाई देती है, लेकिन समसामयिक इतिहास-लेखनों में दलित दर्जे को महिमामंडित करने पर अधिक जोर दिया जा रहा है। इस तरह का अलग-अलग इतिहास-लेखन दलितों को एक समरस राजनीतिक समूह के रूप में एकजुट करने में समस्याएँ भी पैदा करता है। साथ ही इससे ब्राह्मणवादी शक्तियों को भी दखलंदाजी करके उन्हें अपनी तरफ खींचने का अवसर मिल जाता है, जैसा कि भारतीय जनता पार्टी करती रहती है। इसका एक उदाहरण पासियों के मामले में देखा जा सकता है। अपने समुदाय की लड़ाकू पहचान से जुड़ी पासियों की स्मृतियों के कारण ब्राह्मणवादी शक्तियों को यह अवसर मिल गया कि उन्हें मुस्लिम राज के दौरान हिन्दू मन्दिरों के प्रहरियों और रक्षकों के रूप में चित्रित किया जा सके।[15]

लेकिन चमारों के साथ ऐसी बात नहीं है। वे इस तरह की विडम्बना से अप्रभावित हैं, क्योंकि वे अपने लड़ाकू दर्जे को गौरवान्वित नहीं करते। इतिहास-रचना की उनकी रणनीति अपनी जाति की कर्म-संस्कृति को गौरवमंडित करने पर आधारित है। वे अपनी व्यथा-कथा सुनाते हुए ब्राह्मणवादी दमन का वर्णन करते हैं। दरअसल, राजनीतिक नजरिए से देखा जाए तो समसामयिक दलित एकजुटता से जुड़ी शक्तियों को किसी एक विशेष जाति के भव्य और सभी दलितों को एक सूत्र में पिरोने वाले ऐसे महा-इतिहास की जरूरत है, जिसे राष्ट्र के लिए बढ़-चढ़कर

बलिदान देने वाले और ऐतिहासिक दृष्टि से महत्त्वपूर्ण दलित समुदाय के रूप में प्रस्तुत किया जा सके। पासियों द्वारा स्वयं को दलित समुदाय के रूप में चित्रित करने के प्रयास सफल प्रतीत हो रहे हैं, लेकिन उनके खुद के कल्पित इतिहास से एक दलित इतिहास गढ़ने की प्रक्रिया में कई विरोधाभास दिखाई देते हैं। उत्तर भारत के दलित समुदाय में समरसता का अभाव है। खुद दलित समुदाय के भीतर भी ऊँच-नीच और दबदबे और अधीनता की भावना दिखाई देती है। इसलिए एक ऐसे साझे और समरस दलित इतिहास की रचना करना, जो 6,000 से भी ज्यादा भिन्नतापूर्ण और कुछ मामलों में परस्पर विरोधी दलित जातियों का प्रतिनिधित्व कर सके, बहुत दुष्कर कार्य प्रतीत होता है। पासी एक लड़ाकू समुदाय के रूप में और उत्तर भारत के देहाती समाज में गोरैतों, चौकीदारों, वफादारों और टैक्स वसूली करने वालों की अपनी भूमिका पर गर्व महसूस करते हैं। लेकिन जैसा कि हम चौथे अध्याय में देख चुके हैं, चमार यह कहकर पासियों की आलोचना करते हैं कि वे जमींदारों के हितों की खातिर अन्य दलित जातियों पर अत्याचार किया करते थे। फिर भी आज की नई राजनीतिक स्थितियों को देखते हुए पासी इन विरोधाभासों को कम से कम करने का प्रयास कर रहे हैं। उनका कहना है—

> सच यह है कि पूर्वी और मध्य उत्तर प्रदेश में अनेक वर्षों तक पासियों ने ही चमारों के मान-सम्मान और सम्पत्ति की रक्षा की। उत्तर प्रदेश के लगभग 25 जिलों में पासियों के कारण ही चमारों का अस्तित्व बचा रहा। आज भी सरकारी खजाने, अदालतें, कचहरियाँ और जेलें इसीलिए सुरक्षित हैं, क्योंकि उनकी सुरक्षा बहादुर और योद्धा पासियों के जिम्मे है। उत्तर प्रदेश की दो-तिहाई से भी ज्यादा जेलों में पासी पहरेदार तैनात हैं। (पासी : 1997)

दलितों की राजनीतिक एकजुटता के लिए सभी दलितों को एक सूत्र में पिरोने वाले इतिहास की जरूरत है। एक ऐसा इतिहास, जो उन्हें समाज के भीतर एक सम्मानजनक पहचान दे सके और साथ ही सभी दलित जातियों और हर जाति के भीतर भिन्न-भिन्न उपजातियों को एक सामूहिक पहचान के अन्तर्गत ला सके। इस समरस पहचान के विस्तार से एक नई तरह की गैर-ब्राह्मणवादी बहुजन-दलित राजनीति का सूत्रपात होना चाहिए। इस तरह की संगठित और एकीकृत पहचान की स्थापना की उम्मीद में ही दलित अपने जाति-इतिहासों की तरफ आकर्षित होने लगे, जो न सिर्फ उन्हें एक प्रतीकात्मक शक्ति देते हैं बल्कि समसामयिक उत्तर भारतीय राजनीति में एक समरसतापूर्ण बहुजन-दलित एकजुटता का रास्ता भी दिखा सकते हैं। इस तरह उत्तर भारत के दलित समूहों के जाति-इतिहास लेखन से जुड़ी परियोजनाओं का उद्देश्य उनमें आत्मसम्मान की भावना पैदा करता है। यह आत्मसम्मान उनकी पहचान की स्थापना का आधार बन सकता है और अन्ततोगत्वा समुदायों के चुनावी

मॉबिलाइजेशन के माध्यम से सत्ता में उनकी हिस्सेदारी सुनिश्चित कर सकता है। ऊदा देवी के मिथक ने इन परियोजनाओं को और प्रोत्साहन दिया है, जिसे पहले पासी समुदाय की प्रतीक–नायिका और फिर समूचे दलित समुदाय की पहचान की प्रतीक के रूप में चित्रित किया गया। इस तरह जैसे कि झाँसी और बुन्देलखंड क्षेत्रों में झलकारीबाई के मिथक को कोरियों और अन्य सभी दलितों को साथ–साथ मॉबिलाइज करने के लिए इस्तेमाल किया गया था, उसी तरह अब ऊदा देवी के मिथक को लखनऊ क्षेत्र के पासियों और अन्य सभी दलितों के मॉबिलाइजेशन के लिए इस्तेमाल किया जा रहा है। साथ ही इस मिथक को मायावती की छवि निर्मित करने के लिए भी इस्तेमाल किया जा रहा है, जो दोनों स्तरों के मॉबिलाइजेशन में मददगार साबित हो सकता है।

टिप्पणियाँ

1. लखनऊ का फील्ड दौरा, 23 मार्च, 2004
2. मोहनलाल गंज, बहराइच का फील्ड दौरा, 24 मार्च, 2004
3. राकेश चौधरी के साथ मौखिक भेंटवार्ता, रायबरेली, 9 जून, 1998
4. शकुनी चौधरी के साथ मौखिक भेंटवार्ता, रायबरेली, 9 जून, 1998
5. पासी जागृति मंडल के सदस्यों के साथ मौखिक भेंटवार्ता, मोहनलालगंज, 5 अगस्त, 2001
6. वही, टिप्पणी संख्या 5 देखें
7. रामलखन पासी और जगजीवन पासी के साथ भेंटवार्त्ता, लखनऊ, 5 अगस्त, 2001
8. वही, टिप्पणी संख्या 7 देखें
9. द्वितीय मौखिकता पर अधिक जानकारी के लिए देखें ओंग, 1982, 31
10. टिप्पणी संख्या 7 देखें
11. देखें मायावती संदेश, चौधरी, 1997
12. राकेश चौधरी और अन्यों के साथ मौखिक भेंटवार्त्ता, रायबरेली, 9 जून, 1998; देखें चौधरी, 1997, नारायण और मिश्रा, 2004
13. 'किसका वोट–बैंक बनेगा पासी समाज', हिन्दुस्तान, लखनऊ, 24 जुलाई, 2001
14. बिहार के गया जिले में सामाजिक समरसता अभियान, 1995 के दौरान आरएसएस द्वारा दुसाधों और पासियों में वितरित पैम्फलेट देखें
15. वही, टिप्पणी संख्या 14 देखें

7

वीरांगनाएँ, देवियाँ और छवि-निर्माण की राजनीति

प्रतापगढ़ जिले में एक दलित राजा था। वह एक चक्रवर्ती राजा था। उसकी कीर्ति दूर-दूर तक फैली हुई थी। वह न्यायप्रिय और दयालु राजा था और उसके राज में हर किसी को काम और रोटी-कपड़ा उपलब्ध था। राजा में एक अच्छे राजा के सभी गुण मौजूद थे और उसकी देख-रेख में सभी नैतिक मर्यादाओं का पालन किया जाता था। राजा का एक मंत्री था, जो एक ठाकुर था। वह हमेशा कोई-न-कोई षड्यंत्र रचता रहता था। राजा बुद्धिमान अवश्य था, लेकिन उसमें चतुर रणनीति का अभाव था। मंत्री ने राजा के खिलाफ षड्यंत्र रचकर उसे सिंहासन से हटा दिया और खुद राजा बन बैठा। उसने राजा को देशनिकाला भी दे दिया। राजा को एक जंगल में शरण लेने के लिए बाध्य होना पड़ा।

आज के नए जमाने के राजा उसी षड्यंत्रकारी मंत्री के वंशज हैं और हम सब उस दलित राजा के वंशज हैं, जिसे जंगल में शरण लेनी पड़ी थी।

'दलित समराज्य' : बसपा के जागृति दस्ते के एक सदस्य
बाबूलाल भंवरा द्वारा रचित नौटंकी

29 सितम्बर, 1998 को लखनऊ के हजरत महल पार्क में बहुजन समाज पार्टी द्वारा एक जनसभा आयोजित की गई थी। इस जनसभा का मुख्य आकर्षण मायावती थीं। उन्होंने अपना भाषण शुरू किया, तो सभा में उपस्थित उनके सभी समर्थक बड़ी एकाग्रता से उनकी बात सुनने लगे। भीड़ का पूरा ध्यान उन्हीं पर केन्द्रित था। लोग अपनी भूख-प्यास और धूप में देर तक बैठे रहने की तकलीफ को भूलकर बड़ी शान्ति से उनकी बात सुन रहे थे। सभा में उपस्थित स्त्रियाँ सिर्फ मायावती की एक झलक देखने आई थीं। वे उनके पास जाने और नजदीक से उनके दर्शन करने के लिए धक्का-मुक्की कर रही थीं।[1] पार्क में बनाए गए स्थलों में से बहुत-से स्टॉल कैसेटों के स्टॉल थे। ये स्टॉल प्रान्त के अलग-अलग हिस्सों से आए बसपा समर्थकों ने लगाए थे। सबसे ज्यादा बिकने वाली कैसेटों में बुद्ध, डॉ. अम्बेडकर और

चित्र 7.1

झांसी में झलकारीबाई की मूर्ति

झलकारीबाई, ऊदा देवी, अवन्तीबाई, पन्ना धाय और महावीरी भंगिन जैसी दलित वीरांगनाओं पर रचित गीतों की कैसेटें शामिल थीं। इन गीतों को हिन्दी फिल्मों के लोकप्रिय गीतों की तर्ज में ढाला गया था। ये गीत दोहा, चौपाई, कजरी, बिरहा इत्यादि भिन्न-भिन्न लोक विधाओं और शैलियों में रचे गए थे। सभा में उपस्थित लोगों में इन दलित प्रतीक-नायकों के चित्रों वाले पोस्टर, बैज, लॉकेट इत्यादि भी बाँटे जा रहे थे। बहुत-से स्टॉलों पर डॉ. अम्बेडकर के भाषणों और भिन्न-भिन्न दलित नायकों की जीवन-कथाओं पर सस्ती पुस्तिकाएँ भी बिक रही थीं।

इस अवसर पर एक लोकगायक ने दलित नायकों के गौरव का बखान करते हुए कई गीत भी प्रस्तुत किए। गीत प्रस्तुत करने से पहले उसने एक छोटा-सा भाषण भी दिया, जो इस प्रकार था—

> हम दलितों का इतिहास बहुत गौरवशाली इतिहास है। कभी हम बड़ी-बड़ी रियासतों के राजा थे और हमारी शक्ति का लोहा माना जाता था। हमारी जातियों में बहुत से सन्तों और ऋषि-मुनियों ने जन्म लिया। ऊँची जातियों के मनुवादी षड्यंत्रों के कारण ही हमारी आज यह दुर्दशा है। हमारे समुदायों में बहुत से ऐसे शूरवीर राजा हुए, जिन्होंने अपने शत्रुओं के छक्के छुड़ा दिए। हमारे कई बहादुर सेनानियों ने अंग्रेजों को गाजर-मूली की तरह काट डाला। 1857 के विद्रोह में ऊदा देवी, झलकारीबाई, अवन्तीबाई, पन्ना धाय और महावीरी देवी जैसी दलित वीरांगनाओं ने अपनी मातृभूमि

को मुक्त करवाने के लिए अंग्रेजों से जमकर लोहा लिया था और उन्हें लगभग भागने पर मजबूर कर दिया था। अगर वे फिर भी नहीं गए और यहाँ राज करते रहे तो इसका कारण वे ऊँची जाति के राजा और जमींदार थे, जो अपने निजी स्वार्थों के लिए अंग्रेजों का साथ देते रहे। आज हमारी बहन मायावती इन्हीं वीरांगनाओं के नए अवतार के रूप में हमारे बीच हैं। मुलायम और अन्य दलित-विरोधी और मनुवादी शक्तियों से लड़ रही हैं। दलित भाइयो, अब समय आ गया है कि हम सब जागें, उठें और बहन मायावती का साथ देकर उस सत्ता को प्राप्त करें, जिससे हमें सदियों से वंचित रखा जा रहा है।

यह लोक-गायक मात्र एक गायक नहीं था बल्कि बहुजन समाज पार्टी के जागृति दस्ते का एक सक्रिय सदस्य था। पिछले अध्यायों में हम इन जागृति की गतिविधियों की चर्चा कर चुके हैं। अगर हम इस लोक-गायक द्वारा दिए गए उपरोक्त भाषण का विश्लेषण करें तो हम देखते हैं कि दलितों में अपनी चेतना में यह विश्वास पैदा करने का प्रयास कि कभी वे शासक हुआ करते थे, एक तरह से ऊँची जातियों के वर्चस्व को चुनौती देता हुआ प्रतीत होता है। साथ ही 1857 के विद्रोह से जुड़ी अपनी स्मृतियों को झकझोरकर, और अपने वीरों और वीरांगनाओं को महिमामंडित करके, वे अपने-आपको राष्ट्र के एक अंग के रूप में महसूस करते हैं और इसमें भागीदारी के अपने अधिकार का दावा कर सकते हैं। मायावती को इन दलित वीरांगनाओं के अवतार के रूप में चित्रित करके पार्टी मनुवादी शक्तियों के वर्चस्व को चुनौती देने के उनके साहस और क्षमता पर जोर देना चाहती है। अपने दलित भाई-बहनों को मायावती के अद्‌भुत और अनूठे साहस का विश्वास दिलाते हुए पार्टी के नेता उन्हें खुद भी ऊँची जातियों के दमन और शोषण का डटकर सामना करने के लिए प्रेरित करते हैं। इस तरह हम देख सकते हैं कि इन उद्‌देश्यों की प्राप्ति के लिए दलितों की पहचान के इतिहास का किस तरह प्रयोग किया जा रहा है। इन पहचान इतिहासों को अनेकानेक रूप देने के पीछे दलितों के मॉबिलाइजेशन और सशक्तीकरण की प्रक्रिया को और तेज और मजबूत करने का उद्‌देश्य है, ताकि वे सत्ता में अपनी न्यायोचित हिस्सेदारी के लक्ष्य को साकार कर सकें।

दलित साहस का वृत्तान्त

एक उपेक्षित समुदाय किसी प्रतीक पुरुष या स्त्री को चुनकर किस तरह इसे अपनी पहचान का इतिहास गढ़ने के लिए इस्तेमाल कर सकता है, इसका एक उदाहरण भंगियों के मामले में देखा जा सकता है। महावीरी देवी भंगी समुदाय की पहचान के एक महत्त्वपूर्ण प्रतीक-चिह्न के रूप में उभरी है। यह भी एक दिलचस्प तथ्य है कि बहुजन समाज पार्टी की दलित राजनीति की बढ़ती जरूरतों को देखते हुए महावीरी देवी की कथा को किस तरह पूरे दलित समुदाय की कथा के रूप में विस्तार दिया जा रहा है।

दलित लेखक दिनकर (1990, 27) द्वारा वर्णित महावीरी देवी की कथा इस प्रकार है कि वह दलितों की रक्षक थी और उनके अधिकारों के लिए धनवान और जमींदार वर्ग के खिलाफ लड़ने के लिए हमेशा तैयार रहती थी। हालाँकि वह बहुत निर्धन थी, फिर भी उसका जीवन-मंत्र था, 'जियो तो इज्जत के साथ, मरो तो इज्जत के साथ'। वह समुदाय की अन्य स्त्रियों को भी हमेशा यही सीख देती थी।

महावीरी देवी पश्चिमी उत्तर प्रदेश के मुजफ्फरनगर क्षेत्र में काफी लोकप्रिय है। उसकी जीवन-कथा पर आधारित नाटक वहाँ अकसर मंचित होते रहते हैं। बहुत-से लोक-गीतकारों ने उस पर गीतों की रचना भी की है। आगरा के प्रसिद्ध लोक-गायक अर्जुन गायक का ऐसा ही एक गीत है—

महावीरी भंगिन के गनवा भैया गावे के पड़ी
सन् सत्तावन के गदर में दी उसने कुर्बानी
अंग्रेजों के सामने उसने हार कभी न मानी[2]

इसी तरह मुजफ्फरनगर में जन्मे, लेकिन आगरा में बसे एक कवि देवल कवि, महावीरी देवी का महिमागान करते हुए इस तरह की पंक्तियाँ सुनाते हैं—

चमक उठी सन् सत्तावन की वो तलवार पुरानी
महावीरी भंगिन थी बड़ी मर्दानी[3]

इस तरह के गीतों और कविताओं ने जनमानस में महावीरी देवी की एक लोकप्रिय छवि निर्मित कर दी है। बहुजन समाज पार्टी ने इस छवि को उठा लिया और दलितों के राजनीतिक मॉबिलाइजेशन के लिए इसका इस्तेमाल करना शुरू कर दिया—सिर्फ इस क्षेत्र के भंगियों के लिए ही नहीं, बल्कि पूरे उत्तर प्रदेश के दलित समुदाय के लिए। इस मिथक को मायावती की सार्वजनिक छवि निर्मित करने में इस्तेमाल करने के लिए मिथक की दो बातों पर विशेष जोर दिया गया—'इज्जत से जियो और इज्जत से मरो' और 'दलित समुदाय की रक्षिका'। इस उदाहरण से पता चलता है कि बहुजन समाज पार्टी किस तरह अतीत से जुड़ी छवियों का प्रयोग करके मायावती की छवि में एक प्रतीकात्मक शक्ति फूँकने का प्रयास कर रही है।

भंगी अपना जाति-इतिहास लिखते हैं तो महावीरीबाई का सुनहरे अक्षरों में उल्लेख करते हैं। (बी.एस.आर.एस. नाथ ने भंगी जाति के इतिहास पर दो पुस्तकें लिखी हैं—नाथ : 1998a, 1998b) इन पुस्तकों में उन्होंने लिखा है कि भंगी जाति के न सिर्फ पुरुष अपनी मातृभूमि के लिए अपना जीवन बलिदान करने के लिए तैयार रहते थे, बल्कि उनकी स्त्रियाँ भी उतनी ही साहसी थीं। महावीरी देवी बाइस अन्य भंगी स्त्रियों के साथ अंग्रेजों के खिलाफ लड़ते-लड़ते शहीद हो गई थी। महावीरी देवी अपने नाम के अनुरूप बहुत बहादुर और निडर थी। उसने अंग्रेजी फौज का डटकर और आखिरी दम तक मुकाबला किया।

भंगी जाति हिन्दू वर्ण-व्यवस्था की सबसे निचले दर्जे की अछूत जाति मानी जाती है। वे साफ-सफाई और कूड़े-कचरे के काम से जुड़े रहे हैं। आज भी उनकी बड़ी संख्या सरकारी और गैर-सरकारी संस्थाओं में सफाई-कर्मचारियों के रूप में नियुक्त है। वे उत्तर प्रदेश, पंजाब, हरियाणा, दिल्ली और चंडीगढ़ में बड़ी संख्या में फैले हुए हैं। 1981 की जनगणना के अनुसार उत्तर प्रदेश में उनकी आबादी 7,44,821 थी। हालाँकि उनकी आबादी ग्रामीण क्षेत्रों में अधिक है, लेकिन आबादी की एक बड़ी संख्या (2,71,801 या कुल आबादी का 36.4 प्रतिशत) शहरी क्षेत्रों से लौटी है। वे मांसाहारी माने जाते हैं और कभी-कभार मद्यपान भी करते हैं। भंगी अपने-आपको शूद्र मानते हैं और जन्म, विवाह, मृत्यु और अन्य सामाजिक अवसरों पर हिन्दू रीति-रिवाजों का पालन करते हैं। (सिंह 1993 : 107)

'भंगी' शब्द संस्कृत के 'भांगी' शब्द से बना है, जो 'भाँग' के लिए प्रयुक्त होता है। ऐसा लगता है कि इस समुदाय में भाँग के प्रचलन के कारण ही इसके सदस्यों को 'भंगी' कहा जाने लगा। भंगियों को मनु के चंडाल का प्रतिनिधि माना जाता है, जो एक शूद्र पुरुष और एक ब्राह्मण स्त्री से उत्पन्न हुआ था। भंगियों का परम्परागत पेशा मल और कूड़ा-कचरा उठाना, सफाई करना और टोकरियाँ इत्यादि बनाना रहा है। औपनिवेशिक काल में उन्हें पहले दो काम करने के लिए शहरों में लाया गया और धीरे-धीरे वे एक शहरी समुदाय बन गए। लेकिन शौचालयों के आधुनिकीकरण के कारण अब उनके परम्परागत पेशे में बदलाव आ रहा है। दूसरों का मैला उठाने से जुड़े 'वंशानुगत, घृणित और अमानवीय' पेशे से भंगियों को मुक्ति दिलाने और उनके आश्रितों के पुनर्वास के लिए एक राष्ट्रीय योजना (1991-92) बनाई गई। इस योजना के अन्तर्गत उन्हें पाँच वर्षों के भीतर वैकल्पिक और सम्मानजनक काम-धंधों से जोड़ने का प्रावधान रखा गया। (वार्षिक रिपोर्ट, 1991-92, मानव कल्याण मंत्रालय, भारत सरकार, नई दिल्ली) अब भंगी धीरे-धीरे दूसरे काम-धंधों से जुड़ रहे हैं। 1981 की जनगणना के अनुसार उनकी साक्षरता दर 14.31 प्रतिशत (22.26 प्रतिशत पुरुष और 5.35 प्रतिशत स्त्रियाँ) थी। (वही : 108)

अछूत जाति होने के कारण भंगियों को उन उच्च जातियों की घोर उपेक्षा और तिरस्कार का शिकार होना पड़ा, जिनके घरों में वे काम करते थे। 1923 के आस-पास आर्य समाज ने भंगियों में सामाजिक-धार्मिक सुधार लाने का काम शुरू किया। उन्हें शिक्षित करना भी इस अभियान का एक हिस्सा था। 1940 के बाद बहुत से भंगी बच्चे उन स्कूलों में भर्ती होने लगे, जहाँ निःशुल्क शिक्षा दी जाती थी। मारवाड़ लोक परिषद्, मारवाड़ मेहतर सुधार सभा और बाद में राजपूताना मेहतर सुधार सभा ने भंगियों की जीवन-शैली में बदलाव लाने में काफी मदद की।

उपेक्षित दलित समुदायों में अपनी पहचान को लेकर उत्पन्न हो रही चेतना के

परिणामस्वरूप अब कुछ भंगी जातियाँ—भंगी, मेहतर, लालबेगी और अतीत में झाड़ूदारी/साफ-सफाई के काम से जुड़ी अन्य जातियाँ—एकजुट होने की कोशिश कर रही हैं। ये सब अपने-आपको हिन्दू धर्मग्रन्थ 'रामायण' के रचयिता बाल्मीकि की वंशज मानती हैं। बद्री प्रसाद बाल्मिकानंद नामक एक दलित-समाज सुधारक ने 'बाल्मीकि-बाल्मीकि' के नाम से भंगियों के जाति-इतिहास की रचना की है। उन्होंने भंगियों के उद्धार के लिए उत्तर प्रदेश में कई स्कूल भी खोले हैं। (बाल्मिकानन्द 1974 : 26) कथा के अनुसार ऋषि बाल्मीकि शूद्र या निचली जाति के नहीं थे। 'रामायण' से पता चलता है कि बाल्मीकि के पिता का नाम प्रचेता था, जो वायु-देवता भगवान् वरुण का ही एक नाम था। इससे ऐसा लगता है कि बाल्मीकि एक ब्राह्मण थे। लेकिन बाल्मीकि पक्के मानवतावादी थे और जाति के आधार पर किसी के साथ भेदभाव नहीं करते थे। वे सभी के प्रति प्रेम-भाव और सहानुभूति रखने की सीख देते थे। 'रामायण' से ऐसा भी लगता है कि उन्होंने अपने 2,000 अनुयायियों को चुनकर उन्हें 'बाल्मीकि' का नाम दिया था। आज के बाल्मीकि इन्हीं अनुयायियों के वंशज कहे जा सकते हैं।

अपनी आज की पिछड़ी हुई सामाजिक, आर्थिक और सांस्कृतिक स्थिति के कारण बताते हुए बाल्मीकि 5,000 वर्ष पहले आर्यों के भारत आगमन का हवाला देते हैं। तब उनके पूर्वज उत्तर भारत के शासक और पुरोहित हुआ करते थे। उन्होंने आर्यों को कड़ी टक्कर दी और दोनों तरफ से काफी मार-काट हुई। आर्यों को करारा झटका लगा। लेकिन धीरे-धीरे उन्होंने फिर से अपनी शक्ति बटोरी और दलितों के विभिन्न समुदायों में फूट पैदा करके उन्हें कमजोर करने में सफल रहे। अगली बार दलित मिल-जुलकर नहीं लड़े और हार गए। ब्राह्मणवादी आर्यों ने बाल्मीकियों और अन्य दलितों को दबाया और उनका शोषण करना शुरू कर दिया। उन्होंने बाल्मीकियों के ऋषि-मुनियों को मान्यता देने से इनकार कर दिया और अपनी ब्राह्मणवादी वैदिक संहिताएँ लागू कर दीं। उन्होंने पराजित जातियों को निचले दर्जे के काम करने के लिए भी बाध्य किया। परिणामस्वरूप, ये जातियाँ निर्धनता और पिछड़ेपन की शिकार होती चली गईं। उनका गौरवशाली इतिहास गुमनामी के अँधेरों में खो गया। उनकी स्थिति दिन-ब-दिन और ज्यादा खराब होती चली गई। इतनी सदियाँ बीत जाने के बाद भी ये जातियाँ अपनी दयनीय स्थिति से उबर नहीं पाई हैं। (नाथ 1998b : 5)

पहचान का इतिहास और उसके दलित अर्थ

अपनी जाति के इतिहास का वर्णन करते हुए भंगी बड़े गर्व से महावीरी देवी का उल्लेख करते हैं, जिसे वे अपनी जाति के गौरव का एक शानदार उदाहरण मानते हैं।

वह उस शौर्य, साहस और पराक्रम की प्रतीक है, जिसके लिए यह जाति कभी विख्यात हुआ करती थी। जाति के उस गौरव की प्रतीक जो ब्राह्मणवादी संस्कृति के वर्चस्व तले लुप्त होता चला गया। सहारनपुर और उसके आस-पास के क्षेत्रों में महावीरी देवी की कथा भंगियों की मौखिक परम्परा का हिस्सा है। धीरे-धीरे यह कथा समूचे भंगी समुदाय की कथा बन गई। इसमें मुद्रण माध्यम की विशेष भूमिका रही। अब यह कथा दलित पहचान के एक अभिन्न अंग के रूप में स्थापित हो चुकी है। दलित महावीरी देवी की कथा को उसी तरह याद और वर्णित करते हैं जैसे झलकारीबाई और ऊदा देवी की कथाओं को। इन तीनों नायिकाओं के गुणों को रेखांकित करते हुए उनके शौर्य और पराक्रम पर विशेष जोर दिया जाता है। उनके हाथों मारे गए ब्रिटिश सैनिकों की संख्या से भी उनके इस पराक्रम का पता चलता है। यह बात भी अकसर दोहराई जाती है कि इन तीनों वीरांगनाओं ने स्त्री सेनाएँ बनाई थीं और अंग्रेजों का डटकर मुकाबला किया था। लेकिन महावीरी देवी की कथा में दूसरी दो कथाओं से थोड़ा अन्तर दिखाई देता है। झलकारीबाई और ऊदा देवी दोनों को ही दो रानियों की निकट सहयोगी दिखाया जाता है—लक्ष्मीबाई और हजरत महल। लेकिन महावीरी देवी किसी राजा या रानी से जुड़ी न होकर सिर्फ आम लोगों से जुड़ी हुई थी। महावीरी देवी की कथा को ग्रास-रूट स्तर पर विद्रोह-भावना की अभिव्यक्ति के रूप में देखा जा सकता है। झलकारीबाई और ऊदा देवी की प्रचलित छवियों में जहाँ झलकारीबाई को रानी लक्ष्मीबाई की तरह घोड़े पर सवार दिखाया जाता है, वहीं ऊदा देवी को पिस्तौल उठाए और अंग्रेज सैनिकों पर गोलियाँ बरसाते दिखाया जाता है। इन दोनों छवियों के विपरीत महावीरी देवी को जमीन पर लेटे और हाथ में हँसिया पकड़े दिखाया जाता है। झलकारीबाई के बारे में जो कथाएँ प्रचलित हैं उनमें उसे रानी लक्ष्मीबाई से ज्यादा बुद्धिमान दिखाया जाता है। इसी तरह ऊदा देवी को भी बेगम हजरत महल से ज्यादा देशभक्त दिखाने की कोशिश की जाती है। दूसरी तरफ, महावीरी देवी को गाँवों में एक जन-आन्दोलन का नेतृत्व करने और औरतों की फौज इकट्ठी करके अंग्रेजों पर चढ़ाई करते दिखाया जाता है। महावीरी देवी की कथा का जिस तरह से वर्णन किया जाता है, उससे यह साफ झलकता है कि दलित अपनी विद्रोह-भावना के प्रतीकों का प्रजातंत्रीकरण करने की चाह रखते हैं। वे यह दिखाना चाहते हैं कि उनके बीच कई नायक और नायिकाएँ, कई वीर और वीरांगनाएँ पैदा हुए हैं। जहाँ झलकारीबाई और ऊदा देवी दो रानियों से जुड़ी हुई असाधारण स्त्रियाँ थीं, वहीं महावीरी देवी लोगों के बीच रहने वाली एक साधारण स्त्री थी। इसलिए दलित स्त्रियों में कई महावीरी देवियाँ हो सकती हैं। इस तरह के वर्णन के पीछे जन-नेतृत्व के गुणों पर जोर देने और उन्हें महिमामंडित करने का प्रयास भी हो सकता है, ताकि इसे ग्रामीण स्तर पर जन-शक्ति में बदला जा सके।

पहचान के इन इतिहासों के माध्यम से उपेक्षित समुदाय अपनी जाति के उन चार गुणों को दर्शाने की कोशिश करते हैं जिन्हें ऊँची जाति के क्षत्रिय राजा-महाराजाओं के गुण माना जाता रहा है—राजत्व, वीरत्व, ज्ञान और नेतृत्व। 19वीं सदी के अन्तिम दशकों में शुरू हुई जाति-इतिहास लेखनों की परम्परा में, जो ऊँची जातियों से शुरू होकर धीरे-धीरे निचली और शूद्र जातियों तक पहुँची, सम्बन्धित जाति के राजत्व और वीरत्व के गुणों को विशेष तौर पर महिमामंडित किया गया। इन गुणों को क्षत्रिय गुण माना जाता है, क्योंकि क्षत्रिय जाति राज-पाट, जमींदारी और युद्ध-कला से जुड़ी रही है। इस काल-खंड के दलित वृत्तान्तों में उन्हें इतिहासविहीन अनुचरों के रूप में चित्रित करने की बजाय दिव्य और भव्य क्षत्रिय कबीलों के वंशज बताया गया, जो भारत के अतीत के साथ बहुत गहराई से जुड़े हुए थे। (पिंच 1996 : 6) लेकिन ये वृत्तान्त सीधे-सीधे ऊँची जातियों के इतिहासों से नहीं लिये गए थे, बल्कि दलितों के अपने तर्कों के अनुसार नए सिरे से गढ़े गए थे।

दलितों के मामले में राजत्व और वीरत्व जैसे सामन्ती गुणों को एक अलग अर्थ दे दिया गया। समाज में सामन्ती मूल्यों के वर्चस्व के दौरान ये गुण पौरुष, आक्रामकता और अपने शत्रुओं के प्रति निष्ठुरता के प्रतीक थे। ऊँची जातियों के तत्कालीन राजा-महाराजा अपना अधिकांश समय सुरा और सुन्दरियों और भोग-विलास में बिताते थे। आज उनके इन गुणों को 'सद्‌गुणों' के रूप में नहीं देखा जाता। लेकिन दलित 'राजत्व' और 'वीरत्व' के गुणों का प्रयोग दूसरे अर्थों में करते हैं—यह दिखाने के लिए कि दलित किस तरह ऊँची जातियों के राजा-महाराजाओं और मुगलों द्वारा अपनी जमीनें हड़पने के षड्यंत्रों का मुकाबला करते थे और वे किस तरह अपनी स्त्रियों को उनके द्वारा बर्बरतापूर्वक अपहृत किए जाने से बचाते थे। वृत्तान्त में इन मूल्यों को शामिल करने का मूल उद्‌देश्य यह होता है कि दबे-कुचले और उपेक्षित दलित समुदायों में शक्ति और शौर्य की भावना का संचार किया जा सके।

सामन्ती शौर्य के वृत्तान्तों का का विश्लेषण करने पर हम देखते हैं कि ये किसी रूपवती स्त्री का अपहरण करने या किसी की जमीन हथियाने या फिर इन दोनों को लेकर की जाने वाली क्रूर और निर्मम हत्याओं पर आधारित हैं। इन दोनों को ही व्यक्ति की निजी सम्पत्ति के रूप में देखा जाता था। लेकिन दलित राजाओं के शौर्य के वर्णनों में लड़ाइयों और हत्याओं के दो मुख्य कारण दिखाए जाते हैं। पहला कारण होता है सामाजिक न्याय, जैसा कि दरभंगा और मिथिला क्षेत्रों के मुसहरों के जाति-नायकों दीन और भदरी के मामले में देखा जा सकता है। दूसरा कारण ऊँची जातियों के राजाओं से अपने राज्य या उसके किसी हिस्से की रक्षा करना होता है। कई बार एक तीसरा कारण भी होता है—निचली जातियों के युवकों के प्रेम में पड़ जाने वाली ऊँची जाति की राजकुमारियों के सम्बन्धियों के प्रकोप से निचली जातियों की रक्षा करने के लिए।

चुहड़मल के मामले में ऐसी ही कथा सुनने में आती है, जिससे एक ऊँची जाति की भूमिहार राजकुमारी रेशमा प्रेम करने लगी थी। दोनों समुदायों के बीच भयंकर खून-खराबा हुआ था। शुरू में दुसाधों के जाति-नायक के रूप में देखा जाने वाला चुहड़मल धीरे-धीरे पूरे दलित समुदाय का नायक बन गया। उसके वृत्तान्तों से जुड़ी स्मृतियों को अब विभिन्न राजनीतिज्ञ पटना और मोकामा के आस-पास बसे दलित समुदायों को मॉबिलाइज करने के लिए इस्तेमाल कर रहे हैं। (नारायण 2001b : 20)

पासियों का दावा है कि 12वीं सदी में अवध क्षेत्र में उनका शासन था। उनके राजाओं के वृत्तान्त 'राजत्व' और 'वीरत्व' जैसे गुणों के वर्णनों से भरे हुए हैं। साथ ही इन राजाओं की सामाजिक न्याय की भावना पर भी जोर दिया जाता है। ऐसा माना जाता है कि इन वृत्तान्तों में 'राजत्व' और 'वीरत्व' के गुणों को महिमामंडित करना दलित लेखकों की रणनीति का हिस्सा है। इसका उद्देश्य समुदाय के सामूहिक जनमानस में आत्म-विश्वास की भावना पैदा करना और आज के प्रतिस्पर्द्धात्मक समाज में आगे बढ़ने के लिए उन्हें एक जुझारू और आक्रामक रवैया अख्तियार करने के लिए प्रेरित करना है। समाज के विभिन्न समुदायों और समूहों के बीच जारी यह प्रतिस्पर्द्धा और द्वन्द्व उनके ऐतिहासिक वृत्तान्तों में भी देखा जा सकता है। लेकिन इसके साथ ही परस्पर समझौते और सौदेबाजी की कोशिशें भी दिखाई देती हैं।

प्रतीक नायिकाएँ और मायावती का छवि-निर्माण

आज के इस दौर में, जब उपेक्षित दलित समुदायों को जाग्रत् करने के लिए तरह-तरह के दलित वृत्तान्त रचे और फिर से रचे जा रहे हैं, और इस अभियान का नेतृत्व एक स्त्री, मायावती के हाथ में है, तो समुदायों के प्रतीक-पुरुषों और प्रतीक-स्त्रियों की खोज से जुड़ी चुनौतियाँ बहुत बढ़ जाती हैं। ऐसी नायिकाओं की खोज करना, जिनके इर्द-गिर्द मायावती की छवि निर्मित की जा सके, ऐसी ही एक चुनौती थी, जिसके परिणामस्वरूप झलकारी बाई, ऊदा देवी और महावीरीबाई जैसी वीरांगनाओं का चयन किया गया। इन नायिकाओं को कभी-कभी इनके जाति-नामों झलकारीबाई कोरिन, ऊदा देवी पासी और महावीरीदेवी भंगी से भी सम्बोधित किया जाता है। लेकिन आमतौर से जाति-नाम जोड़े बगैर ही उनका उल्लेख किया जाता है, ताकि वे समूचे दलित समुदाय की प्रतीक बन सकें। इन नायिकाओं को मायावती की छवि से जोड़ने और उनके 'राजत्व' और 'वीरत्व' जैसे गुणों को उभारने की कोशिश की गई, ताकि ग्रास-रूट स्तर पर दलितों में जुझारूपन और आक्रामकता जैसे गुणों का संचार किया जा सके। मायावती को अकसर इन नायिकाओं की उत्तराधिकारी के रूप में चित्रित किया गया, जो 1857 के विद्रोह की उनकी विरासत को आगे बढ़ाने की क्षमता रखती थीं। उन्हें एक बहादुर, बुद्धिमान और देशभक्त नेत्री के रूप में

चित्रित किया गया—एक ऐसी नेत्री जिसने देश की सेवा के लिए अपना सर्वस्व समर्पित कर दिया था।

ऊँची जातियों में यह धारणा प्रचलित रही है कि निचली जातियाँ शासन करने के योग्य नहीं हैं, क्योंकि उनके अन्दर वे गुण नहीं हैं, जो राज-पाट और शासन के लिए जरूरी होते हैं। उनका यह मानना रहा है कि चूँकि निचली जातियाँ हमेशा तुच्छ और छोटे कामों से जुड़ी रही हैं, इसलिए शासन करना उनके वश की बात नहीं है। दलित वृत्तान्तों में पूर्वजों के 'राजत्व' के गुणों का बढ़-चढ़कर वर्णन और उनका यह दावा कि वे सदियों तक शासन कर चुके हैं, इस प्रचलित धारणा को ध्वस्त करता है। इस प्रक्रिया में वे यह भी दिखाने का प्रयास करते हैं कि मायावती में दलितों और देश की नेता बनने के सभी गुण मौजूद हैं। जैसा कि शहाबपुर के एक चमार भुल्लर ने हमें बताया, बनारस के कबीर मठ के महंत सिर्फ धर्म की शिक्षा नहीं देते, वे राज धर्म (अच्छी सरकार) और राजनीर्ति की कला भी समझाते हैं। वे दलितों को यह समझाने की कोशिश करते हैं कि मायावती में एक अच्छी शासक के सभी गुण मौजूद हैं और उन सबको उनका समर्थन करना चाहिए। मायावती उन उदार, दयालु और न्यायप्रिय दलित शासकों की वारिस हैं, जिन्होंने सदियों तक राज किया था।[4] उन्हें एक कुशल, शक्तिशाली और स्त्रीसुलभ गुणों के साथ-साथ कई पुरुषोचित्त गुणों से भी ओत-प्रोत नेत्री के रूप में चित्रित किया जाता है। मायावती खुद भी प्रशासनिक और सरकारी अधिकारियों के साथ सार्वजनिक बातचीत में एक रोबीली और आक्रामक पुरुषोचित छवि प्रस्तुत करने की कोशिश करती हैं। उन्होंने स्त्रीसुलभ व्यवहार से जुड़ी उच्चवर्ण धारणा को भी ध्वस्त करने का प्रयास किया है, जिसके अन्तर्गत उसे एक निरीह, कोमल और आज्ञाकारी अबला के रूप में देखा जाता है। वे पुरुष अधिकारियों को 'आप' की बजाय अकसर 'तू' या 'तुम' कहकर सम्बोधित करती हैं, और अपनी बातचीत में 'अरे' और 'तेरे' जैसे बोलचाल के शब्दों का, जिन्हें ऊँची जातियों के लोग छोटी जातियों के लिए प्रयोग करते हैं; खुलकर प्रयोग करती हैं। वे अपशब्दों और गालियों के प्रयोग से भी नहीं झिझकतीं और 'कुचलना' और 'उखाड़ना' जैसी हिंसक और आक्रामक भाषा का खुलकर प्रयोग करती हैं। उदाहरण के लिए 19 सितम्बर, 1998 को लखनऊ में एक आमसभा में भाषण देते हुए उन्होंने कहा था कि अगर मुख्यमंत्री कल्याण सिंह ने अम्बेडकर पार्क के प्रवेश-द्वार पर कमल (भाजपा का चुनाव-चिह्न) का चित्र बनाने की कोशिश की तो हम इसे 'कुचल देंगे'। उन्होंने यह भी चेतावनी दी थी कि अगर इस पार्क में दीन दयाल उपाध्याय (भाजपा के प्रतीक-नायक) की मूर्ति स्थापित की गई तो हम उसे उखाड़कर लक्ष्मण पार्क (लखनऊ का एक अन्य पार्क) में स्थापित कर देंगे।[5]

मायावती का छवि-निर्माण 1857 के विद्रोह से जुड़े दलित-नायकों, मध्ययुगीन

दलित शासकों, 'रामायण' और 'महाभारत' जैसे पुराणों के विद्रोहात्मक पात्रों, और अम्बेडकर, पेरियार और शाहूजी महाराज जैसे समाज सुधारकों के प्रतीकात्मक प्रयोग के मिश्रण पर आधारित है। यह तकनीक इंदिरा गांधी के छवि-निर्माण से बिल्कुल अलग है, जो उत्तर भारत की एक अन्य महान् नेत्री के रूप में उभरी थीं और जो देश के इतिहास में अपनी एक अमिट छाप छोड़ गईं। इंदिरा गांधी का छवि निर्माण राष्ट्रीय आन्दोलन के बाद के चरण पर आधारित था, जिसमें गांधी और नेहरू पूरी तरह से छाए रहे थे। उनकी छवि एक विराट् व्यक्तित्व की बेटी होने से जुड़ी हुई थी, जिसने देश की स्वतंत्रता में अग्रणी भूमिका निभाई थी और देश के लिए अपना सब कुछ न्योछावर कर दिया था। अपने पिता के माध्यम से उन्हें गांधीजी की उत्तराधिकारी के रूप में भी देखा जाता था, क्योंकि नेहरू गांधीजी के बहुत निकट सहयोगी रहे थे। वे अपने पिता की भी अंतरंग विश्वासपात्र और सलाहकार रही थीं। साथ ही वे अपने नारीसुलभ गुणों के कारण बड़ी कुशलता से अपने पिता का घर भी सँभालती रही थीं और उसे व्यवस्थित रखती रही थीं। सिर्फ अपने पिता को काम करते देखकर ही वे राज-पाट और राजनीति के बारे में बहुत कुछ सीख गई थीं। (मल्होत्रा 1989 : 60) उनके छवि-निर्माण के लिए वे सभी सम्भावनाएँ उपलब्ध थीं जो हिन्दू संस्कृति में किसी स्त्री के लिए सम्भव थीं, क्योंकि हिन्दू धर्म में स्त्री को 'शक्ति' और 'रक्षक' के रूप में, दुर्गा के रूप में देखा जाता रहा है। (वैडली 1988 : 23-43) इस तरह, उपेक्षित वर्गों के मानस में इंदिरा गांधी की छवि एक देवी के रूप में विकसित हो गई थी।

बीसवीं सदी की एक अन्य चमत्कारिक राजनेत्री रही हैं जयललिता। एम.जी. रामचन्द्रन के नेतृत्व में राजनीति में प्रवेश करने से पहले वे तमिल फिल्मों की मशहूर अभिनेत्री थीं। एम.जी. रामचन्द्रन खुद भी तमिल फिल्मों के सुपरस्टार रह चुके थे। सिनेमा ने जयललिता की छवि निर्मित करने में बहुत महत्त्वपूर्ण भूमिका निभाई। फिल्मी पर्दे की छवियों के कारण उन्हें एक भव्य और गौरवशाली अतीत से जोड़कर देखा जाता रहा। जनवरी 1995 में तमिलनाडु के तंजावुर शहर में उनकी पार्टी 'ऑल इंडिया अन्ना द्रविड़ मुनेत्र कषगम' (एआईएडीएमके) ने जिस धूमधाम से आठवें विश्व तमिल सम्मेलन का आयोजन किया, और जिस पैमाने पर इसमें दृश्य माध्यमों का प्रयोग किया गया, वह उनकी छवि से जुड़ी भव्यता और गौरव का प्रतीक था। इस सम्मेलन के लिए तंजावुर का चुनाव भी बहुत महत्त्वपूर्ण था, क्योंकि इस शहर का इतिहास चोल वंश के साम्राज्य से जुड़ा हुआ है। चोल वंश ने 9वीं सदी से 11वीं सदी तक राज किया था और तंजावुर उसकी राजधानी हुआ करती थी। वहाँ वृहदेश्वर मन्दिर जैसे कई अद्‌भुत ऐतिहासिक स्थल भी हैं। जयललिता ने अपनी नेतृत्व-क्षमता के प्रदर्शन और स्थापना के लिए इस सम्मेलन का खुलकर प्रयोग किया। एक होर्डिंग में चोल नरेश राजाराज को जयललिता के एक आभामंडित चित्र की तरफ

संकेत करते हुए दिखाया गया था। पृष्ठभूमि में मूर्तिकारों और भवन-शिल्पियों को मन्दिर का निर्माण करते दिखाया गया था, क्योंकि चोल नरेश राजाराज को वृहदेश्वर मन्दिर की स्थापना के लिए जाना जाता है। जयललिता की छवि को सबसे ज्यादा महत्त्व दिया गया था। उनसे थोड़ी छोटी चोल नरेश की छवि थी, जो अपनी महारानी (यानी दर्शकों) का ध्यान जयललिता की तरफ खींच रहे थे। इस होर्डिंग को देखकर ऐसा आभास होता था मानो जयललिता चोल नरेश और चोल वंश की वारिस हों, और राजनीतिक और सांस्कृतिक दृष्टि से उन्हीं की तरह शक्तिशाली हों। सम्मेलन में प्रदर्शित एक अन्य भव्य कट-आउट में नीली टोपी और साड़ी में सुशोभित जयललिता और एक स्वर्ण-मन्दिर के प्रवेश द्वार (गोपुरम) को आमने-सामने दिखाया गया था। जयललिता और प्रवेश-द्वार की आकृतियों का आकार लगभग बराबर-बराबर था। इस कट-आउट से ऐसा लगता था मानो जयललिता मन्दिर के प्रवेश-द्वार की प्रतीक या पर्याय हों। दूसरे शब्दों में कहें तो जयललिता को तमिल धर्म और संस्कृति की संरक्षक और साथ ही तमिल नस्ल की समृद्ध धरोहर के प्रवेश-द्वार के रूप में चित्रित किया गया था। (जैकब : 1997)

जयललिता में स्त्रीसुलभ और पुरुषोचित दोनों तरह के गुण दिखाए जाते हैं। इसे लोग स्वीकार भी कर लेते हैं, क्योंकि हिन्दू धर्म में शक्ति और आक्रामकता सिर्फ पुरुष की बपौती नहीं हैं। उल्टे ऐसा माना जाता है कि कर्म और शक्ति के मामले में स्त्रियाँ पुरुषों से बढ़-चढ़कर होती हैं। जिस स्त्री को अपनी शक्ति का अहसास हो जाए, वह अजेय और निर्भीक हो जाती है और एक देवी का रूप ले लेती है। इसलिए हिन्दू धर्म में एक स्त्री के लिए शक्ति और आक्रामकता का प्रदर्शन करना सम्भव है, बिना 'पुरुषत्व' के आरोप का खतरा उठाए। जयललिता के मामले में सबसे महत्त्वपूर्ण चीज थी—एक नायिका और रक्षिका के गुणों का प्रदर्शन। (विलनेर : 1984) उन्होंने अपनी छवि एक परिपक्व, करुणामयी और ममतामयी 'माँ' (अम्मा) के रूप में विकसित की। हिन्दू धर्म और संस्कृति में माँ को यूँ भी शक्ति की प्रतीक और स्रोत के रूप में देखा जाता है।

जहाँ इंदिरा गांधी और जयललिता को देवियों के रूप में प्रोजेक्ट किया गया, वहीं मायावती का करिश्माई नेतृत्व सदियों के दमन और अपमान से मुक्ति की दलितों की आशाओं पर आधारित था। लोगों को यह विश्वास दिलाया गया कि मायावती में उन्हें मुक्ति दिलाने की क्षमता थी। इसलिए 'देवी' की बजाय उन्हें एक 'वीरांगना' के रूप में चित्रित किया गया। जहाँ जयललिता तमिलनाडु में 'अम्मा' के रूप में उभरीं, वहीं मायावती उत्तर प्रदेश में 'बहनजी' के रूप में उभरीं—एक ऐसी बहन जो दलित-मुक्ति की बागडोर सँभाले हुए थी। यह भी एक महत्त्वपूर्ण तथ्य है कि 'वीरांगना' की यह छवि अतीत के दलित राजाओं के गौरव और

1857 के विद्रोह में दलितों की भूमिका से जुड़ी हुई थी। एक 'लौह स्त्री' के रूप में मायावती की छवि दरअसल कांशीराम ने गढ़ी थी। जैसा कि हम इस पुस्तक की भूमिका में पढ़ चुके हैं, कांशीराम द्वारा गढ़ी गई 'लौह वीरांगना' की इस छवि को ही धीरे-धीरे जन-जन में संचारित किया गया। मायावती के पिता उन्हें अपनी 'शेरनी बेटी' कहा करते थे और उनके इन गुणों की तारीफ करते हुए अकसर कहते थे, 'मुझे अपनी शेरनी बेटी पर नाज है'। (याद 2003b : 14) इस तरह एक वीरांगना के रूप में मायावती का यह चित्रण—एक ऐसी साहसी नेत्री का चित्रण, जो दलितों को ऊँची और मध्य जातियों के दमन से मुक्त कर सकती थी—धीरे-धीरे उनकी छवि को एक 'देवी' की छवि में ढालता चला गया। एक ऐसी 'देवी' जो दलितों की रक्षक थी, उनकी मसीहा थी। अब मायावती खुद भी इस चित्रण को गम्भीरता से लेने लगी हैं और खुद को एक जीती-जागती देवी के रूप में प्रस्तुत करने लगी हैं। सरकार की आरक्षण-विरोधी नीतियों के खिलाफ अपने राष्ट्रव्यापी दौरे के दौरान दिल्ली में एक जनसभा को सम्बोधित करते हुए उन्होंने बहुजनों से पार्टी फंड के जिन्हें चन्दा देने की अपील की बजाय 'उन देवी-देवताओं' पर अपना पैसा बर्बाद करने के लिए उन्होंने कभी नहीं देखा। उन्होंने कहा कि वे एक जीती-जागती देवी थीं, जिसने बहुजनों की भलाई के लिए अपना सब कुछ न्योछावर कर दिया था। उन्होंने कहा कि लोगों के प्रति अपनी समर्पण-भावना के कारण ही उन्होंने अविवाहित रहने का फैसला किया था।[6]

दलित देवियाँ और मायावती

ऊँची जातियों द्वारा मन्दिरों में प्रवेश से वंचित रखे जाने के कारण निचली जातियों के लिए 'देवी मैया' एक आराध्य देवी रही है। पूरे उत्तर भारत में बरगद और नीम के पेड़ों के नीचे और दलित-बहुल गाँवों में ऐसे कई 'थान' और छोटे-छोटे मन्दिर देखे जा सकते हैं, जो दलितों की विभिन्न देवियों को समर्पित होते हैं। इन देवियों को काली, बेहुला, जगदम्बा, कमला, शीतला, फूलमती, पार्वती, अम्बिका, भवानी, कोइलमाता, अमना माई, खेती भवानी, महातिन दाई इत्यादि नामों से जाना जाता है। इन मन्दिरों के लिए किसी पुजारी की जरूरत नहीं होती, हालाँकि कहीं-कहीं-माली समुदाय का कोई व्यक्ति थान या मन्दिर की साफ-सफाई और रख-रखाव का ध्यान रखता है। सहजा माई उन पाँच पीरों में से एक हैं, जिन्हें बिहार और उत्तर प्रदेश की निचली और मध्य जातियों में पूजा जाता है। 'मैया' नामक एक अन्य देवी को निचली जातियाँ पूजती हैं, खासकर मुसहर, डोम और दुसाध। दक्षिण-पश्चिम बिहार में शहजादी माई को पूजा जाता है। इनमें से अधिकांश देवियों को ऊँची जातियाँ आमतौर से नहीं पूजतीं, हालाँकि इन्हें माँ दुर्गा की बहनें माना जाता है। सभी ऊँची

जातियों में देवी दुर्गा की पूजा की जाती है। कुछ अन्य देवियों को काली का रूप माना जाता है, जो दुर्गा का दानवीय अवतार है। ये देवियाँ शारीरिक रोगों को नियंत्रित करने वाली मानी जाती हैं। जब भी कोई बीमारी या महामारी फैलती है तो इन देवियों की पूजा की जाती है और चढ़ावा चढ़ाया जाता है। अगर देवी खुश हो जाए तो बीमारी दूर हो जाती है, लेकिन अगर वह नाराज हो जाए तो बीमारी और ज्यादा लोगों को अपनी चपेट में ले सकती है। हैजे को नियंत्रित करने वाली उमरिया देवी के खास मन्दिर होते हैं। नीम के पेड़ों को उसके आवास के रूप में पूजा जाता है। कुछ क्षेत्रों में प्लेग की देवी कामठी माता की भी पूजा की जाती है। (भारती 2000 : 2)

उत्तर प्रदेश में जिस देवी को अधिकांश निचली जातियों द्वारा पूजा जाता है, वह है शीतला माता (चेचक की देवी)। कलेजेवाली, ठंडी, फफोलेवाली और अग्वनी (बुखार की देवी) इसी देवी के कुछ अन्य अवतार माने जाते हैं और इन्हें भी पूजा जाता है। इन देवियों की पूजा सिर्फ स्त्रियाँ करती हैं, पुरुष नहीं। शीतला माता का भी आवास नीम के पेड़ पर माना जाता है। यूँ उसके कुछ छोटे-छोटे मन्दिर भी होते हैं, जिनकी देखभाल आमतौर से निचली जाति का कोई पुरुष करता है। आमतौर से यह व्यक्ति कोई चमार होता है। मुजफ्फरनगर जैसे कुछ क्षेत्रों में इस देवी को 'उजली माता' के भी रूप में पूजा जाता है। सिकन्दरापुर, बिजनौर, रायवला, देहरादून और जालौन में भी इन देवियों के मन्दिर हैं। ऐसा प्रतीत होता है कि निचली जातियाँ सदियों से इन देवियों की पूजा करती रही हैं, खासकर चमार, जैसा कि ब्रिग्स (1920) ने भी उल्लेख किया है। उन्होंने लिखा है कि शीतला माता की बड़ी बहन को 'चमरिया' के नाम से पूजा जाता है और यह नाम चमार जाति के कारण ही पड़ा है। किसी को चेचक निकलता है तो चमार देवी के मंदिर में सूअर की बलि चढ़ाते हैं। शीतला माता की छोटी बहन फूलमती हल्के चेचक या छोटी माता की प्रतीक है। शीतला माता की अन्य दो बहनें बसंती और लम करिया हैं। (भारती 2000 : 137-38)

तांत्रिक रस्मों से जुड़ी देवियों की लोकप्रियता, जिनमें स्त्रियों को देवियों के रूप में देखा जाता है, के कारण भी निचली जायितों में देवियों को इतना पूजनीय माना जाता है। उत्तर प्रदेश और बिहार की निचली जातियों में जगदम्बा और अन्य देवियों से जुड़ी तांत्रिक रस्में खूब लोकप्रिय हैं। इन रस्मों को सम्पन्न करने वाले पुरोहितों को 'भगैत' कहा जाता है। जगदम्बा और सरस्वती देवियों की स्तुति में भजन और गीत गाए जाते हैं, जिन्हें भगैत लोकगीत कहा जाता है। (वही : 3) ये भगैत ओझाओं या तांत्रिकों का काम भी करते हैं और बुरी आत्माओं के प्रभाव को दूर करने के लिए बुलाए जाते हैं। इस तरह मायावती की छवि को अब एक 'लौह स्त्री' और 'वीरांगना' से एक 'देवी' में बदला जा रहा है। यह एक ऐसा प्रतीक है, जिसकी दलित जातियों के सामूहिक मानस में बहुत गहरी छाप है।

मायावती किसी ऊँचे या प्रसिद्ध खानदान से जुड़ी हुई नहीं थीं, जिसके साथ अपने सूत्रों को वे अपने छवि-निर्माण के लिए इस्तेमाल कर पातीं। न ही वे अपने आपको राष्ट्रवादी आन्दोलन के युग के नेताओं से जोड़ सकती हैं। दलित अलग से अपना कोई नेता विकसित करने की बजाय गाँधी, नेहरू जैसे ऊँची जातियों के नेताओं और उनके आन्दोलनों से जुड़े रहे थे। दिल्ली के एक मध्यवर्गीय निम्न परिवार में जन्म लेने से लेकर कानून की शिक्षा प्राप्त करने और फिर राजनीति में घुसकर देश की पहली दलित मुख्यमंत्री बनने तक मायावती की जीवन-कथा कई दिलचस्प मोड़ों और उतार-चढ़ावों से भरी हुई है। वे 14 जनवरी, 1956 को पैदा हुई थीं और परिवार के नौ बच्चों में दूसरे क्रम पर और बेटियों में सबसे बड़ी थीं। उनके पिता दिल्ली के दूरसंचार विभाग में क्लर्क थे। उन्होंने अपनी पहली बेटी का नाम 'मायावती' रखा। 'माया' यानी धन, सम्पन्नता या भाग्य का चमत्कार, क्योंकि जिस दिन वे पैदा हुई थीं, उसी दिन उनके पिता की तरक्की हुई थी। चूँकि इतने बड़े परिवार का गुजारा पिता की इकलौती तनख्वाह से ही चलता था, इसलिए मायावती का बचपन निर्धनता के बीच गुजरा। बाद में उनकी माँ ने कुछ भैंसें खरीद लीं और उनका दूध बेचने लगीं, ताकि परिवार को कुछ अतिरिक्त आय हो सके। बचपन से ही पढ़ाई के साथ-साथ मायावती अपने समुदाय की समस्याओं में भी दिलचस्पी लेने लगी थीं। उन्होंने डॉ. अम्बेडकर, महात्मा ज्योतिबा फुले, छत्रपति शाहूजी महाराज, सन्त कबीर, सन्त रविदास और पेरियार जैसे दलित, नेताओं और महापुरुषों के विचारों और दर्शन का गहराई से अध्ययन किया। हर वर्ष डॉ. अम्बेडकर की जयन्ती पर होने वाले समारोह में उनका परिवार बढ़-चढ़कर हिस्सा लेता था। इस तरह के सार्वजनिक मंचों पर मायावती को दलितों की समस्याओं को जानने-समझने का और ज्यादा अवसर मिला। वे उस समय के दलित नेताओं के भाषणों को बहुत ध्यान से सुनती थीं। विभिन्न दलित जातियों के जाति-इतिहासों और डॉ. अम्बेडकर के भाषणों की पुस्तिकाएँ भी वे बड़े चाव से पढ़ती थीं। लड़कपन से ही दलित साहित्य के साथ इस जुड़ाव ने उनकी नींव मजबूत कर दी थी और वे दलितों की समस्याओं को नई दृष्टि से देखने लगी थीं। उनके मन में विद्रोह के बीज अंकुरित होने लगे थे। (याद 2005b : 6)

1970 के दशक में, इमरजेंसी के बाद, जनता पार्टी ने दिल्ली के कांस्टीट्यूशन क्लब में 'जाति तोड़ो आन्दोलन' के नाम से एक तीन दिवसीय परिचर्चा का आयोजन किया। मायावती ने भी अखिल भारतीय महिला युवा छात्र संगठन की एक सदस्य के रूप में इस परिचर्चा में भाग लिया। जनता पार्टी के एक तत्कालीन प्रमुख नेता राजनारायण ने इस अवसर पर दलितों को 'हरिजन' कहकर सम्बोधित किया तो मायावती भड़क उठीं। उनके बोलने की बारी आई तो उन्होंने इस शब्द का जमकर

विरोध किया। श्रोताओं में मौजूद अन्य दलित भी भड़क उठे और राजनारायण के खिलाफ नारे लगाने लगे। इस कॉन्फ्रेंस की खबर कांशीराम तक पहुँची तो वे भी प्रभावित हुए बिना नहीं रहे, जो 'बीएएमसीईएफ' के संस्थापक थे। उन्हें मायावती नामक इस दलित युवती में नेतृत्व की अनूठी योग्यता दिखाई दी। वे मायावती से मिले और बहुजन समाज पार्टी की स्थापना की योजना बनाने लगे।

शुरू में मायावती के पिता राजनीति में उनके प्रवेश को लेकर हिचकिचाहट महसूस करते रहे। उन्हें लगता था कि बहुजन समाज पार्टी सफल नहीं हो पाएगी और उनकी बेटी का जीवन बर्बाद हो जाएगा। वे चाहते थे कि उनकी बेटी एक आईएएस अधिकारी बने। कांशीराम ने मायावती के राजनीति-प्रवेश को लेकर खुद अपने शब्दों में लिखा है—

> मायावती के पिता के शुरू के एतराज को देखते हुए मैंने उसे एक दलित नेता के रूप में अपनी प्रतिभाओं का विकास करने के अधिकतम अवसर प्रदान किए। मैंने उसे एक लौह स्त्री के रूप में छवि मंडित करना शुरू किया जो अन्याय और दमन के खिलाफ लड़ेगी। शुरू में मेरी इस रणनीति को अन्य दलित नेताओं के कड़े विरोध का सामना करना पड़ा। वे मायावती की आलोचना करने लगे और उसके रास्ते में रुकावटें खड़ी करने लगे। 1982-83 में जब डीएस-4 (दलित शोषित समाज संघर्ष समिति) की स्थापना की गई तो मायावती को समिति द्वारा आयोजित अनेक कार्यक्रमों में अपनी योग्यताओं का भरपूर प्रदर्शन करने का अवसर मिला। एक तरफ तो आम जनता में उसका नाम और प्रसिद्धि बढ़ रही थी, दूसरी तरफ स्थापित नेता उसके प्रति बहुत गहरी ईर्ष्या महसूस कर रहे थे। यही वह समय था, जब बहुजन समाज पार्टी की स्थापना की गई। मायावती को मुजफ्फरनगर चुनाव-क्षेत्र से खड़ा किया गया और उसने लोकसभा का चुनाव लड़ा। सभी चुनाव-क्षेत्रों में खड़े किए गए सभी बसपा प्रत्याशियों में से उसे सबसे ज्यादा वोट मिले। इससे दूसरे दलित नेता और ज्यादा ईर्ष्यालु हो उठे। 1985 में उपचुनावों के दौरान मैंने उसे बिजनौर संसदीय चुनाव-क्षेत्र को सींचने का अवसर दिया। वह इसे तिकोना मुकाबला बनाने में सफल रही हालाँकि वह राजनीति में काफी नई थी। वरिष्ठ दलित नेता मायावती की इन सफलताओं को बर्दाश्त नहीं कर पा रहे थे। उन्होंने मुझ पर दबाव डालना शुरू किया कि मैं उसका समर्थन करना बन्द कर दूँ। मेरे इनकार करने पर उनमें से बहुत-से नेता बसपा को छोड़कर चले गए। आज वे नेता गुमनामी के अँधेरों में खो चुके हैं, जबकि मायावती देश के सबसे बड़े प्रान्त उत्तर प्रदेश की तीन बार मुख्यमंत्री चुनी जा चुकी हैं। मुझे नहीं मालूम कि उसके विरोधी अब क्या सोचते हैं, लेकिन मेरा मानना है कि शुरू में उसके रास्ते में आने वाली रुकावटों ने ही उसे इतना मजबूत बनाया और उसे एक लौह स्त्री में बदल दिया। (याद : 2005b)

धीरे-धीरे जब मायावती एक मजबूत दलित नेता के रूप में उभरने लगीं तो लोगों के मानस में उनकी एक छवि निर्मिति करनी जरूरी हो गई। लेकिन उनके

गुरु कांशीराम ने जो रास्ता अपनाया, वह इंदिरा गांधी के रास्ते से बिल्कुल अलग था। शुरू के वर्षों में बसपा कार्यालयों में कांशीराम और मायावती के बड़े-बड़े कट-आउट टँगे दिखते थे। दलितों के सामूहिक मानस में इन दोनों की मिली-जुली छवियाँ विकसित हो रही थीं। लेकिन जब कांशीराम बीमार पड़ गए और कोमा में चले गए तो दलितों को लुभाने के लिए मायावती की छवि ही पर्याप्त साबित होने लगी। धीरे-धीरे कांशीराम के पोस्टर कम होते चले गए और दलितों के मानस में उनकी स्मृति धुँधली पड़ती चली गई। उनकी जगह मायावती लेती चली गईं। यह इस तथ्य से भी स्पष्ट है कि बसपा जिस धूमधाम से मायावती का जन्मदिन मनाती है, उसी धूमधाम से कांशीराम का जन्मदिन नहीं मनाया जाता। इन अवसरों पर मायावती को एक चमत्कारिक और शक्तिशाली नेता और दलितों की उद्धारक के रूप में प्रोजेक्ट किया जाता है।

अपने इतिहास और जाति-नायकों से जुड़ी स्मृतियाँ दलितों के सामूहिक मानस में किस तरह काम करती हैं और मायावती की छवि के साथ इनका क्या सम्बन्ध है? पार्टी और खुद मायावती द्वारा ग्रास-रूट स्तर पर इन प्रतीक-नायकों और इनके इतिहास का बार-बार उल्लेख किया जाता है। बसपा अपने सांसदों और विधायकों को इन नायकों की प्रतिभाएँ और स्मारक स्थापित करने के लिए और इनकी स्मृति में समारोहों और उत्सवों के आयोजन के लिए फंड की व्यवस्था करने के लिए प्रोत्साहित करती है। इन नायकों की स्मृति में मेलों का भी आयोजन किया जाता है, जिनमें इनकी जीवन-कथा पर नौटंकियों का मंचन किया जाता है। इन अवसरों पर लगाए गए स्टॉलों पर तरह-तरह की पुस्तिकाएँ, कैसेटें, पोस्टर इत्यादि भी वितरित किए जाते हैं। इस तरह के समारोहों में और साथ ही प्रतिमा-अनावरण के अवसरों पर दिए जाने वाले भाषणों में इन ऐतिहासिक दलित-नायकों और मायावती के बीच सूत्र स्थापित किए जाते हैं कि ऐतिहासिक नायकों और मायावती की छवि आपस में मिलकर एकाकार हो जाए। मायावती खुद भी अपने भाषणों में बार-बार इन प्रतीक-नायकों का उल्लेख करती रहती हैं, ताकि उनके समर्थक उन्हें इन प्रतीकों के साथ जोड़कर देखें। साथ ही वे इन नायकों के माध्यम से विभिन्न दलित समुदायों में अपनी पहचान और इतिहास को लेकर गर्व और गौरव की भावना भी जगाना चाहती हैं। 2004 के चुनावों से पहले उन्होंने कुर्मी समुदाय को सम्बोधित करते हुए अमेठी के मेडिकल कॉलेज का नाम छत्रपति शाहूजी महाराज के नाम पर रखने का वायदा किया, जिन्हें वे कुर्मी समुदाय से जोड़कर देखती हैं। उन्होंने यह भी दावा किया कि उन्होंने अमेठी का नाम बदलकर शाहूजी महाराज नगर कर दिया था।[7]

दलित-बहुल गाँवों में नौटंकियों के मंचन के माध्यम से भी मायावती का छवि-निर्माण किया जा रहा है। एक दलित लोकगायक बाबूलाल भंवरा ने ऐसे गीतों और

नाटकों की रचना की जिनमें मायावती की तुलना झलकारीबाई और ऊदा देवी से की गई है।[8] दलितों के साथ ऐतिहासिक अन्याय का चित्रण करने वाले नाटकों के मंचन के बाद भी जागृति दस्ते अम्बेडकर, कांशीराम, मायावती, ऊदा देवी, झलकारीबाई इत्यादि का महिमागान करते हुए नारे लगाने लगते हैं। दर्शक भी बड़े उत्साह से उनके सुर में सुर मिलाने लगते हैं। इससे लोगों के मन में मायावती की जो छवि निर्मित होती है, वह उनके ऐतिहासिक नायक-नायिकाओं से बड़ी गहराई से जुड़ी होती है। इलाहाबाद के पास शहाबपुर में ऐसे ही एक अवसर पर मैं भी मौजूद था। वहाँ स्वामी अछूतानन्द के स्मरणोत्सव के उपलक्ष्य में एक नाटक का मंचन किया जा रहा था। नाटक का नाम 'दलित साम्राज्य' था। यह स्मरणोत्सव इलाहाबाद कॉलोनी में आयोजित किया गया था। इस कॉलोनी में अधिकांशत: शिक्षित और नौकरीपेशा दलित रहते हैं, जो प्रतिदिन काम पर जाने के लिए शहर की यात्रा करते हैं। 'दलित साम्राज्य' नामक इस नाटक में यह दिखाया गया था कि मध्य युग में ब्रिटिशों के आगमन से पहले इलाहाबाद के आस-पास के क्षेत्रों में एक शूद्र राज्य का शासन हुआ करता था, लेकिन ऊँची जातियों के षड्यंत्रकारियों ने उसका तख्ता पलट दिया था। नाटक में जब भी शूद्र राजा की बहादुरी दिखाई जाती, दर्शक बड़े जोश से तालियाँ बजाने लगते। जब ऊँची जातियों की क्रूरता का चित्रण किया जाता तो दर्शक ऊँची आवाज में हूट करने लगते। आमतौर से तालियों या हूटिंग की शुरुआत एक-दो लोगों से होती थी, लेकिन जल्दी ही अन्य दर्शक भी उनका अनुसरण करने लगते थे। नाटक के खत्म होने पर उद्घोषक ने घोषणा की कि आज की ऊँची जातियाँ मध्ययुग के उन्हीं षड्यंत्रकारी राजाओं की वंशज थीं। इस घोषणा के साथ ही जागृति दस्ते के सदस्य 'अम्बेडकर जिन्दाबाद', 'कांशीराम जिन्दाबाद', 'मायावती जिन्दाबाद', 'झलकारीबाई जिन्दाबाद', 'ऊदा देवी जिन्दाबाद' इत्यादि नारे लगाने लगे।

बाबूलाल भंवरा भी इसी जागृति दस्ते से जुड़े हुए थे। उन्होंने मुझे बताया कि दस्ते के सदस्य दर्शकों के बीच इधर-उधर बिखर जाते थे। जब भी नाटक में कोई महत्त्वपूर्ण क्षण आता था, ये सदस्य तालियाँ बजाना या हूटिंग करना शुरू कर देते थे और उनकी देखा-देखी अन्य दर्शक भी ऐसा करने लगते थे। इसका उद्देश्य दर्शकों को इन दृश्यों और प्रसंगों का महत्त्व समझाना था।[9] दर्शकों की भावनाओं को झकझोरना बसपा की राजनीतिक रणनीति का हिस्सा था। बाद में इन आन्दोलित भावनाओं को अपनी पहचान के बोध जैसे अन्य मुद्दों से जोड़ा जा सकता था, और चुनावों के दौरान इन्हें वोटों में भी बदला जा सकता था।

2004 के आम चुनावों से ठीक पहले इलाहाबाद और उसके आस-पास बहुत-सी जाति-सभाएँ आयोजित करके भी मायावती का मिथकीकरण करने और उन्हें दलित जाति-नायकों से जोड़ने की कोशिश की गई। इलाहाबाद में प्रतापपुर के पास

उग्रसेनपुर में आयोजित एक पासी रैली में बसपा की एक स्थानीय नेता केसरीदेवी ने पासियों का इतिहास बताते हुए ऊदा देवी का उल्लेख किया और साथ ही मायावती को दलितों की गौरवशाली विरासत की संरक्षिका और नई प्रतीक-नायिका के रूप में चित्रित किया।[10] 10 अप्रैल, 2004 को इलाहाबाद में दलितों और पिछड़े वर्गों का एक सम्मेलन आयोजित किया गया। इसमें पाल, मौर्य, कुशवाहा, कुर्मी, निषाद, नाई, प्रजापति, धोबी, सोनकर, हेला और पासी समुदायों के जाति-नायकों पर चर्चा की गई। इस अवसर पर विभिन्न वक्ताओं ने बार-बार यही शब्द दोहराए कि सिर्फ मायावती ही इन जातियों के आत्मसम्मान की रक्षा कर सकती थीं, इसलिए नेतृत्व की कमान उन्हीं के हाथों में रहनी चाहिए। बसपा ने अपने राजनीतिक भाषणों के दौरान बार-बार इस बात पर जोर दिया कि बहुजन समाज—जिसमें लगभग 6,000 जातियाँ थीं और हर जाति का अपना पहचान-इतिहास था, को बसपा के अधीन एक साझी दलित पहचान के अन्तर्गत लाया जाना चाहिए।[11]

कई विद्वान् यह आशंका व्यक्त करते हैं कि उपेक्षित समुदायों द्वारा अलग-अलग पहचान-इतिहासों की रचना उनके बीच सामाजिक टकराव, हिंसा और वाद-विवाद को जन्म दे सकती है। फिर भी हमें इस प्रक्रिया को नियंत्रण, प्रशासन या सम्भ्रान्तवाद के नजरिए से देखने की बजाय दलितों के पहलू से देखना होगा। पिछले कुछ दशकों से उत्तर प्रदेश के दलित ऊँची जातियों के वर्चस्व के खिलाफ और सामाजिक दमन और शोषण के खिलाफ विद्रोह पर उतारू हैं। उनके राजनीतिक सशक्तीकरण के कारण ही यह सम्भव हो पाया है। इस विद्रोह के दो स्तर हैं। एक स्तर पर वे ऊँची जातियों के शोषण का सामना करने के लिए अपना आत्म-विश्वास बटोर रहे हैं, और दूसरे स्तर पर वे मीडिया के माध्यम से अपने दमन से जुड़ी घटनाओं को उजागर कर रहे हैं। ऐसा बहुत कम हुआ है कि दलितों ने ऊँची जातियों के खिलाफ किसी हिंसक घटना में खुद पहल की हो—तब भी नहीं जब मायावती उत्तर प्रदेश की मुख्यमंत्री थीं। उनकी हिंसक कार्रवाइयाँ हमेशा ऊँची जातियों की हिंसा की प्रतिक्रिया स्वरूप हुई हैं, जो अपने सदियों पुराने विशेषाधिकारों के छिन जाने का कड़ा विरोध कर रही हैं। दलितों का आत्म-विश्वास बढ़ाने में उनके पहचान-इतिहासों की महत्त्वपूर्ण भूमिका रही है और सिर्फ यह कहकर कि इससे समाज के विखंडन को बढ़ावा मिलता है, हम इस तथ्य को नजरअंदाज नहीं कर सकते।

आज जब उपेक्षित दलित समुदायों को जाग्रत् करने के लिए दलित वृत्तान्तों की पुनर्रचना की जा रही है और दलित आन्दोलन की बागडोर एक स्त्री के हाथ में है, तो उस स्त्री अर्थात् मायावती को ऊदा देवी, झलकारीबाई और महावीरी देवी जैसी ऐतिहासिक दलित वीरांगनाओं से जोड़ना जरूरी था। इन सभी दलित-नायिकाओं में राजत्व और वीरत्व के गुणों पर विशेष जोर देना इन वृत्तान्तों की रणनीति का हिस्सा

है, ताकि ग्रास–रूट स्तर पर दलितों में आक्रामकता और उग्रता की भावना का संचार किया जा सके। इन नायिकाओं की वारिस के रूप में अब ये सभी गुण मायावती में भी दिखाए जा रहे हैं। इसलिए जहाँ एक तरफ दलितों को मायावती के अनूठे साहस का विश्वास दिलाया जा रहा है, वहीं दूसरी तरफ उन्हें खुद भी ऊँची जातियों के दमन और शोषण के खिलाफ आक्रामक और लड़ाकू रुख अपनाने की सीख दी जा रही है। ये वृत्तान्त दलितों को यह समझाने की कोशिश करते हैं कि मायावती में एक अच्छे शासक के सभी गुण मौजूद हैं, इसलिए उन्हें उनका समर्थन करना चाहिए। मायावती न सिर्फ परोपकारी, उदार और न्यायप्रिय दलित राजाओं की विरासत की उत्तराधिकारी हैं, बल्कि 1857 के विद्रोह से जुड़ी दलित वीरांगनाओं की भी।

टिप्पणियाँ

1. 'हिन्दुस्तान', 21 सितम्बर, 1998
2. अर्जुन गायक के साथ मौखिक भेंटवार्त्ता, आगरा, 11 अक्तूबर, 2005
3. देवल कवि के साथ मौखिक भेंटवार्त्ता, आगरा, 11 अक्तूबर, 2005
4. भुल्लर के साथ मौखिक भेंटवार्त्ता, शहाबपुर, 26 जनवरी, 2004
5. 'हिन्दुस्तान', 21 सितम्बर, 1998
6. 'टाइम्स ऑफ इंडिया', 1 अक्तूबर, 2005
7. 'हिन्दुस्तान', 29 अप्रैल, 2004
8. बाबूलाल भंवरा के साथ मौखिक भेंटवार्त्ता, शहाबपुर, 26 जनवरी, 2007
9. वही (टिप्पणी संख्या 8)
10. वही (टिप्पणी संख्या 8)
11. 'हिन्दुस्तान', 29 अप्रैल, 2004
12. 'हिन्दुस्तान', 25 अप्रैल, 2004

निष्कर्ष

महाराष्ट्र की तुलना में उत्तर प्रदेश में दलित राजनीति काफी देर से उभरी। लेकिन जहाँ तक सत्ता की राजनीति और चुनावी मॉबिलाइजेशन का प्रश्न है, उत्तर प्रदेश में दलित राजनीति की सफलता का पैमाना कहीं ऊँचा रहा है। बहुजन समाज पार्टी के संस्थापक और विचारक कांशीराम ने इस सच्चाई को इन शब्दों में व्यक्त किया था—दलित राजनीति महाराष्ट्र में एक छोटा-सा पौधा था, जिसे मैंने उत्तर प्रदेश के मैदानों में फिर से रोप कर सींचा और बड़ा किया है।[1] यहाँ 'मैदान' का अर्थ उत्तर प्रदेश का सामाजिक, सांस्कृतिक और राजनीतिक परिवेश है, जिसमें दलित राजनीति का विशाल वृक्ष हर तरफ अपनी शाखाएँ फैला रहा है। सांस्कृतिक सन्दर्भ में 'मैदान' का अर्थ दलितों का सांस्कृतिक मनोविज्ञान भी है, जो उनकी राजनीतिक भाषा को उसका स्वरूप दे रहा है। बसपा की स्थापना के कुछ ही वर्ष बाद, पार्टी के 'थिंक-टैंक' को यह अहसास हो गया था कि अगर यूपी में फलना-फूलना है तो पार्टी को उस घिसी-पिटी राजनीतिक भाषा में बदलाव करना होगा, जो आजादी के बाद आरपीआई द्वारा इस्तेमाल की जाती रही थी। बसपा नेताओं की समझ में आ गया था कि उन्हें दलितों की सांस्कृतिक स्मृतियों का उपयोग करना होगा और पार्टी को उनकी पहचान की आकांक्षाओं का अंग बनाना होगा। बसपा की राजनीतिक भाषा के माध्यम से इसके नेताओं को कोई ऐसा रास्ता निकालना होगा कि दिन-प्रतिदिन दलितों के सामने आने वाले ब्राह्मणवादी पूर्वाग्रहों का सफलतापूर्वक मुकाबला किया जा सके। दूसरे शब्दों में कहें तो दलितों द्वारा अपनी रोजमर्रा की जिन्दगी में भोगे जाने वाले अपमान और शोषण के अनुभवों को विद्रोह की एक भाषा में बदलना होगा। इसके लिए विद्रोह से जुड़े सांस्कृतिक वृत्तान्तों का सही इस्तेमाल करने की जरूरत थी, जिन्हें दलित ब्राह्मणवादी सांस्कृतिक वृत्तान्तों के उत्तर में पहले ही तैयार कर चुके थे। अब इन वृत्तान्तों को पार्टी की राजनीतिक भाषा से जोड़ने की जरूरत थी। तभी बसपा की भाषा दलित बहुजन समाज की भाषा बन पाएगी।

इस तरह बसपा के राजनीति-शास्त्र में दलितों के सांस्कृतिक वृत्तान्तों को—उनके मिथकों, किंवदंतियों और जाति-कथाओं को—सबसे ऊँचा स्थान दिया गया।

ये वृत्तान्त दलितों की सामूहिक स्मृति में बड़ी गहराई से खुदे हुए थे। इस तरह, दलितों की सामूहिक स्मृति में बसपा भी अपनी जगह बना लेगी और दलितों का राजनीतिक मॉबिलाइजेशन आसान हो जाएगा। जाति की पहचान से जुड़ी आकांक्षाओं और साथ ही इन आकांक्षाओं से जुड़े प्रतीकों को राजनीतिक सत्ता की आकांक्षाओं के प्रतीकों में बदलना होगा। बसपा ने बहुत लगन और मेहतन से इस योजना पर काम किया, क्योंकि उत्तर प्रदेश में पाँव जमाने के लिए यह सबसे महत्त्वपूर्ण कदम था। इस तरह दलितों के विद्रोह की संस्कृति बसपा की राजनीतिक भाषा का आधार बन गई। साथ ही यह संस्कृति एक ऐसा खजाना था, जिसमें से समय-समय पर प्रतीक और प्रतीक नायक चुने जा सकते थे और पार्टी के नेताओं, खासकर मायावती की छवि निर्मित करने के लिए प्रयोग किए जा सकते थे।

उत्तर प्रदेश में अम्बेडकर, पेरियार, छत्रपति साहूजी महाराज के अलावा बुद्ध, रविदास, कबीर और एकलव्य दलितों के महत्त्वपूर्ण सांस्कृतिक प्रतीक हैं। लेकिन 1857 के विद्रोह से जुड़ी स्थानीय वीरांगनाएँ—झलकारीबाई, ऊदा देवी, महावीरी भंगी, अवन्तीबाई, पन्ना धाय इत्यादि व दलित पहचान की सबसे महत्त्वपूर्ण प्रतीक बन गई हैं। इनके अलावा, लोककथाओं के चुहड़मल और दीना-भदड़ी जैसे पात्र भी महत्त्वपूर्ण प्रतीकों के रूप में उभरे हैं, जिनके नाम पर दलितों को मॉबिलाइज किया जा सकता है। इस तरह काल्पनिक चरित्र भी वास्तविक और 'लार्जर-दैन-लाइफ' प्रतीकों में बदल गए हैं।

दलितों के सत्ता-संघर्ष में अतीत से, खासकर स्थानीय अतीत से जुड़ी स्मृतियाँ ग्रास-रूट स्तर पर एक महत्त्वपूर्ण शस्त्र बन गई हैं। दलितों की पहचान की स्थापनाओं में उनकी स्मृतियों की बहुत महत्त्वपूर्ण भूमिका रही है। औपनिवेशिक काल में भी दस्तावेजों की रचना से जुड़ी औपनिवेशिक परियोजना के तहत निचली जातियाँ अपनी स्मृतियों के आधार पर अपने-अपने इतिहास लिखने लगी थीं। उस काल में लिखे गए बहुत-से जाति-इतिहासों ने इस बात पर जोर दिया था कि शूद्र क्षत्रियों के वंशज थे। औपनिवेशिक शासन की समाप्ति के बाद अतीत के साथ यह सम्पर्क टूट-सा गया। जैसा कि पिंच (1996, 147) ने लिखा है, जाति अब किसी व्यक्ति की राजनीतिक और कानूनी हैसियत का आधार नहीं रह गई थी, जैसा कि यह ब्रिटिश काल में थी। 1960 के दशक में लिखे गए अतीत के नए वृत्तान्तों में दलितों ने अपने 'दलितत्व' पर अधिक जोर दिया और अपनी व्यथा-कथा का वर्णन करते हुए लिखा कि राज्य ने किस तरह उन्हें धोखा दिया था और किस तरह ऊँची जातियों के षड्यंत्रों ने उन्हें उनकी वर्तमान स्थिति में पहुँचाया था। 1990 के दशक में मंडल आयोग की सिफारिशों को लागू किए जाने के बाद इस चलन ने और जोर पकड़ा। यह वही समय था, जब बहुजन समाज पार्टी उत्तर प्रदेश में राजनीतिक क्षितिज पर उभरने लगी थी

और अपनी राजनीतिक भाषा में बहुत सूझ-बूझ और रचनाशीलता के साथ स्थानीय मिथकों, प्रतीकों, लोक-संस्कृतियों और स्मृतियों का प्रयोग करने लगी थी। 1960 के दशक में उत्तर प्रदेश के दलितों को एकजुट करने के अपने अभियान में रिपब्लिकन पार्टी ऑफ इंडिया (आरपीआई) ने अतीत के इस हथियार का प्रयोग नहीं किया था। पार्टी ने महाराष्ट्र में डॉ. अम्बेडकर द्वारा अपनाई गई नीतियों को ही उत्तर प्रदेश में भी जारी रखने का फैसला किया था।

1980 के दशक के अन्त में उत्तर प्रदेश के राजनीतिक परिदृश्य में एक बड़े बदलाव का संकेत देते हुए कांशीराम ने एक दलित स्त्री, मायावती को एक जन-नेत्री के रूप में प्रस्तुत किया। अपनी राजनीतिक जनसभाओं में उन्होंने मायावती को दलितों की नेता के रूप में प्रोजेक्ट किया और लोगों से उनका समर्थन करने का अनुरोध किया। यह दिखाने के लिए कि उन्हें मायावती की योग्यताओं पर कितना विश्वास था, उन्होंने अपने कार्यालय में मायावती के तीन बड़े-बड़े चित्र भी टँगवा दिए।[2]

मायावती को एक चामत्कारिक छवि देने के उद्देश्य से बसपा ने 1857 के विद्रोह से जुड़ी दलित वीरांगनाओं के मिथकों का प्रयोग किया, जिन्हें साहस और नेतृत्व के प्रतीकों के रूप में प्रस्तुत किया जा सके। पार्टी ने मायावती की छवि को इन नायिकाओं की छवि के साँचे में ढालना और उन्हें उनका उत्तराधिकारी घोषित करना शुरू कर दिया। ये वीरांगनाएँ उत्तर प्रदेश के अलग-अलग हिस्सों में लोकप्रिय हैं और अलग-अलग दलित समुदायों से जुड़ी हुई हैं, फिर भी बसपा ने इन्हें समूचे दलित समुदाय की नायिकाओं के रूप में चित्रित किया। इनके इर्द-गिर्द रचे गए वृत्तान्तों में इनमें राजत्व और वीरत्व के गुण दिखाने पर जोर दिया गया। यह बसपा की राजनीतिक रणनीति का हिस्सा था, ताकि ग्रामीण स्तर पर दलितों में जुझारूपन और आक्रामकता की भावना का संचार किया जा सके। इन नायिकाओं की वारिस के रूप में मायावती में भी यही गुण दिखाए गए। मायावती खुद भी अपने भाषणों में बार-बार इन वीरांगनाओं का उल्लेख करती रहती हैं। इस तरह बसपा की इस रणनीति के तहत जहाँ दलितों को मायावती के अनूठे साहस और शक्ति पर विश्वास होने लगता है, वहीं उन्हें खुद भी ऊँची जातियों के दमन और शोषण के खिलाफ कड़ा और आक्रामक रुख अपनाने की प्रेरणा मिलती है। ये वृत्तान्त यह भी दिखाने की कोशिश करते हैं कि मायावती में एक अच्छे शासक (राजधर्म) के सभी गुण मौजूद हैं, क्योंकि वे नेक, उदार और न्यायप्रिय दलित राजाओं की विरासत की उत्तराधिकारी हैं।

ये वृत्तान्त प्रतिभाओं के अनावरण, स्मारकों के उद्घाटन, दलित नायकों के स्मरणोत्सवों और दलितों की अन्य सभाओं के अवसरों के दौरान मौखिक रूप से

जनता में संचारित किए जाते हैं। इन्हें इस ढंग से प्रस्तुत किया जाता है कि मायावती और दलित पहचान के प्रतीक-नायकों में एक गहरा सूत्र स्थापित हो जाए और उनकी छवियाँ आपस में मिलकर एकाकार हो जाएँ। इन वृत्तान्तों के संचार का एक अन्य माध्यम मुद्रण माध्यम है। दलित आबादी की संवेदनशीलता को झकझोरने में इस माध्यम की बहुत महत्त्वपूर्ण भूमिका रही है। पूरे उत्तर प्रदेश के छोटे-छोटे शहरों में सस्ती पुस्तिकाएँ प्रकाशित करके और छोटे-छोटे अखबार निकालकर दलित आबादी के शिक्षित और अर्द्ध-शिक्षित वर्ग तक दलित वृत्तान्तों को पहुँचाने का काम किया जा रहा है। इन वृत्तान्तों में स्थानीय दलित-नायकों से जुड़ी कथाओं, मिथकों और किंवदंतियों के साथ-साथ राष्ट्र-निर्माण में उनकी भूमिका के इतिहास का भी वर्णन रहता है। ये पुस्तिकाएँ और छोटे अखबार गाँव-गाँव पहुँचते हैं और दलितों की शिक्षित और अर्द्ध-शिक्षित आबादी के माध्यम से समूचे समुदाय को जागरूक करने में महत्त्वपूर्ण भूमिका निभाते हैं।

दलितों द्वारा इस्तेमाल किया जाने वाला एक अन्य माध्यम दृश्य माध्यम है, जो तुरन्त असर करता है। पिछले कुछ वर्षों में पूरे उत्तर प्रदेश में कई महत्त्वपूर्ण चौराहों पर ऊदा देवी, झलकारीबाई, सुहेलदेव और बिजली पासी जैसे दलित-नायकों की प्रतिमाएँ स्थापित की गई हैं। बहुत-से दलित-बहुल इलाकों में डॉ. अम्बेडकर की भी प्रतिमाएँ देखी जा सकती हैं। ये प्रतिमाएँ लोगों की स्मृति में सुने या पढ़े गए शब्द से कहीं ज्यादा छाप छोड़ती हैं। ये प्रतिमाएँ और इनसे जुड़े वृत्तान्त जनमानस में दलित नायकों की स्मृति को और गहरा कर देती हैं। इस तरह दलित वृत्तान्तों का संचार करने और दलितों की सामूहिक स्मृति को झकझोरने के लिए मौखिक, लिखित और दृश्य तीनों माध्यमों का उपयोग किया जा रहा है।

विद्रोह की संस्कृति के ये नए इतिहास बसपा द्वारा रचे और संचारित किए जा रहे हैं और दलितों को उनकी उपेक्षित स्थिति से उबारने का काम कर रहे हैं। इनसे दलितों को वर्तमान भारतीय समाज में अपनी एक सम्मानजनक जगह बनाने में भी मदद मिल रही है। साथ ही इस प्रक्रिया में दलितों को अपनी पहचान को मजबूत करने, अपना आत्म-विश्वास बढ़ाने, अपनी स्थिति में सुधार करने और एक नए भविष्य की तरफ कदम बढ़ाने का भी अवसर मिल रहा है। जैसा कि बसपा की राजनीतिक मॉबिलाइजेशन की भाषा से स्पष्ट है, उसके दो मुख्य लक्ष्य हैं—टुकड़ों में बँटे दलित समुदायों को एक समरस पहचान के अन्तर्गत एकजुट करना और दूसरे 'मनु संहिता' और इसका अनुसरण करने वाली 'मनुवादी' ऊँची जातियों के खिलाफ दलितों के मन में घृणा, भय और संदेह पैदा करना और उन्हें इन दोनों की भर्त्सना करने के लिए प्रोत्साहित करना। लेकिन जैसा कि हम पाँचवें अध्याय में उल्लेख कर चुके हैं, चुनावी राजनीति की बाध्यताओं को देखते हुए अन्य सभी राजनीतिक दलों

की तरह अब बसपा भी अधिक से अधिक लोगों को अपने साथ जोड़ने और अपना वोट-बैंक बढ़ाने का दबाव महसूस करने लगी है। इसलिए पिछले कुछ वर्षों से उसके नजरिए में कुछ बदलाव दिखाई देने लगा है। अब वह सभी ऊँची जातियों के खिलाफ न होकर सिर्फ 'मनु संहिता' के अनुसार चलने वाली ऊँची जातियों के खिलाफ होने की बात करने लगी है।

अतीत की रचना और अधिक प्रजातांत्रिक लाभ प्राप्त करने और दलितों के लिए संरक्षण की नीति को न्यायोचित ठहराने की नींव तैयार करती है। यह वर्चस्वशाली व्याख्यान को ध्वस्त करने में भी मदद करती है और एक विकल्प का आधार तैयार करती है। इस प्रक्रिया में इतिहास की सीमाओं का भी विस्तार होता रहता है और वह साम्राज्यवादी-विश्लेषणात्मक मर्यादाओं को लाँघकर मिथकों और किंवदंतियों को भी अपने दायरे में समेटने लगता है। ऐतिहासिक तौर पर उपेक्षित जातियों की पहचान की स्थापना के लिए नए इतिहास खोजे और गढ़े जा रहे हैं और मिथकों और जाति-नायकों को विकसित किया जा रहा है। ये नए इतिहास जहाँ एक तरफ दलितों को समाज के हाशियों से निकालकर उन्हें अतीत के बोझ से मुक्त कर रहे हैं, वहीं उनके मॉबिलाइजेशन के लिए बसपा की भाषा तैयार करने में भी मदद कर रहे हैं—वह भाषा जो ग्रास रूट स्तर पर आसानी से समझी जा सकती है।

टिप्पणियाँ

1. वी.एन. राय के साथ एक भेंटवार्त्ता के दौरान नसीमुद्दीन सिद्दीकी द्वारा वर्णित कथा, रामानन्द सरस्वती पुस्तकालय, आजमगढ़, 1997
2. अम्बेडकर मिशन द्वारा प्रकाशित पैम्फलेट 'बसपा : कल और आज'; डॉ. अम्बेडकर मिशन, कुशवाहा बुक डिस्ट्रीब्यूटर, इलाहाबाद, 1997

सन्दर्भ-ग्रन्थ सूची

- अच्युतानंद, स्वामी, 1950, 'राम राज्य न्याय : शम्बूक मुनि बलिदान', लखनऊ, बहुजन कल्याण प्रकाशन
- अग्रवाल, ए., 2004, 'द बेड़ियाज आर राजपूत्स : कास्ट कांशसनेस ऑफ मार्जिनल कम्युनिटी', डी. गुप्ता संपादित 'कास्ट इन क्वेश्चन : आइडेंटिटी ऑर हायरार्की : कांट्रीब्यूशंस टु इंडियन सोश्योलॉजी ऑकेज़नल स्टडीज़', 12, नई दिल्ली : सेज पब्लिकेशंस
- अख़्तर, जे., 1999, 'आयरन लेडी : कुमारी मायावती', नई दिल्ली : बहुजन संगठक प्रकाशन
- आनंद, आर. डी., 2005, 'बसपा का ब्राह्मण सम्मेलन', इतिहासबोध, दिसम्बर : 52-54
- एंडरसन, बी., 1983, 'इमेजिंड कम्युनिटीज : रिफ्लेक्शंस ऑन द ओरिजिन एंड स्प्रेड ऑफ नेशनलिज्म', लंदन : वेर्सो
- अयंगर, ए., 1951, 'क्रिमिनल ट्राइब्स एक्ट इन्क्वायरी कमेटी रिपोर्ट' (1949-50)
- बाल्मिकानंद, बी. पी., 1974, 'बाल्मीकि-बाल्मीकि', इलाहाबाद : बाल्मीकि मंदिर
- बार्बर, के. तथा डी. मोरेस—फारियाज (सं) 1989, 'डिस्कोर्स एंड इट्स डिसगाइजिज : द इंटरप्रेटेशन ऑफ अफ्रीकन ओरल टेक्स्ट्स', बर्मिंघम : सेंटर ऑफ वेस्ट अफ्रीकन स्टडीज, यूनिवर्सिटी ऑफ बर्मिंघम
- बौध, एस., 2001, 'दलित नायकों के बारे में', माझी जनता, 1-8 नवम्बर : 2

  —, 2003 'स्वामी अच्युतानंद सचित्र जीवनी', नई दिल्ली : सम्यक प्रकाशन
- बेचैन, 1997, 'हिन्दी की दलित पत्रकारिता और पत्रकार अम्बेडकर का प्रभाव', नई दिल्ली : समता प्रकाशन
- बेन हबीब, एस., 1996, 'द रिलक्टेंट माडर्निज्म ऑफ हाना आरेंट', सेज पब्लिकेशंस
- भाभा, एच. के., 1990, 'नेशन एंड नैरेशन', लंदन : रूटलेज
- भारती, के., 1992, 'सवर्ण स्वार्थ थे भारत छोड़ो के पीछे', दैनिक नवभारत टाइम्स, दिल्ली : पृ. 4

  —, 1996, 'कांशीराम के दो चेहरे', रामपुर : बोधिसत्व प्रकाशन

  —, 1997, 'लोकतंत्र में भागीदारी के सवाल', रामपुर : बोधिसत्व प्रकाशन

—, 2004, मायावती और दलित आंदोलन, नई दिल्ली : रमणिका फाउंडेशन

- भारती, ओ. पी., 2000, 'भगैत : लोकगायन में देव आराधना की परम्परा', लोकायन, अप्रकाशित पांडुलिपि, इलाहाबाद
- बिश्वास, ए. के., 1997, 'सीपॉय म्यूटिनी (1857-58) : एन इंडियन पर्फिडिटी', नई दिल्ली : ब्ल्यूमूनं बुक्स
- बोर्डियू. पी, 1991, 'लैंग्वेज एंड सिम्बोलिक पावर', कैम्ब्रिज : कैम्ब्रिज यूनिवर्सिटी प्रेस
- ब्रिग्स, जी. डब्ल्यू., 1920, 'द चमार्स', दिल्ली : लो प्राइस पब्लिकेशंस (पुनर्मुद्रण : 1990)
- चक्रबर्ती, डी., 2003, 'ग्लोबलाइजेशन, डेमोक्रेटाइजेशन एंड इवेक्यूएशन ऑफ हिस्ट्री ?' जे. असाया और वी. बेनेई संपादित 'एट होम इन डायस्पोरा : साउथ एशियन स्कॉलर्स एंड द वेस्ट', में संकलित, दिल्ली : परमानेंट ब्लेक
- चार्ल्सली, एस. तथा जी.के. कारंथ, 1998, 'चेलेजिंग अनटचेबिलिटी, दलित इनिशिएटिव एंड एक्सपीरियंस फ्रॉम कर्नाटका', कल्चरल सबार्डिनेशन एंड द दलित चेलेंज, खंड-1, नई दिल्ली : सेज पब्लिकेशन

—, 2002, श्रृंखला संपादक की टिप्पणियाँ, ए. पई द्वारा संपादित 'दलित असर्शन एंड द अनफिनिशड डेमोक्रेटिक रिवोल्यूशन', *कल्चरल सबॉर्डिनेशन एंड द दलित चेलेंज,* खंड-3, नई दिल्ली : सेज पब्लिकेशंस

- चौहान, एस. के., 1925, 'झांसी की रानी', आर. एन. त्रिपाठी संपादित 'कविता कौमुदी' (तीसरा संस्करण-1983) में संकलित, प्रयाग : हिन्दी मंदिर
- चौधुरी, आर. के., 1997, 'पासी साम्राज्य', लखनऊ : श्रुति प्रकाशन

—, 2001, 'ऊदा देवी फोर्स बनाएँगे', अमर उजाला, 23 अक्तूबर

- कोहन, बी., 1987, 'द सेंसस, सोशल स्ट्रक्चर एंड ऑब्जेक्टिफिकेशन इन साउथ एशिया', बी. कोहन द्वारा संपादित, 'एन एंथ्रोपोलोजिस्ट अमंग हिस्टोरियंस एंड अदर एस्सेज', नई दिल्ली : ऑक्सफोर्ड यूनिवर्सिटी प्रेस
- क्रूक, डब्ल्यू., 1896, 'द कास्ट्स एंड ट्राइब्स ऑफ एन. डब्ल्यू. प्रोविंसेज ऑफ आगरा एंड अवध', खंड-IV, कोलकाता : सुपरिंटेंडेंट ऑफ गवर्नमेंट प्रिंटिंग

—, 1974, ट्राइब्स एंड कास्ट्स ऑफ नॉर्थ वेस्टर्न इंडिया, खंड-IV, पुनर्मुद्रित, दिल्ली : कॉस्मो पब्लिकेशंस

- दास, आर., 1995, 'बिहार के लोक नाटकों की प्रमुख शैलियों की विवेचना', पटना, सन्मार्ग
- दास, वी., 1977, 'स्ट्रक्चर एंड कॉग्निगेशन : आस्पेक्ट्स ऑफ हिन्दू कास्ट एंड रिचुअल', नई दिल्ली : ऑक्सफोर्ड युनिवर्सिटी प्रेस
- डेवीज, एस., 2003, 'एम्पायरिसिज्मि एंड हिस्ट्री', न्यूयॉर्क : पालग्रेव मैकमिलन
- डेलिएज, आर., 1992, 'रेप्लिकेशन एंड कांसेंसस : अनटचेबल्स, कास्ट एंड

आयडियोलॉजी इन इंडिया', मैन (एन.एस. 127 (I) 155-73)

- दिनकर, डी. सी., 1990, 'स्वतंत्रता संग्राम में अछूतों का योगदान', लखनऊ : बोधिसत्व प्रकाशन
- डिर्क्स, एन. बी., 1997, 'द इनवेंशन ऑफ कास्ट : सिविल सोसायटी इन कॉलोनियल इंडिया', एच. एल. सेनेविरत्ने संपादित 'आइडेंटिटी, कांशसनेस एंड द पास्ट : फोर्जिंग ऑफ कास्ट एंड कम्यूनिटिज इन इंडिया एंड श्रीलंका' में संकलित, नई दिल्ली : ऑक्सफोर्ड यूनिवर्सिटी प्रेस
- ड्यूमोंत, एल., 1980, 'होमो हायरार्कस', शिकागो : शिकागो यूनिवर्सिटी प्रेस
- एलिएड, एम., 1989, 'द मिथ ऑफ एक्सटर्नल रिटर्न्स, कॉस्मोस एंड हिस्ट्री', लंदन : पेंग्विन
- फोकाल्ट, एम. 1974, 'द ऑर्डर ऑफ थिंग्स, एन आर्कियोलॉजी एंड द ह्यूमन सांइसेज', लंदन : ताविस्टोक पब्लिकेशन
- गोडसे, वी. बी., 1907, 'माझा प्रवास', पूना
- गुहा, आर., 1993, 'द स्माल वॉयस ऑफ हिस्ट्री', एस. अमीन तथा डी. चक्रवर्ती, संपादित 'सबाल्टर्न स्टडीज', खंड-9, नई दिल्ली : ऑक्सफोर्ड यूनिवर्सिटी प्रेस
- गुप्ता, डी., 2000, 'इंटेरोगेटिंग कास्ट : अंडरस्टैंडिंग हायरार्की एंड डिफिरेंस इन इंडियन सोसायटी', नई दिल्ली : पेंग्विन बुक्स

—, (संपादन), 2004, 'कास्ट इन क्वेश्चन : आइडेंटिटी ऑर हायरार्की, कंट्रीब्यूशंस टु इंडियन सोश्योलॉजी ओकेजनल स्टडीज 12', नई दिल्ली : सेज पब्लिकेशंस

- गुप्ता, एम. के., 2002, 'दलित लेखन एवं पत्रकारिता', इलाहाबाद : दलित मंच
- हार्डिकर, एस. बी., 1969, 'नाना साहेब पेशवा', दिल्ली
- हरित, बी. एल., 1995, 'वीरांगना झलकारी', नई दिल्ली : हिन्द प्रकाशन
- हेरन, आर., 1951, 'माटी', बांदा : लोक प्रकाशन
- होफमेयर, एल., 1993, 'वी स्पेंड आउट ईयर्स एस ए टेल दैट इज टोल्ड : ओरल हिस्टोरिकल नैरेटिव्स इन ए साउथ अफ्रीकन चीफडम', जोहानेसबर्ग : विटवाटरस्टैंड यूनिवर्सिटी प्रेस
- होय, सी. डी., 1985, 'इंट्रोडक्शन', डी. कोंजेन्स होय संपादित 'फोकाल्ट : ए क्रिटिकल रीडर', ऑक्सफोर्ड, बासिल ब्लैकवैल
- हटन, पी. एच., 1997, 'द रोल ऑफ मेमोरी इन द हिस्टोरियोग्रैफी ऑफ द फ्रेंच रिवोल्यूशन', *हिस्ट्री एंड थ्योरी,* 30(1) : 6
- इलाया, के. 1994, 'बी.एस.पी. एंड कास्ट एज आइडियोलॉजी', इकॉनॉमिक्स एंड पॉलिटिकल वीकली, 29(12) : 668-69

—, 1996, 'प्रोडक्टिव लेबर, काशंसनेस एंड हिस्ट्री', एस. अमीन और डी. चक्रवर्ती संपादित 'सबाल्टर्न स्टडीज IX राइटिंग्स ऑन साउथ एशियन हिस्ट्री एंड सोसायटी' में संकलित, नई दिल्ली : ऑक्सफोर्ड यूनिवर्सिटी प्रेस

- इंडन, आर., 1986, 'ओरियंटलिस्ट कंस्ट्रक्शन ऑफ इंडिया', माडर्न एशियन स्टडीज, 20(3) : 401-46
- जेकॅब, पी. 1997, 'फ्रॉम कोन्स्टार टु डायरी : पॉपुलर रिप्रेजेंटेशंस ऑफ जयललिता जयराम', वी. दहिजा संपादित 'रिप्रेजेंटिंग द बॉडी : जेंडर इन इंडियन आर्ट', नई दिल्ली : काली फॉर वूमेन
- झा, एच., 'कॉलोनियल कांटेक्स्ट ऑफ हायर एजूकेशन इन इंडिया', नई दिल्ली : उषा पब्लिकेशन
- कांरथ, जी. के., 2004, 'ऐप्लिकेशन ऑर डिसेन्ट ? कल्चर एंड इंस्टीट्यूशंस अमंग 'अनटचेबुल' शेडयूल्ड कास्ट्स इन कर्नाटका', डी. गुप्ता संपादित 'कास्ट इन क्वेश्चन : आइडेंटिटी ऑर हायरार्की', कान्ट्रिब्यूशंस टु इंडियन सोशियोलॉजी ओकेजनल स्टडीज 12, नई दिल्ली : सेज पब्लिकेशंस
- केलिन, के. एल., 1995, 'इन सर्च ऑफ नैरेटिव ऑफ मास्टरी', *हिस्ट्री एंड थ्योरी,* 34(4) : 275-98
- खरे, आर. एस., 1984, 'द अनटचेबल एज हिमसेल्फ', कैम्ब्रिज : कैम्ब्रिज यूनिवर्सिटी प्रेस
- कोहन, एच., 1994, 'द आइडियाज ऑफ नेशनलिज्म : ए स्टडी इन इट्स ओरिजिन्स एंड बैकग्राउंड', न्यूयॉर्क : मैकमिलन
- क्रेमर, एल., 1997, 'हिस्टोरिकल नैरेटिव्ज एंड द मीनिंग ऑफ नेशनलिज्म', *जर्नल ऑफ द हिस्ट्री ऑफ आइडियाज,* 58(1) : 525-45
- कुबेर, डब्ल्यू. एन., 1991, 'अम्बेडकर : ए क्रिटिकल स्टडी', नई दिल्ली : पीपुल्स पब्लिशिंग हाउस
- कुमार, एस., 1994, 'संवाद', मथुरा : संवाद प्रकाशन
- कुमार वी., तथा यू. सिन्हा, 2001, 'दलित असर्शन एंड बहुजन समाज पार्टी : ए पर्सपेक्टिव फ्रॉम बिलो', लखनऊ : बहुजन साहित्य संस्थान
- कुशवाहा, एस. सी., 1993, 'आरक्षण के हत्यारे' इलाहाबाद : कुशवाहा पब्लिकेशंस
- ल्यूइस, बी., 1967, 'हिस्ट्री : रिमेम्बर्ड, रिकवर्ड, इन्वेंटेड', प्रिंस्टन यूनिवर्सिटी प्रेस
- मदन, जी. पी., 1987, 'झूठी आजादी', इलाहाबाद : भारतीय बुद्ध परिषद
- मजुमदार, आर. सी., 1997, 'हिस्ट्री ऑफ फ्रीडम मूवमेंट इन इंडिया', 3 खंड, कोलकाता : फर्मा के एल एम
- मल्होत्रा, आई., 1989, 'इन्दिरा गांधी : ए पर्सनल एंड पॉलिटिकल बायोग्राफी', लंदन : होडर एंड स्टाटन
- मनोहरा, पी. एस., 1989, 'दलित दर्पण', दिल्ली : पप्पा कम्पनी पब्लिकेशंस
- मेटकाफ, टी. आर., 1990, 'द आफ्टरमाथ ऑफ रिवॉल्ट : इंडिया 1857-1870', नई दिल्ली : मनोहर
- मिसेलुट्टी, एल., 2004, 'वी (यादव्स) आर ए कास्ट ऑफ पोलिटिशियंस : कास्ट

एंड मॉडर्न पोलिटिक्स इन ए नॉर्थ इंडियन टाउन' डी. गुप्ता द्वारा संपादित 'कास्ट इन क्वेश्चन : आइडेंटिटी ऑर हायरार्की', कंट्रीब्यूशंस टु इंडियन सोश्योलॉजी आकेजनल स्टडीज 12, में संकलित, नई दिल्ली : सेज पब्लिकेशंस

- मिश्रा, ए. तथा वी. कुमार, 2002, 'आजादी का आंदोलन या आर्य ब्राह्मणों की वर्चस्वता का अभियान', मुम्बई : डी. के. खापर्डे फाउंडेशन
- मोफात, एम., 1979, 'एन अनटचेबुल कम्युनिटी इन साउथ एशिया', *स्ट्रक्चर एंड कांसेंशस,* प्रिंस्टन यूनिवर्सिटी प्रेस
- मुखर्जी, आर., 2001, 'अवध इन रिवोल्ट 1857-1858 : ए स्टडी ऑफ पॉपुलर रेजिस्टेंस', नई दिल्ली : परमानेंट ब्लेक
- नंदी, ए., 1990, 'एट द एज ऑफ सायकॉलोजी : एस्सेज इन पोलिटिक्स एंड कल्चर', नई दिल्ली : ऑक्सफोर्ड यूनिवर्सिटी प्रेस
- नारायण, बी., 2001ए, 'हीरोज, हिस्ट्रीज एंड बुकलेट्स', इकॉनॉमिक एंड पॉलिटिकल वीकली, 36(41), 3923-34

  —, 2001 बी., 'डाक्यूमेंटिंग डिसेंट : कांटेस्टिंग फेबल्स, कांटेस्टेड मेमोरीज एंड दलित पॉलिटिकल डिस्कोर्स', शिमला : आई आई ए एस

  —, 2002, 'कॉस्ट हिस्ट्रीज अमंग दलित्स', पुरुषार्थ, 23, पेरिस, एडिटक्स डि ल'कोल देस हाएटेस एटुंडेस एन साइंसेज सोशियालेस

  —, 2005, 'मिथ मेमोरी एंड पोलिटिक्स : ए स्टडी ऑफ द लैंग्वेज ऑफ मोबिलाइजेशन ऑफ ग्रासरूटस दलित्स', प्रोजेक्ट रिपोर्ट, इलाहाबाद : जी.बी. पंत, सोशल साइंस इंस्टीट्यूट

  —नारायण बी., तथा ए. आर. मिश्रा, 2004, 'मल्टीपल मार्जिनलिटीज : एन एंथोलॉजी ऑफ आइडेंटिफाइड दलित राइटिंग्स', नई दिल्ली : मनोहर पब्लिशर्स
- नाथ, बी. एस., आर. एस., 1998ए, '1857 की क्रांति का जनक : नागवंशी भंगी मातादीन हेला', इलाहाबाद : मिलन प्रकाशन

  —1998बी, 'आज के दलित शूद्र : कल के शासक-मालिक नागवंशी पुरोहित', इलाहाबाद : मिलन पुस्तक भंडार
- नाथ, के., 2000, 'टुकड़ों में बंटा दलित', माझी जनता, 8-21 अक्तूबर
- नाथन, एम., 1936, 'बहरिस्तान-ए-गायबी', अनुवाद : एम. आई. बरुआ, गुवाहाटी
- नेहरू जे., 1946, 'द डिस्कवरी ऑफ इंडिया', कलकत्ता : सिग्नेट प्रेस
- नोवाक, एम., 1972, 'द राइज ऑफ अनमेल्टेबल एथनिक्स', न्यूयॉर्क : मैकमिलन
- ओम्वेट, जी., 1994, 'कांशीराम एंड द बी एस पी', के. एल. शर्मा संपादित 'कास्ट एंड क्लास इन इंडिया', में संकलित, जयपुर : रावत पब्लिकेशंस

  —, 1995, दलित विज़न, नई दिल्ली : ओरियंट लांगमैन
- आंग, डब्ल्यू. जे., 1982, 'ओरेलिटी एंड लिटरेसी, द टेक्नॉलोजी ऑफ द'वर्ल्ड', लंदन : मेथ्यूएन

- पई, एस., 1986, 'एग्रेरियन रिवोल्यूशन इन उत्तर प्रदेश : ए स्टडी ऑफ ईस्टर्न डिस्ट्रिक्स', नई दिल्ली : इंटर इंडिया पब्लिकेशंस

—, 2002, 'दलित असर्शन एंड द अनफिनिश्ड डेमोक्रेटिक एजेंडा', नई दिल्ली : सेज पब्लिकेशंस

- पाल्टी, ई. ए., 2001, 'द नेशन एज ए प्रोब्लम : हिस्टोरयंस एंड द नेशनल क्वेश्चन', *हिस्ट्री एंड थ्योरी,* 40(3) : 324-46
- पंत, आर., 1987, 'द कॉग्निटिव स्टेटस ऑफ कास्ट इन कोलोनियल एथनॉग्राफी : ए रिव्यू ऑफ सम लिट्रेचर ऑन द नॉर्थ वेस्ट प्रोविंसेज एंड अवध', *इंडियन इकॉनॉमिक एंड सोशल हिस्ट्री रिव्यू,* 24(2) : 145-62
- पासी. आर. के., 1992, 'बिजली पासी की ऐतिहासिकता', लखनऊ : पासी शोध केन्द्र

—, 1996, 'रायबरेली में पासी राजभर', लखनऊ : पासी शोध संस्थान

—, 1998, 'पासी समाज का स्वतंत्रता संग्राम में योगदान', गोरखपुर : मोती पेपर कनवर्टर्स

—, 2005, 'बाराबंकी का विस्मृत इतिहास', पासी शोध एवं सांस्कृतिक संस्थान।

- पासी, आर. एल., 1997, 'मन की व्यथा कैसे छुपाऊँ', स्मारिका, ऊदा देवी पासी शहीद दिवस, लखनऊ : वीरांगना ऊदा देवी स्मारक संस्थान
- पीबोडी, एन., 2001, 'सेन्ट्स, सेन्स, सेंसस : ह्यूमन इनवेंटरीज इनलेट प्री. कॉलोनियल एंड अर्ली कॉलोनियल इंडिया', *कम्पेरेटिव स्टडीज इन सोसायटी एंड हिस्ट्री*; 43(4): 819-50
- पिच, डब्ल्यू, 1996, 'पीजेंट्स एंड मोंक्स इन ब्रिटिश इंडिया', नई दिल्ली : ऑक्सफोर्ड यूनिवर्सिटी प्रेस
- पिंटो, जे., 1992, 'दलित क्रिश्चियंस : ए सोशियो-इकॉनोमिक सर्वे', बैंगलोर : आशीर्वाद सेंटर फॉर नॉन-फोर्मल एंड कांटिन्यूइंग एजूकेशन
- पियूष, 1972, 'झांसी की रानी नाटक', कोलकाता : लोकनाथ
- प्रसाद, ए., 1997, 'शुभ संदेश', स्मारिका, वीरांगना ऊदा देवी पासी शहीद दिवस, 16 नवम्बर, लखनऊ : वीरांगना ऊदा देवी स्मारक संस्थान
- प्रसाद, एम. 1990, 'झलकारीबाई नाटक', वाराणसी : विश्वविद्यालय प्रकाशन

—, 1995, 'उत्तर प्रदेश की दलित जातियों का दस्तावेज', नई दिल्ली : किताबघर

- प्रशांत, जी. पी., 1994, 'मूल वंश कथा', लखनऊ : कल्चरल पब्लिशर्स
- राम. के., 1998, 'चमचा ऐज', अनुवादक रामगोपाल आजाद, नागपुर : समता प्रकाशन

—, 2004, 'अब हम देंगे आरक्षण', के. वाई. याद द्वारा संपादित 'सामाजिक परिवर्तन के महानायक मान्य कांशीराम; एक परिचय' में संकलित, लखनऊ : बहुजन साहित्य संस्थान

—, 2005, 'मान्यवर कांशीराम की दृष्टि से आयरन लेडी मायावती', के. वाई. याद

संपादित 'समतामूलक समाज की आधार स्तम्भ लौह वीरागंना कुमारी मायावती : एक परिचय' में संकलित, लखनऊ : बहुजन साहित्य संस्थान

- रावत, बी., 1997, 'वीरगीत', स्मारिका, वीरांगना ऊदा देवी पासी शहीद दिवस, लखनऊ : ऊदा देवी स्मारक संस्थान
- रोज़, एच. ए., 1991, 'ए ग्लोसरी ऑफ ट्राइब्स एंड कास्ट्स ऑफ पंजाब एंड एन. डब्ल्यू, एफ. पी., खंड-III, दिल्ली : लो प्राइस पब्लिकेशंस
- रूडोल्फ, एल. आइ. तथा एस. आइ. रूडोल्फ, 1967, 'इन परसूट्स ऑफ लक्ष्मी', मुंबई : ओरियंट लांगमैन
- रसेल, आर. वी. तथा एच. लाल, 1916, 'द ट्राइब्स एंड कास्ट्स ऑफ सेंट्रल प्रोविंसेज ऑफ इंडिया', खंड-4, लंदन
- सरकार, एस., 2002, 'बियोंड नेशनलिस्ट फ्रेम्स : रिलोकेटिंग पोस्ट-मॉडर्निज्म, हिन्दुस्त्व हिस्ट्री', दिल्ली : परमानेंट ब्लेक
- सरकार, एस. सी., 1951, 'आधुनिक भारतवर्ष का इतिहास', द्वितीय भाग, इलाहाबाद : इंडियन प्रेस
- सरोज, आर. पी., 1997, 'क्रांतिवीर मदारी पासी एवं ऐक्का आंदोलन', 18 राजभवन कॉलोनी, लखनऊ
- सरोज, एस. 1997, 'स्वतंत्रता संग्राम की वीरांगना ऊदा देवी पासी के इतिहास को क्यों मिटाया जा रहा है ?', स्मारिका, वीरांगना ऊदा देवी स्मारक संस्थान, लखनऊ
- सावरकर, वी. डी., 1909, 'द इंडियन वार ऑफ इंडिपेंडेंस', बम्बई : धावले पापुलर
- श्वाट्र्ज, एम. बी., 1997, 'द इंडियन अनटचेबल टेक्स्ट्स ऑफ रेजिस्टेंस सिम्बोलिक डोमिनेशन एंड हिस्टोरिकल नॉलेज', एच. एल. सेनेविरत्ने संपादित 'आयडेंटिटी, कांशसनेस, एंड द पास्ट : फोर्जिंग ऑफ कास्ट्स एंड कम्यूनिटीज इन इंडिया एंड श्रीलंका', पृष्ठ 177-91, नई दिल्ली : ऑक्सफोर्ड, यूनिवर्सिटी प्रेस
- सेनेविरत्ने, एच. एल., (सं), 1997, 'आयडेंटिटी, कांशसनेस एंड द पास्ट, फोर्जिंग ऑफ कास्ट एंड कम्युनिटीज इन इंडिया एंड श्रीलंका', नई दिल्ली : ऑक्सफोर्ड यूनिवर्सिटी प्रेस
- शिरि, जी., 1997, 'द प्लाइट ऑफ द क्रिश्चियन दलित्स : ए साउथ इंडियन केस स्टडी', बैंगलोर : एशियन ट्रेडिंग कॉरपोरेशन
- शुक्ला, गोपाल, 2003, 'ऐतिहासिक कालखंड के पृष्ठ', अप्रकाशित पांडुलिपि, बहराइच
- सिंह, जे. तथा एल. चमन, 1991, 'भगत सिंह और उनके साथियों के दस्तावेज', नई दिल्ली : राजकमल प्रकाशन
- सिंह, के. एस. 1993, 'द शैड्यूल्ड कास्ट्स : पीपुल ऑफ इंडिया नेशनल सीरीज', खंड-II, नई दिल्ली : ऑक्सफोर्ड युनिवर्सिटी प्रेस
- सिंह, आर. के., 1994, 'कांशीराम और बीएसपी : दलित आंदोलन का वैचारिक आधार: ब्राह्मणवाद विरोध', इलाहाबाद : कुशवाहा पब्लिकेशन
- सिंह, एस., 1997, 'दलित लिट्रेचर, उत्तर प्रदेश', लखनऊ : सूचना विभाग

- स्लीमैन, डब्ल्यू. एच., 1971, 'स्लीमैन इन अवध', पी. डी. रीव्स द्वारा संपादित 'एन एब्रिजमेंट ऑफ डब्ल्यू. एच. स्लीमैन्स ए जर्नी थ्रू द किंगडम ऑफ अवध इन 1849-50', में संकलित, कैम्ब्रिज यूनिवर्सिटी प्रेस
- स्मिथ, आर. एम., 1985, 'रूल बाइ रिकॉर्ड्स एंड रूल बाइ रिपोर्ट्स : कम्पलीमेंट्री आस्पेक्ट्स ऑफ द ब्रिटिश इम्पीरियल रूल ऑफ लॉ', कांट्रीब्यूशन टु इंडियन सोश्योलॉजी (एन. एस.) 19(1) : 153-76
- स्टोक्स, ई., 1978, 'द पीजेंट एंड द राज', कैम्ब्रिज यूनिवर्सिटी प्रेस
- थपलियाल, यू. के., 2005, 'नक्कारों में गूँजती आवाज', सहारा समय, 20 अगस्त
- वान देर वीर, पी., 1991, 'मोनुमेंटल टेक्स्ट्स : द क्रिटिकल एडिशन ऑफ इंडियाज नेशनल हेरिटेज', डी. अली द्वारा संपादित 'इंनवोकिंग द पास्ट : द यूज ऑफ हिस्ट्री इन साउथ एशिया', में संकलित, नई दिल्ली : ऑक्सफोर्ड यूनिवर्सिटी प्रेस
- वर्मा, ए., 1997, 'दलित नायक', जनसत्ता, 5 अगस्त
- वर्मा, बी. एल., 1951, 'झांसी की रानी', 'वृंदावन लाल वर्मा समग्र' में संकलित, वाराणसी : हिंदी ग्रंथालय
- वर्मा, आर. डी., 1997, 'महाराजा श्री सतन पासी 1150-1202', स्मारिका, वीरांगना ऊदा देवी शहीद दिवस, लखनऊ : स्मारक संस्थान
- विद्रोही, एम. आर., 2004, 'दलित दस्तावेज', दिल्ली : सत्यम प्रकाशन
- विशारद, बी. एम., 1964, 'वीरांगना झलकारी बाई', अलीगढ़ : आनंद साहित्य सदन
- वाडले, एस., 1988, 'वीमेन एंड द हिन्दू ट्रेडिशन', आर. घड़ियाली संपादित 'वीमेन इन इंडियन सोसायटी : ए रीडर', में संकलित : सेज पब्लिकेशन
- व्हाले, पी., 1928, 'प्लेसेज एंड नेम्स इन द यूनाइटेड प्रोविंसेज ऑफ आगरा एंड अवध', द जर्नल ऑफ यूनाइटेड प्रोविंसेज हिस्टोरिकल सोसायटी (4) : 91-129
- विलनेर, ए. आर., 1984, 'द स्पेलबाइंडर्स : करिश्मेटिक पोलिटिकल रीडरशिप', न्यू हेवन, येल यूनिवर्सिटी
- याद, के. वाई., 2005ए, 'राजनैतिक सत्ता', लखनऊ : बहुजन साहित्य संस्थान
  —2008, बी., 'समता मूलक सामज की आधार स्तम्भ लौह वीरांगना कुमारी मायावती : एक परिचय', लखनऊ : बहुजन साहित्य सदन
- जेलियट, ई., 2001, 1992, 'फ्रॉम अनटचेबल टु दलित : एस्सेज ऑन द अम्बेडकर मूवमेंट', नई दिल्ली : मनोहर